Rosina-Fawzia Al-Rawi

Der Tanz in die Weiblichkeit

Ein Arbeitsbuch

Bauchtanz, Übungen & Meditationen aus der Tradition des Sufismus

SHEEMA

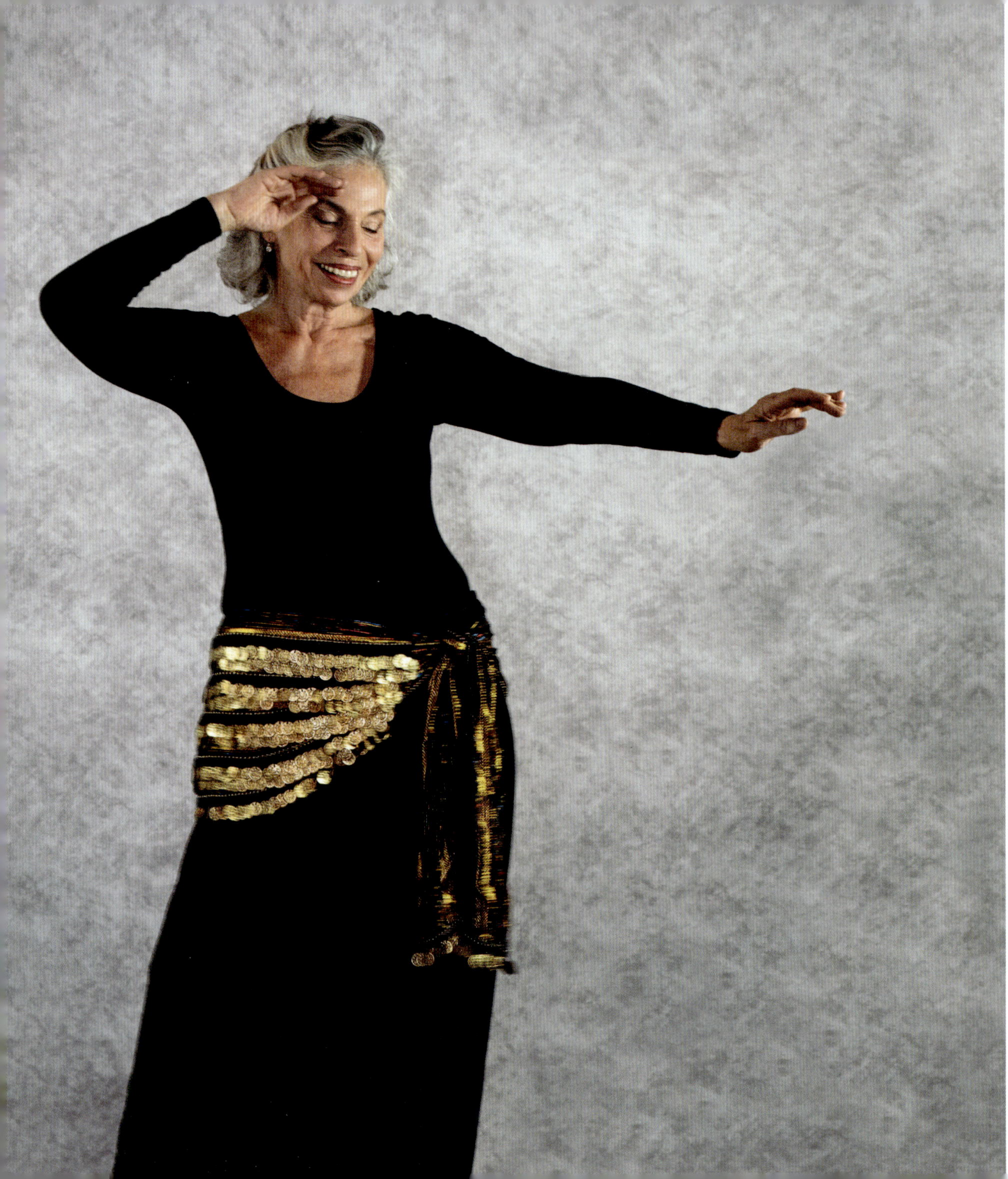

Rosina-Fawzia Al-Rawi

Der Tanz in die Weiblichkeit

Ein Arbeitsbuch

Bauchtanz, Übungen & Meditationen aus der Tradition des Sufismus

zusammengestellt von Dr.[in] Christiane-Karima Egger

Für Surur und Karima
in Liebe und Dankbarkeit

Schönheit ist eine innere Haltung, die sich im Äußeren zeigt!
Schönheit ist zeitlos!

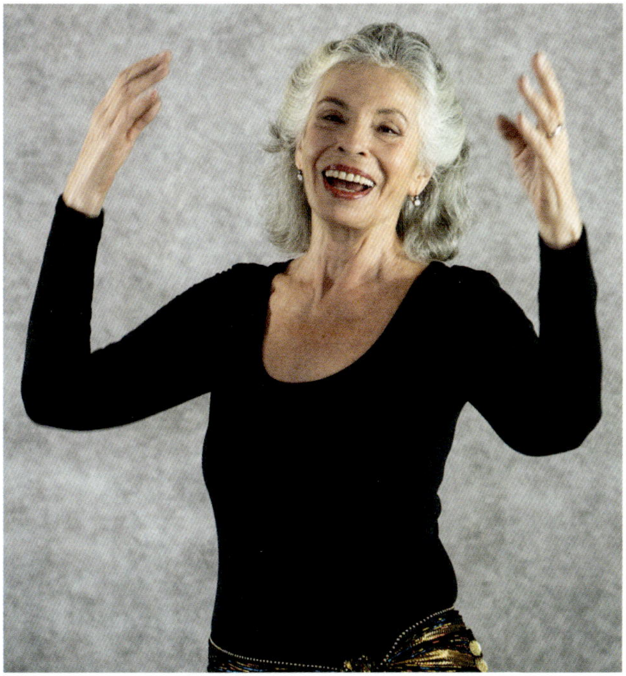

Wenn wir zu tanzen beginnen, satteln wir unser Kamel mit dem Sattel der Sehnsucht
und steigen hinab in die Täler unseres Körpers.

Jedes Kreisen, jede Welle ausgeführt mit den Rundungen unseres Körpers gibt der Seele einen Raum,
sich in den Sinnen, in den Gefühlen widerzuspiegeln
und den Duft des Unsichtbaren in der Welt der Formen zu verbreiten.

Komm, tanz – ich habe Verlangen nach dem Leben ...

Inhalt

Inhalt

Vorwort

Dieses Buch entstand begleitend zum Lehrgang „Orientalischer Tanz und Gesundheit“ im Jahr 2010, in dessen Rahmen Fawzia Al-Rawi einer Gruppe von 35 Frauen die Bewegungen des orientalischen Tanzes näherbrachte und Einblick in die mit ihm verbundene Gesundheitslehre gab. Es basiert im Wesentlichen auf Transkriptionen der vielen angeleiteten Übungen, Meditationen und Vortragseinheiten, die um einige Basisinformationen ergänzt wurden.

Während „Der Ruf der Großmutter“ (1996) die Leserinnen und Leser Schritt für Schritt in die Welt um den geheimnisvollen Frauentanz hineinführt und dabei vor allem vom Geschmack des Tanzes kosten lässt, versteht sich das vorliegende Buch als ein Arbeitsbuch. Es beinhaltet eine umfassende Darstellung der vielfältigen Bewegungen des orientalischen Tanzes und beschreibt diese bis ins Detail – so wie die Autorin sie in ihrer Ursprünglichkeit lehrt.

Darüber hinaus versammelt es Übungen zum spirituellen Heilen sowie zahlreiche Atemtechniken und Meditationen aus der Sufi-Tradition.

Dieser mystischen Weisheitslehre entspringen auch die Beschreibungen der „sieben Aspekte der Seele“ sowie der „inneren und äußeren Rhythmen des Lebens“. Wie auch das Wissen über die Düfte und Aromen flossen sie als altes Überlieferungswissen in die altorientalische Gesundheitslehre ein und bestimmen die an Ganzheitlichkeit orientierte Heilsarbeit mit.

Alle Kapitel können als Vertiefung des Verständnisses gelesen werden, welche Sicht diesen Tanz geprägt hat, wovon er genährt ist und wie er selbst die Frauen, die ihn tanzen, nährt.

Möge dieses Buch jenen, die diesen Tanz bereits kennen und lieben, dienen und möge es die, die ihn noch nicht kennen, zu ihm verführen und ihnen helfen, in seine Bewegungen und die dahinterliegende Weisheit hineinzufinden. Immer erinnernd und im Herzen tragend ein arabisches Sprichwort: *Geduld macht schön.*

Wien, im April 2016

Karima

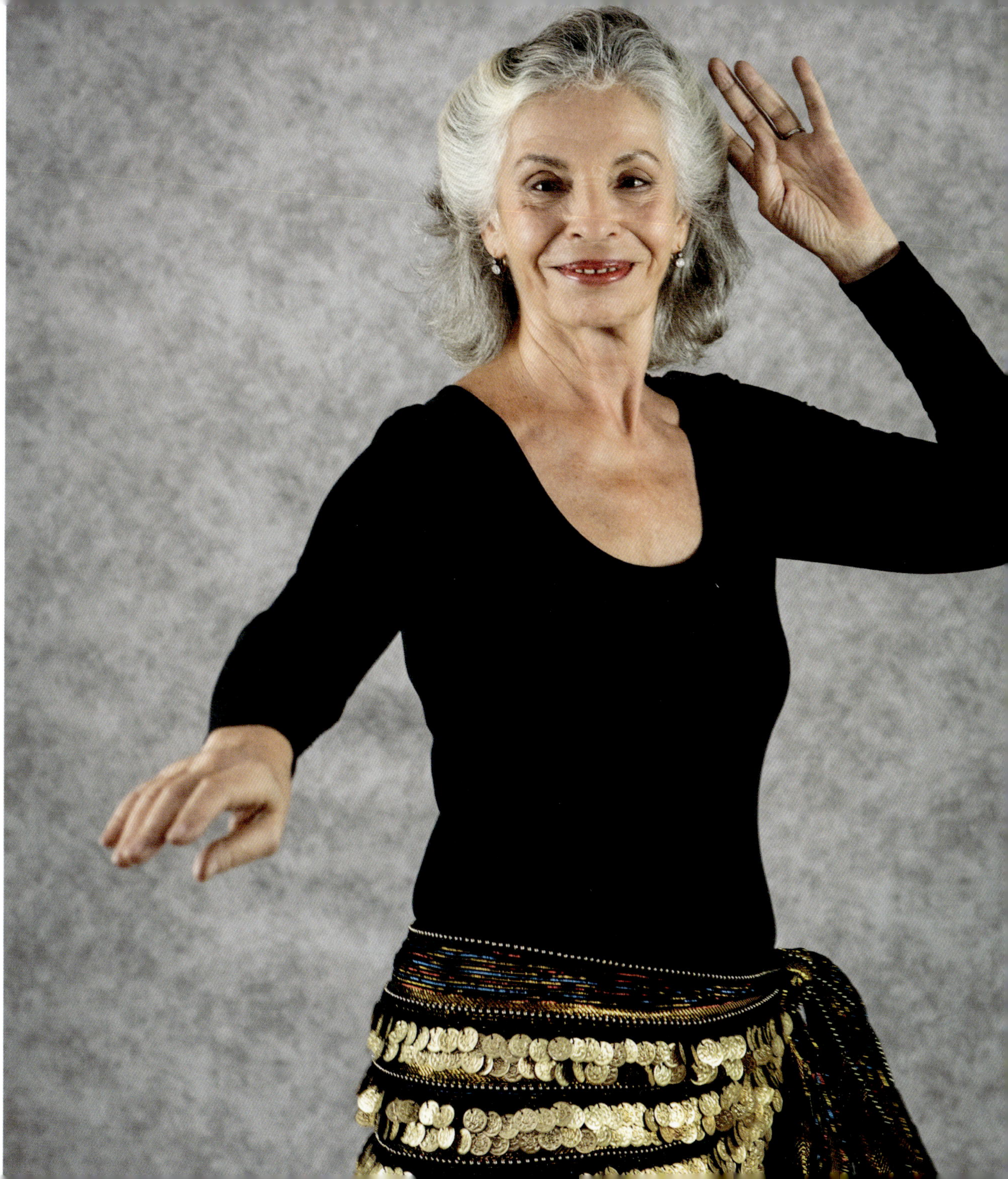

Einleitung

Ein ganzheitlicher Einblick in den orientalischen Tanz

Der orientalische Tanz ist ein Isolationstanz, bei dem die einzelnen Körperteile bzw. -zentren isoliert, also einzeln und unabhängig voneinander bewegt werden, um schließlich gemeinsam eine Einheit zu bilden.

Wie ein Fluss, aus einzelnen Tropfen bestehend, als ein harmonisches Ganzes fließt und seine Kraft immerwährend aus der Quelle schöpft, so ist die Quelle des Bauchtanzes die Mitte. Die Kraft für die Bewegungen holt sich die Tänzerin aus dem unteren Teil des Körpers, dem Zentrum ihres Gleichgewichts. Der ganze Körper schwingt um diese Lebensmitte.

Viele Bewegungen des Bauchtanzes kommen aus den Gelenken des Körpers, sind wellenartig und kreisend und der Rumpf wird durch sie sanft geknetet und massiert. Durch die Bewegung des Rumpfes, des Bauches, der Hüften sowie des gesamten Beckens kommt eine Frau intensiv mit ihrer Lebenskraft und ihren Lebenszentren in Kontakt. Die Gesetze des Rhythmus geben der Frau die Möglichkeit, sich selbst zu erforschen, sich kennen und verstehen zu lernen und somit einen Heilungsprozess zu erleben.

Die Gesetze des Rhythmus zu erforschen bedeutet, sich mit seiner Gesundheit auseinanderzusetzen. Gesundheit ist mehr als nur ein Leben ohne Krankheit. Gesundheit ist Harmonie auf allen drei Ebenen: Körper, Seele und Geist (Verstand). Krankheit ist also immer eine Störung der Gesamtpersönlichkeit. Ein Aufruf oder lebendige Fragen an uns selbst: Wo ist mein Sein nicht in Balance? Was habe ich vergessen, in mein Leben zu integrieren?

Über die innewohnende Körperintelligenz Bescheid zu wissen, hilft uns, sie für unser Wohlergehen einzusetzen. Hierfür ist es zum Beispiel notwendig, sich die verschiedenen Erfahrungen und die damit einhergehenden Bewertungen, die eigenen Konditionierungen und die daraus erwachsenen Haltungen und Gewohnheiten, die vielfältigen Verstrickungen und Verwicklungen im persönlichen Leben bewusst zu machen. Spirituelle Weisheiten mit körperlichen Vorgängen zu verbinden, kann dabei wesentlich und hilfreich sein. Die Sensibilisierung des Körpers trägt viel zur Selbstfindung bei.

Jeder Teil des Körpers hat eine geheime Bedeutung. Wenn wir uns mit den inneren und äußeren Körperorganen sowie mit den ihnen innewohnenden Kräften auseinandersetzen und uns deren geistigen Hintergründen zuwenden, können wir unsere Gesundheit stabilisieren.

Da Haltung und Bewegung Ausdruck der Persönlichkeit sind, kann uns die Kombination von Sachwissen und Tanz zu Erkenntnissen bzw. Deutungsmöglichkeiten führen, die es uns ermöglichen, uns selbst und andere Menschen gut zu begleiten. Fritjof Capra, Wissenschaftler der experimentellen und theoretischen Physik, hält in seinem Vortrag „Die neue Physik und die wissenschaftliche Realität unserer Zeit“ fest:

„Wenn wir unsere Gesellschaft betrachten, bemerken wir ein grundlegendes Ungleichgewicht zwischen zwei Arten von Bewusstsein, die stets als wesentliche Aspekte der menschlichen Natur angesehen wurden und die ‚rational' und ‚intuitiv' genannt werden. Diese beiden Arten des Bewusstseins werden traditionellerweise der Wissenschaft bzw. dem Glauben zugeordnet. Die Chinesen nennen diese beiden Denkweisen oder Arten des Wissens ‚Yang' und ‚Yin'. (...) Der Yang-Aspekt, die männliche Seite der menschlichen Natur, steht für Aktivität, Vernunft, Wettstreit und Wissenschaft. Der Yin-Aspekt als das Weibliche der menschlichen Natur steht für Lebensbejahung, Intuition, Hilfsbereitschaft und Mystik. (...)

Unsere Gesellschaft stellt die Aktivität über die Meditation, das rationale über das intuitive Wissen, Wissenschaft über Religion, Wettbewerb über Zusammenarbeit usw. Unsere Kultur ist beherrscht von Rationalität. Das wissenschaftliche Denken wird häufig für das einzig wertvolle gehalten.“ (Capra, Fritjof, [1]2001)

„Doch“, um es mit Ali ibn Abi Talib a. s. zu sagen, „die Wissenschaft ist ein Punkt. Die Unwissenden dehnten ihn aus.“

Symbole und Rituale gehören zum Leben und entwickeln sich aus einer Interaktion mit der inneren Welt. Fasziniert von der Welt der Wissenschaft, den technologischen Zauberkünsten und ihren sichtbaren Ergebnissen, denen so viel Wert beigemessen wird, vernachlässigen wir oft die innere Welt des Unbewussten und lassen es aushungern. Das Bedürfnis, die Sehnsucht nach innerer Nahrung zeigt sich dann oft in Phobien, Suchtverhalten und Rückenschmerzen. Wenn die innere Kreativität nicht genutzt wird, verunreinigt sie uns.

Wir können es unserem rationalen Verstand nicht erlauben, den patriarchalen Mustern zu folgen, das Wissen und die Weisheit des Weiblichen anzugreifen oder abzulehnen. Unser zielstrebiges männliches Denken muss im Dienst der weiblichen inneren Welt und ihrer symbolischen Ausdrucksart stehen. Ohne von einer symbolischen Welt genährt zu werden, bleiben wir hoffnungslos in einer materialistischen Welt stecken, die unsere tiefere Natur nicht reflektiert. Symbolische Bedeutungen und Symbole werden folglich im äußeren Leben gesucht, wo dann beispielsweise Autos oder Kleidung glorifiziert werden. Wir arbeiten härter und härter, doch etwas Wesentliches fehlt und man fühlt eine Armut, ohne sie jedoch benennen zu können.

Die Entfremdung von der symbolischen Welt, in der die Verbundenheit aller Dinge erkannt werden kann, hat viele Probleme mit sich gebracht, besonders für Frauen. Die Natur des Weiblichen ist mehr in Einklang mit der Natur und der Ganzheit des Seins und mehr als das Männliche braucht sie es, vom Sinnbildlichen genährt zu werden, von den Gesetzen des Rhythmus. Die Zyklen im Körper einer Frau haben eher eine rituelle als eine rationale Qualität. Der Versuch, das Weibliche rational zu verstehen, hat es auf traurige Weise verzerrt und entmachtet.

Es gibt viele Aspekte des Lebens, die nur symbolisch verstanden werden können, so zum Beispiel die Übergänge von einem Lebenszyklus zum anderen und die damit einhergehenden Krisen. Ohne ein symbolisches Verständnis dieser Entwicklungen sind wir vorrangig mit den physischen Auswirkungen des Alterns konfrontiert und haben keinen Zugang zu einem vertiefenden Gewahrsein unserer eigenen Natur, die durch diese verschiedenen Initiationen ins Leben kommt und danach in das, was jenseits des Lebens liegt.

Es geht darum, die Ausgewogenheit zwischen dem männlichen und dem weiblichen Bewusstsein wiederherzustellen, die es beiden Teilen erlaubt, zusammenzuarbeiten und so aus uns einen vollen, ganzen Menschen zu machen. Auf diese Weise wird eine Vereinigung von Männlichem und Weiblichem, von analytischem und symbolischem Bewusstsein zustande gebracht, durch die ein tieferes und reicheres Verständnis unserer wahren Natur ein Teil unseres Bewusstseins werden kann. Wir können schätzen lernen, wie wir Teil eines zusammenhängenden Ganzen sind, indem unser inneres Selbst uns nährt und führt.

Durch diesen Frauentanz lassen wir die festgelegte Welt hinter uns, die dem rationalen Verstand so vertraut ist und auf die hin wir mittels Erziehung und Ausbildung einseitig konditioniert wurden. Stattdessen nehmen wir bewusst an einer ständig sich verändernden Realität teil, am Mysterium des Lebens, das wir rational nicht begreifen können. Es gilt, den Verstand zu beflügeln, sodass er dazu verwendet werden kann, die innere und äußere Welt zu verbinden. Wissen und Liebe: Sie sind die beiden Flügel, die für ein tieferes Erkennen wesentlich sind.

Wenn man das Licht des Bewusstseins in die Tiefe eindringen lässt, kann sich das uralte alchemistische Werk der Transformation vollziehen. Das Bewusstsein wandelt das Unbewusste, sodass die Urenergien uns nicht mehr bedrohen, sondern nähren können. Der Humor erhält seinen Platz und wir können über unsere vorgefertigten Meinungen lachen und unser gewohntes Selbstgefühl auflösen. Uns von der Rigidität jeglicher auferlegter Muster zu befreien heißt, uns für das Lachen zu entscheiden und die Freiheit unseres wahren Selbst zu erwecken.

Die spirituelle Reise ist ein geschlossener Kreis der Liebe, in dem wir unserem eigenen Zentrum, das immer gegenwärtig ist, langsam näherkommen. Wenn der Pfad, der in Spiralen verläuft, sich vor uns entfaltet, verändern sich alle Vorstellungen über die Reise und über uns selbst und wir erkennen eine tiefere Wahrheit: Die Wanderin und der Wanderer, die Reise und das Ziel sind eins.

Der Bauchtanz verleiht dieser Macht Ausdruck und versinnbildlicht sie in seinen Bewegungen. Der Bauchtanz gibt der Frau die Möglichkeit, sich selbst zu erforschen, sich kennen und verstehen zu lernen. Er zeigt ihr – mehr als Worte und Gedanken dies vermögen würden – ihre Einstellungen und Gefühle zu sich selbst, zu ihrer Sexualität, zu Männern, zum Muttersein und zu anderen Frauen. Er gibt ihr die Möglichkeit, mit der ewigen Frau in ihr zu kommunizieren, sich selbst zu akzeptieren und lieben zu lernen. Der Weg der Frau in die Ganzheit geht über die Selbstliebe, die des Mannes über die Selbsterkenntnis.

Durch die Bewegungen des Bauchtanzes, die insbesondere Rumpf, Bauch und Becken erfassen, wird eine Frau intensiv mit ihrer Lebenskraft konfrontiert. Diese Quelle ist von großer Wichtigkeit für eine Frau. Indem sie tanzt, gibt sie sich die Möglichkeit, sich selbst und ihrer Urquelle näherzukommen, ihre Energie fließen zu lassen und aus sich selbst zu schöpfen. Aus dieser Lebensenergie entsteht ein neues Lebensgefühl, ja, die Lust am Leben schlechthin.

Der im Unterbauch konzentrierte Schwerpunkt verbindet sie mit der Erde, auf der sie tanzt, und bettet sie zugleich in einen größeren Energiekreis ein. Jede einzelne Bewegung, und sei sie mit den Fingern geformt, holt sich die Tänzerin aus ihrer Mitte und jede Bewegung, sei sie noch so klein, sehnt sich zu diesem Zentrum zurück. Die Bewegungen werden Symbol der Vielfalt, die aus der EINEN Mitte kommt.

Die Bewegungen des Bauchtanzes können uns helfen, die weibliche Kunst des Lesens der Symbole, die schöpferische Qualität der Empfänglichkeit zurückzugewinnen, und sie können uns eine Tür in die symbolische Realität der Seele öffnen.

Möge die Reise zur Selbstfindung, zur Liebe und Freiheit gelingen!

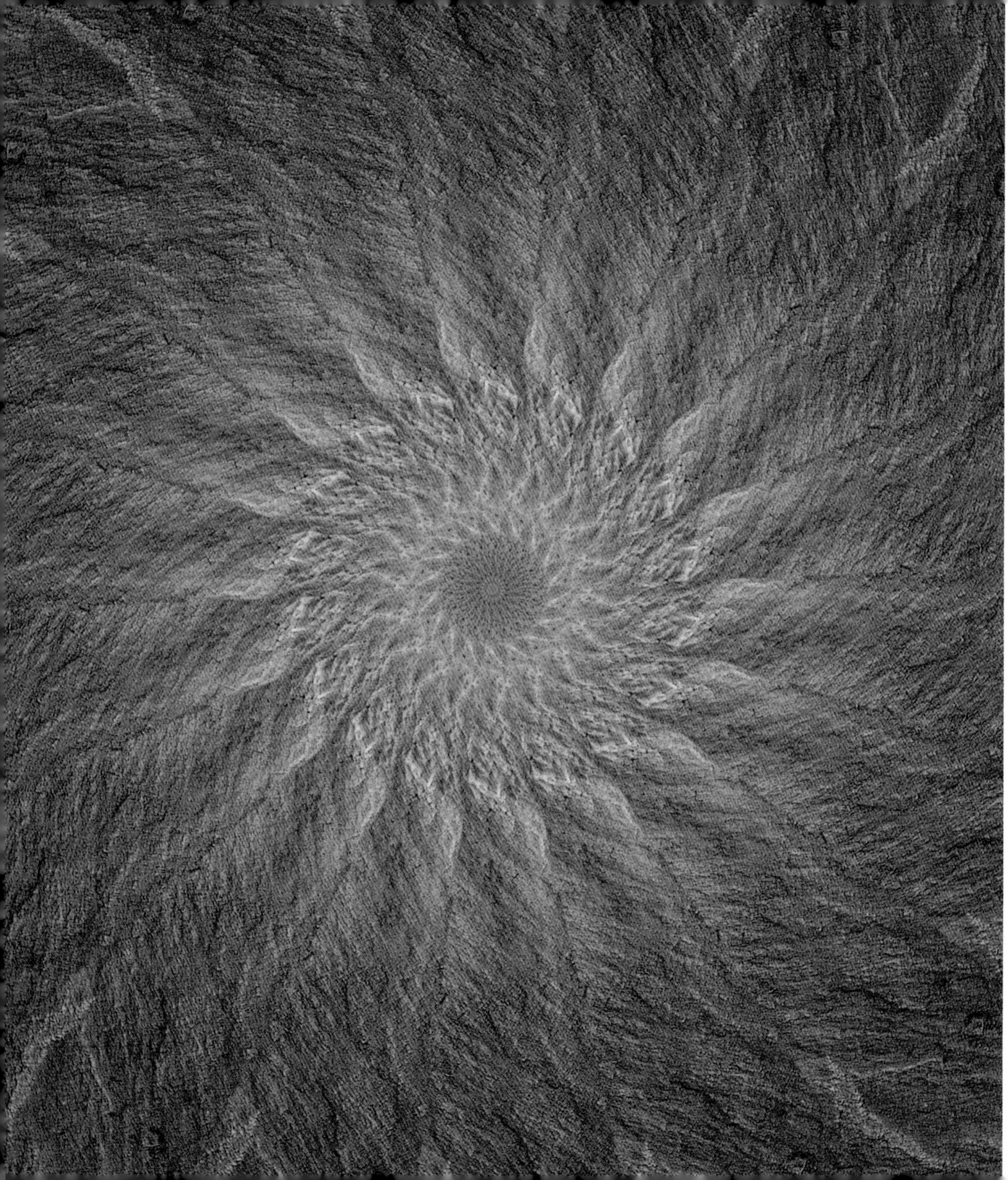

Die Bewegungen des orientalischen Tanzes

Wissen, Techniken, Verstehen – all dies sind wichtige Aspekte,
doch zum Tanzen braucht es Freiheit, Freude und Lebendigkeit.

Verbeuge dich vor der Schwerkraft und
zeige ihr die Geheimnisse des Fliegens mit deinen Füßen.

Als Praxisbuch beginnt das Kapitel über die Bewegungen des orientalischen Tanzes mit einigen Grundübungen „um“ die Wirbelsäule. An ihr hängt alles. Es folgt eine genaue Beschreibung der Haltung als Basis für diesen Tanz. Sie trägt alles. Einige anatomische Basisinformationen zur Wirbelsäule schließen diesen einführenden Teil zu den Bewegungen ab.

Es teilt sich das Kapitel dann in die Bewegungen des unteren und die Bewegungen des oberen Körpers. Dabei werden wiederum jene Teile, die beim orientalischen Tanz in besonderer Weise angeregt und aktiviert werden, jeweils am Ende des Abschnitts in ihrer körperlichen Dimension betrachtet.

Je nachdem, wie lange die Bewegungen von der Tänzerin schon geübt werden, können sie von langsamerer oder schnellerer, ruhigerer oder schwungvollerer Musik begleitet werden. Die Übungen und Meditationen, die von einem einfachen Beckenkreisen begleitet werden, werden entsprechend sanfter und zurückhaltender untermalt. Dabei können neben Klangaufnahmen, die eigens für Meditationen komponiert wurden, auch Trommelmusik oder Werke aus dem Bereich der klassischen Musik verwendet werden.

Grundübung Wirbelsäule

Jedes System hat einen Mittelpunkt. Das System, in das wir eingebettet sind, ist das Sonnensystem. In diesem Sonnensystem kreist alles um die Sonne. Diese Sonne, die wir haben, kreist mit anderen Sonnensystemen, mit anderen Sonnen wieder um ein Zentrum. Das heißt wir drehen die ganze Zeit und haben einen Mittelpunkt.

In unserem Körper findet sich ein Abbild dieses Systems. Wir haben ein Zentrum, um das sich alles dreht, und dieses Zentrum ist das Herz. Das heißt, unsere Sonne auf der körperlichen Ebene ist das Herz. Die Hauptausstrahlung dieses Herzens geht auf die Wirbelsäule, hier ist sein Ausdruck.

Die im Folgenden beschriebenen Übungen beziehen sich auf drei Grundbewegungen der Wirbelsäule, die auch für den orientalischen Tanz eine wesentliche Rolle spielen. Durch die kleinen, differenzierten Wirbelsäulenbewegungen wird die Lebensenergie angeregt und zum Fließen gebracht und eine überaus feine Durchlässigkeit in Wirbeln und Gelenken bewirkt. Diese Basisübung kann bei Wirbelsäulenerkrankungen und Bewegungseinschränkungen aller Art eingesetzt werden.

Die Wirbelsäule in der vertikalen Bewegung

Die erste Bewegung ist eine sehr sanfte Bewegung, die drei Geheimnisse verbindet: das Geheimnis des Mundes, das Geheimnis des Körpers und das Geheimnis der Gedanken. Das Geheimnis des Mundes meint zu Beginn den Atem, das Geheimnis des Körpers meint die Bewegung und das Geheimnis der Gedanken bedeutet, dass du Atem und Bewegung mit deinen Gedanken begleitest. Diese drei Dinge gleichzeitig zu verwenden, fördert die Konzentration und hilft, die Aufmerksamkeit ganz zu halten.

Stelle dich so hin, dass du dein Gewicht gut auf beide Beine verteilst. Gut verteilen bedeutet, dass du drei Punkte nimmst, an denen du dich orientierst: einen hinter dem großen Zeh, einen hinter dem kleinen Zeh und einen in der Mitte der Ferse. So versuche, dein Gewicht zu halten. Ziehe während der Bewegung ein wenig deinen After an.

Die Bewegung ist eine vertikale Bewegung, sie beginnt beim Steißbein und führt hinauf bis zum Atlas, dem letzten Wirbel. Du wanderst von einem Wirbel zum nächsten.

Du stehst gerade und gehst zuerst langsam mit dem Steißbein nach hinten, führst dann dein Steißbein langsam nach vorn, bis der Kopf ganz aufgerichtet ist, führst die Bewegung aus dem Steißbein noch ein klein wenig weiter, um von vorne dein Steißbein wieder nach hinten zu bewegen, ganz langsam, den Popo ein bisschen „ausstreckend", die Arme vorhängend, und dann wieder in die Mitte zurückzukommen und gerade zu stehen. Nimm dir immer einen Moment, in dem du ganz aufrecht stehst, bevor du wieder beginnst.

So wanderst du Wirbel für Wirbel durch. Dies ist eine der Grundbewegungen, um einmal kennenzulernen, was da ist. Bei manchen Wirbeln wird es ein bisschen schwieriger sein, bei anderen Wirbeln wird es fließender sein.

Die Atmung lasse kommen, wie sie ist. Nach einiger Zeit kannst du einen Ton mitnehmen, das heißt, du kannst summen oder du kannst mit einem „a" oder „o" oder „i" – was immer kommt – tönen.

Und während du die Bewegung ausführst, stellst du dir immer vor, dass sie beim Steißbein beginnt und langsam Wirbel für Wirbel hochgeht. Du stellst dir einen Lichtstrahl vor, von unten, der langsam deine Wirbel hochgeht und von oben wieder hinuntergeht.

Bevor du beginnst, ganz ruhig atmen, ganz zu dir kommen, verstehen, dass du eine starke Lebenskraft in dir hast, während du gleichzeitig von ihr umgeben wirst.

Wenn der Moment gekommen ist, um die Bewegung auszuführen, dann begleite sie mit deinen Gedanken: vom Steißbein hochgehen, langsam und achtsam. Lasse die Lichtsäule dich durchdringen, lasse dein Sonnenlicht deine Wirbelsäule Wirbel für Wirbel umspielen. Langsam mit der Lichtsäule spüre auch deinen Atem, verwende den Atem, um dich zu begleiten.

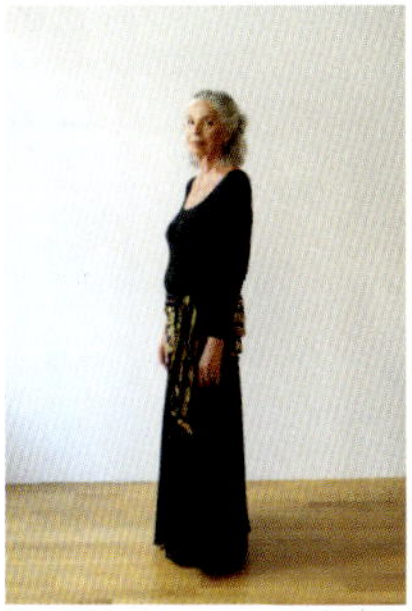
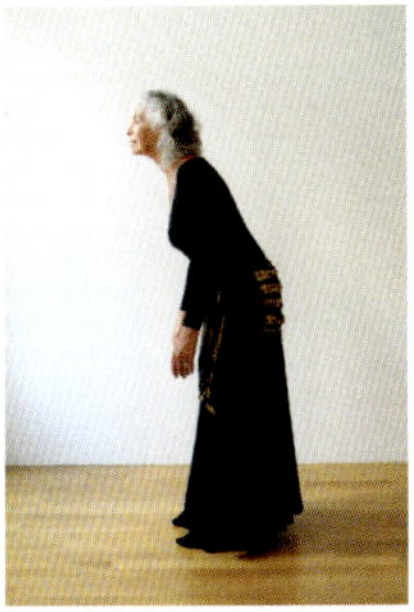
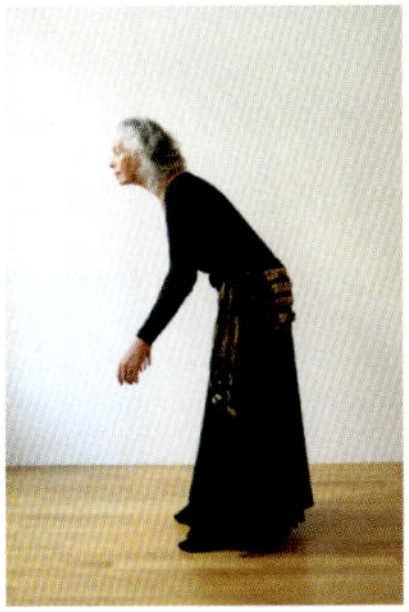
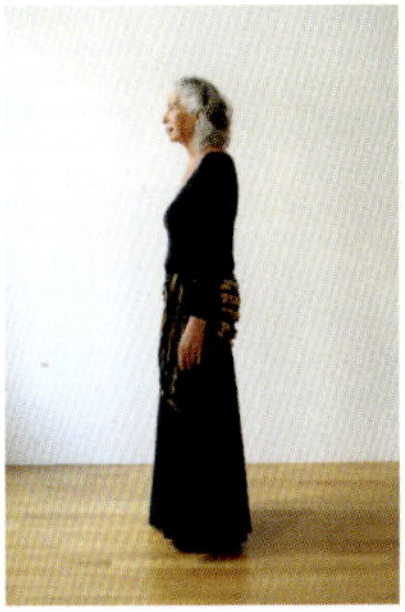

Pendeln des Beckens um die Wirbelsäule

Wieder verteile dein Gewicht gut auf beide Beine. Die Bewegung ist eine sehr einfache: Du beginnst in der Mitte und von hier bewegst du dein Becken einmal zur rechten, einmal zur linken Seite und schwingst mit den Armen mit, gegengleich. Das heißt, die Hüften blicken immer nach vorne und schwanken mit. Führe die Bewegung langsam aus, nicht zu groß, es ist eine kleine Bewegung.

Lasse immer wieder das Licht vom Steißbein hinauf zum Atlas wandern, über alle 33 Wirbel, und langsam wieder hinunter. Massiere die Wirbel mit deinem Licht. Spüre, wie das Nervensystem sich langsam glättet.

Gib deine Schultern den Bewegungen hin und lege Freundlichkeit in deine Kiefer, sodass sie sich öffnen.

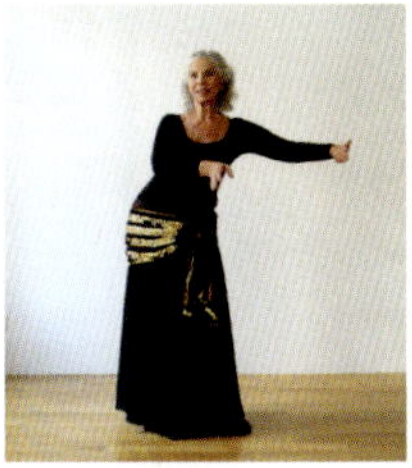
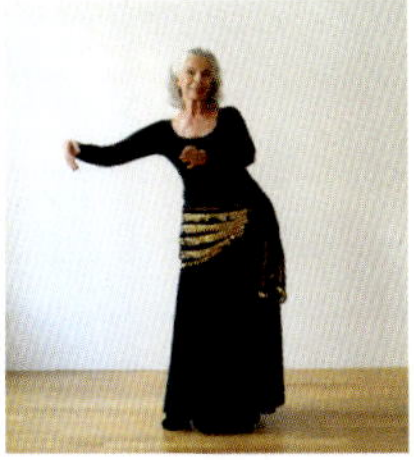
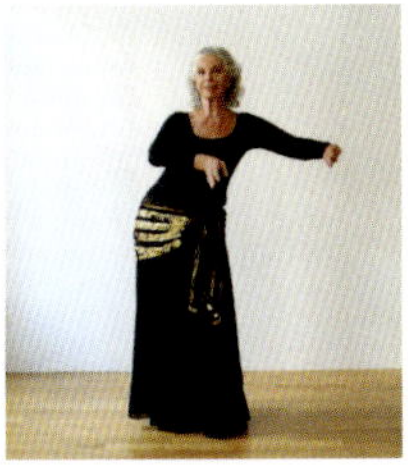
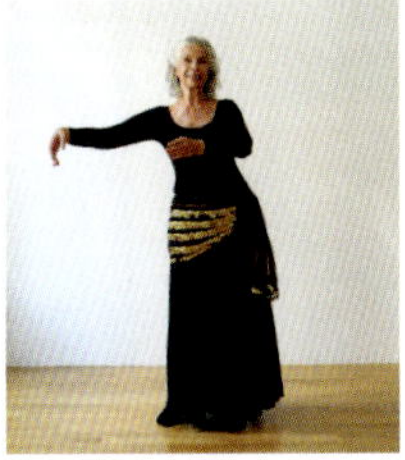

Drehen des Rumpfes um die Wirbelsäule

Verteile dein Gewicht gut auf beide Beine. Diesmal ist die Bewegung ein Sich-um-die-Achse-Bewegen. Wende langsam deinen Rumpf abwechselnd zur rechten und zur linken Seite. Es ist eine horizontale Bewegung der Wirbelsäule. Behalte deine Aufmerksamkeit bei den Wirbeln. Öffne deine Großzügigkeit und zeige sie auf der Ebene deines Atems. Langsam und achtsam lasse wieder das Licht vom Steißbein hinauf zum Atlas und wieder hinunterwandern.

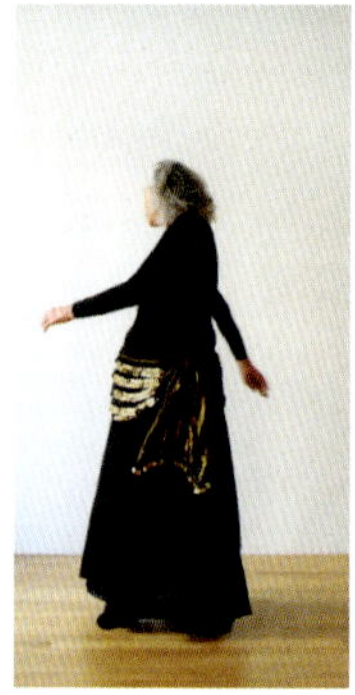

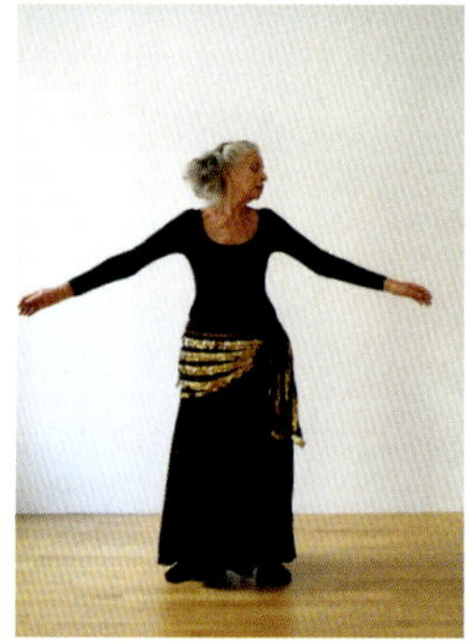

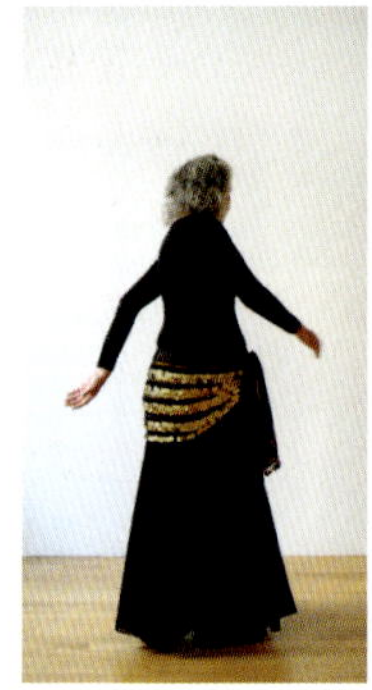

Stehen

Stelle dich so hin, dass deine Fußspitzen ein bisschen nach außen blicken. Halte die Knie locker gestreckt und gib etwas mehr Gewicht auf die Fersen als auf die Fußballen und dann lasse einmal deine Wirbelsäule so schwingen, dass sie dich in die Position bringt, die für dich angenehm und im Moment richtig ist. Spanne den After an und lasse deinen Körper dich so hinstellen, wie es für dich jetzt passend ist.

Grundhaltung

Bevor du in die Bewegungen des Tanzes eintauchst, wende dich deiner Haltung zu. Sie bildet die Basis für alles Weitere.

Breite deine Füße am Boden aus und verteile dein Gewicht gut auf beide Beine, indem du dich einfach ein wenig hin- und herbewegst. Behandle deine Beine so, als ob du mit Zwillingen umgehst. Wenn man Zwillinge hat, versucht man, gerecht zu sein und nicht einen Zwilling zu bevorzugen.

Der zweite Schritt: Du hast drei Punkte – einen Punkt hinter dem großen Zeh, einen Punkt hinter dem kleinen Zeh und einen dritten Punkt in der Mitte der Ferse. Versuche, deine Füße so auszugleichen, dass du diese drei Punkte gut als Halt verwendest.

Als Nächstes gehe zu den Knien: Halte die Knie weich. „Weich halten“ bedeutet, sie so zu halten, als ob du neugierig, als ob du auf dem Sprung wärest, oder wie ein Kind zu sein, das beginnt, zu gehen und achtsam die Welt zu entdecken. Die Knie haben die Qualität eines dreieinhalb Minuten gekochten Eis.

Dann lasse dein Becken lotmäßig fallen, als ob du ein bisschen mit dem Steißbein vorschiebst, ein leichtes Vordrücken, und ein wenig den Nabel zur Wirbelsäule führst, ganz leicht, ganz zart.

Und jetzt öffne dich zwischen Nabel und Herz, sodass der Solarplexus Platz hat: Du hebst die Brust und stehst aufrecht.

Jetzt entspannst du die Schultern und blickst mit deinem Haupt nach vorne, ganz stolz. Und nun gehst du ein wenig mit dem Kinn hinunter, ganz wenig. Das ist eine Möglichkeit, die andere ist: Du hältst den Kopf hoch und streichst mit dem Finger über die Stirn und über die Nase, dann neigt sich der Kopf automatisch in diese Position.

Jetzt achte noch einmal darauf, dass du gut auf deinen Füßen stehst – und tanze!

Durch das Fallenlassen des Beckens kommt es zu einem „Einknicken“ im oberen Bauchbereich, wo Zwerchfell und Solarplexus liegen. Das Heben der Brust ist daher besonders wichtig. Stell dir vor, der Solarplexus wäre deine Sonne: Eingeknickt zu sein heißt, Wolken vor der Sonne zu haben. Indem du dich aufrichtest, schiebst du die Wolken zur Seite.

Je mehr Lebenserfahrung du hast und je mehr du dir dieses Reichtums bewusst bist, desto großzügiger gehe mit deinem Steißbein vor, um das gute Sitzen in dir zu erlangen.

Über die Wirbelsäule

Die Wirbelsäule ist eine kräftige, biegsame Säule aus Knochen, die in der Körpermitte von oben nach unten verläuft. Die Wirbelsäule gibt dem Körper Halt, sie ist Symbol des inneren Halts bzw. der Haltung im Allgemeinen. Zugleich gilt sie als Symbol für Beweglichkeit, auch auf geistiger Ebene. Sie bildet die Verbindung von Oben und Unten.

Die Wirbelsäule ist das sichtbare Zeichen unserer geistigen Haltung, die sich in unserer körperlichen Haltung widerspiegelt. Alle inneren Spannungen werden durch Tonisierung (Anspannung) der entsprechenden Muskelgruppen auf die Wirbelsäule übertragen und so nach außen sichtbar.

Die Wirbelsäule besteht aus 24 beweglichen Wirbeln und weiteren 9, die teilweise oder ganz miteinander verschmolzen sind. Die insgesamt 33 Wirbel des Rückgrats teilen sich in

- 7 Halswirbel,
- 12 Brustwirbel,

- 5 Lendenwirbel,
- 5 Kreuzwirbel,
- 4 Steißwirbel.

Von der Seite betrachtet erkennt man vier Krümmungen, die der Verstärkung dienen, dem Körper Halt geben und die Stöße auffangen. Die Hals- und die Lendenwirbelsäule weisen eine Krümmung nach vorne zum Bauch hin auf, die Brustwirbelsäule und das Kreuzbein zeigen eine Krümmung nach hinten, zum Rücken. Das an das Kreuzbein anschließende Steißbein bildet den unteren Abschluss der Wirbelsäule und zeigt den Anfang einer nach vorne weisenden Krümmung. Die Wirbelsäule ist somit doppel-s-förmig gebogen.

Bandscheiben

Zwischen zwei Wirbeln liegt jeweils eine Zwischenwirbelscheibe. Die sogenannten Bandscheiben trennen die Wirbel voneinander und fungieren als Puffer. Sie müssen das Körpergewicht tragen und die Wirbel bei jeder Bewegung der Wirbelsäule abfedern. Sie fangen also die Belastungen ab und sind ein wichtiger Hinweisgeber, wenn wir uns überbelasten.

Die Zwischenwirbelscheiben bestehen aus einem festen, faserknorpeligen Ring und einem geleeartigen Mittelteil. Dieser Gallertkern im Inneren der Bandscheiben besitzt die Fähigkeit, Wasser zu binden, und dient als Stoßdämpfer. Bei Entlastung wird Flüssigkeit aufgenommen, bei Belastung wird Flüssigkeit abgegeben.

Bei jungen Erwachsenen beträgt die Länge der Bandscheiben 25 % der Gesamtlänge der Wirbelsäule.

Hals-, Brust- und Lendenwirbelsäule, Kreuz- und Steißbein

Die Halswirbelsäule ist, bedingt durch die Beschaffenheit der obersten zwei Wirbel, der beweglichste Teil der Wirbelsäule. Der Atlas (Nicker) ist vom Schädel aus gesehen der erste Halswirbel und trägt auch das Gewicht des Kopfes. Gemeinsam mit dem zweiten Halswirbel, dem sogenannten Axis (Dreher), bildet er die Kopfgelenke. Mit ihrer besonderen Form ermöglichen diese beiden die Drehung und die Bewegung des Kopfes nach oben und unten. Der Axis ist direkt mit dem Atlas und der Atlas wiederum direkt, ohne Zwischenwirbelscheibe, mit dem Hinterhauptbein verbunden. Das Hinterhauptbein stellt den am Halsübergang liegenden Teil des Schädels dar und bildet gemeinsam mit dem Atlas das erste Kopfgelenk.

Die Brustwirbelsäule ist weniger beweglich, da die Rippen des Brustkorbs an ihr verankert sind.

Die Lendenwirbelsäule ist nach vorne gekrümmt, ihre Krümmung bildet das Hohlkreuz, im Volksmund auch als „Kreuz“ bezeichnet. Die Lendenwirbel sind von allen Wirbeln die größten und sie tragen das meiste Gewicht. So trägt der 5. Lendenwirbel das Gewicht des gesamten Oberkörpers und überträgt es auf das Kreuzbein.

Das Kreuzbein ist ein dreieckiger Knochen am unteren Ende der Wirbelsäule. Es besteht aus 5

Kreuzwirbeln, die bei der Geburt getrennt sind, sich aber zwischen dem 20. und 25. Lebensjahr mit den ihnen zugehörigen Bandscheibenanteilen zu einem einzigen Knochen verbinden. Das Kreuzbein ist nach hinten gebogen und stellt eine kräftige Verankerung für den Beckengürtel dar.

Das Steißbein ist eine Gruppe kleiner Knochen ganz am Ende der Wirbelsäule. Es besteht aus etwa 4 kleinen Steißwirbeln, die – wie auch die Kreuzwirbel – im frühen Erwachsenenalter zum Steißbein verschmelzen.

Die Wirbelsäule und der orientalische Tanz

Die Wirbelsäule ist eine flexible Struktur, die als eine Einheit agiert. Große Bewegungen resultieren aus der Summe der vielen kleinen Bewegungen in den Zwischenwirbelgelenken. Die Bewegungsmöglichkeiten der Wirbelsäule sind

- die Biegung nach vorne (Flexion),
- die Biegung zur Seite (Lateralflexion),
- die Rückwärtsbiegung (Extension),
- die Drehung um die eigene Achse (Rotation),
- die Kombination all dieser Bewegungen (Zirkumduktion).

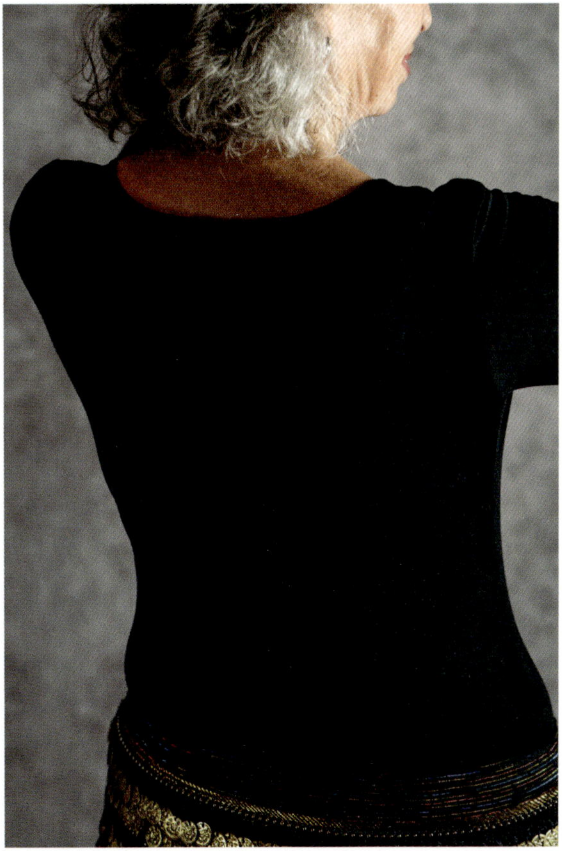

Die Rückenmuskulatur liegt unmittelbar auf der Wirbelsäule. Bei der Biegung zur Seite und der Rotation arbeitet die Rückenmuskulatur ineinandergreifend mit der Bauchmuskulatur. Für die Biegung nach vorne und die Rückwärtsbiegung werden die Muskeln beider Körperhälften aktiviert. Für die Biegung zur Seite wird hauptsächlich die Muskulatur einer Seite eingesetzt, während die Muskeln der anderen Seite der Erhaltung des Gleichgewichts dienen.

Die Bewegungen des unteren Körpers

Der Körper ist in die Seele getaucht und die Seele in den Körper.
So drücke im unteren Teil deines Körpers die Sehnsüchte der Erde aus, das Kommen und Gehen,
das Schwere und das Leichte, das Feste und das Zarte ...

Becken: Kreisen

Wenn du möchtest, kannst du dir, bevor du beginnst, ein Tuch um dein Becken binden. Es soll dir mehr Gefühl für dein Becken geben und so ist es wichtig, dass du es fest bindest.

Zwei Grundformen des Kreisens

Es gibt zwei Arten des Beckenkreisens.

Die eine Art ist ein **Kippen des Beckens.**

Die Bewegung des Beckens entsteht, indem du das Becken während des Kreisens vorne hebst und hinten „fallen" lässt. Es ist kein Wandern, sondern ein Kippen. Ab der Taille nach oben hin ist der Körper ruhig, nur das Becken geht vor und zurück. Achte darauf, dass du die Bewegung aus dem Becken machst, die Beine begleiten nur, der Motor sitzt im Becken. Bei dieser Form des Kreisens ist es notwendig, etwas tiefer in die Knie zu gehen. Es ist wichtig, dass du Platz machst für den Solarplexus, dass du aufrecht stehst, den Kopf hoch hältst. Kreisen mit Kippen erfordert, dass man eine majestätische Haltung einnimmt.

Die Hände kannst du auf den Bauch legen mit den Daumen auf der Ebene des Nabels oder du öffnest die Arme, als ob du einen dicken Baumstamm umarmst.

Beim Kreisen als Kippen wird der Beckenboden aktiviert. Durch das Heben vorne spannt er sich an und durch das Fallenlassen hinten entspannt er sich. Durch bewusstes An- und Entspannen kann die natürliche Bewegung zusätzlich verstärkt werden.

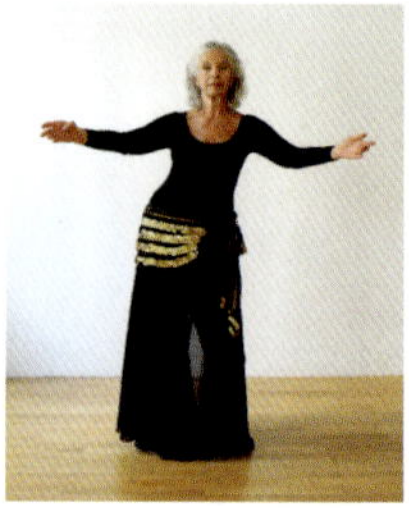
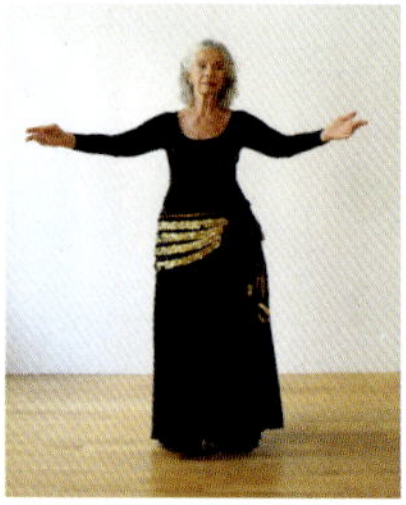
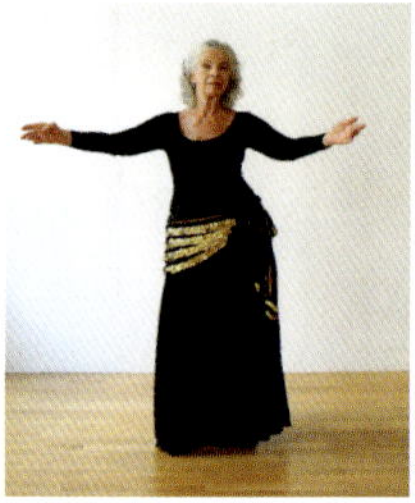
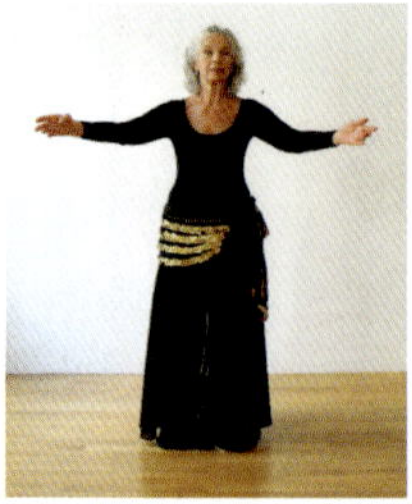

Die andere Art ist ein **Kreisen als Ganzes**, der Rumpf wandert beim Kreisen des Beckens mit.

Du formst mit dem Becken einen horizontalen Kreis. Diesmal ist es kein Kippen, sondern du wanderst mit deinem Becken. Stell dir vor, du wölbst dein Becken entlang eines größtmöglichen Kreises. Dabei drückst du das Becken nach vorne, den Oberkörper lehnst du nach hinten. Wenn du hinten bist, lehnst du den Oberkörper vor und drückst dein Brustbein hinaus. Achte auch hier darauf, dass die Bewegung aus dem Becken kommt: Im Becken ist der Motor.

Du kannst den linken Handrücken an deine Stirn legen und den rechten Arm zur Seite hin ausstrecken oder umgekehrt. Diese Haltung hilft dir, den großen Kreis zu formen und dennoch in deiner Mitte zu bleiben.

Diese leicht schlangenhafte Bewegung ist eine Bewegung, die intensiv das Immunsystem anregt bzw. die Thymusdrüse, die für das Immunsystem zuständig ist. Es ist eine sehr gesunde Bewegung.

Die beiden Grundformen des Kreisens, das Kippen des Beckens und das Kreisen als Ganzes, werden auch als **Mond- und Sonnenkreis** bezeichnet. Du kannst sie kombinieren:

Beginne mit dem kleinen Kreis, dem Mondkreis, und von ihm gehe über zum Sonnenkreis. Wenn du in den größeren Kreis gehst, dann öffne die Beine ein bisschen weiter. Achte darauf, dass du den Rücken gut hältst, dass er nicht nach vorn und nach hinten schwankt und dass du den Kopf nicht vor- und zurückreißt, sondern dass Rücken und Kopf in einer Linie sind. Wechsle immer wieder zwischen kleinem und großem, zwischen Sonnen- und Mondkreis.

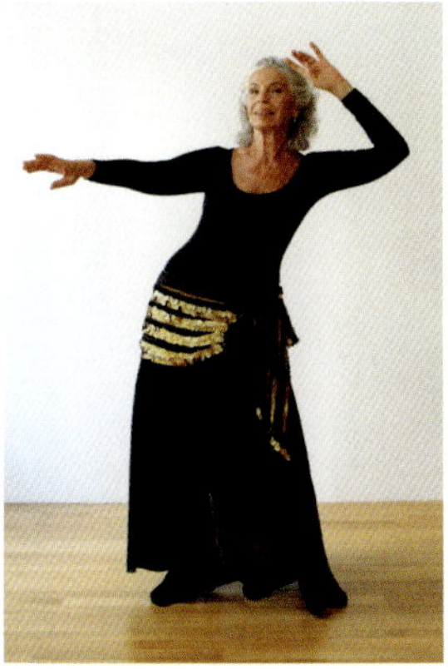

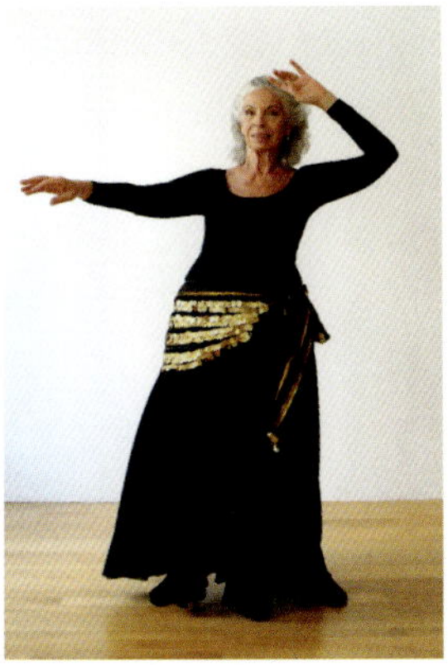

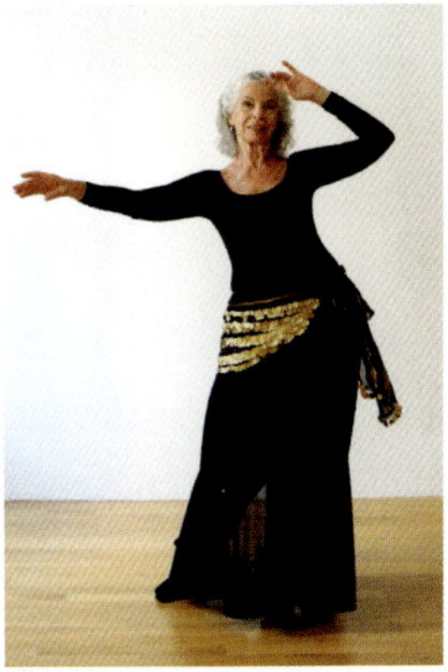

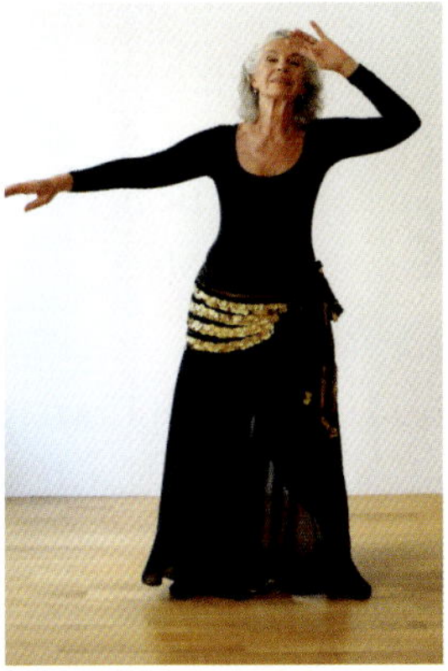

Die traditionelle Richtung des Kreisens

Das Kreisen des Beckens wird traditionell gegen den Uhrzeigersinn, zum Herzen hin ausgeführt. Die Richtung ist das, was hebt, die Bewegung selbst ist das, was erdet. Somit öffnest du beide Spiralen.

In manchen Momenten bzw. Phasen bedarf es einer besonderen Erdung, dann kann man im Uhrzeigersinn kreisen.

Bei der Arbeit für die Verdauung kreist man in beide Richtungen.

Sterne setzen

Du formst mit deinem Becken einen Kreis, auf den du diesmal kleine Pünktchen setzt, indem du zusätzlich dein Becken hebst und senkst. Du führst also zwei Bewegungen gleichzeitig aus.

Doppelkreis

Du ruhst in deiner Mitte, so wie immer bei diesem Tanz, und aus dieser Mitte heraus formst du zwei Kreise: einen Kreis, von hinten beginnend, um das rechte Bein und einen Kreis, von vorne beginnend, um das linke Bein. Dein Anfang und dein Ende sind immer in der Mitte.

Es sind zwei selbstständige Kreise (kein Achter), beide gegen den Uhrzeigersinn. Damit dein Becken beweglich ist, musst du tief in die Knie gehen. Umso wichtiger ist eine aufrechte Haltung.

Meistens ist die Bewegung besser als der Ausdruck, den man im Gesicht hat.
Der Ausdruck des Gesichtes zeigt: „Ich muss es schaffen, es ist das Wichtigste in meinem Leben."
Versuche, der Schönheit deiner Bewegung in deinem Gesicht Ausdruck zu geben.
Eine nicht so gut ausgeführte Bewegung mit einem überzeugten Gesichtsausdruck ist besser als umgekehrt.

Im nächsten Schritt kannst du versuchen, den Raum miteinzubeziehen und die Bewegung so fließender, sinnlicher werden zu lassen. Nimm sozusagen Oben und Unten mit: Wenn du beginnst, beginne tiefer und gehe mit dem Formen des Kreises nach oben, dann beginnst du höher und gehst mit dem Formen des Kreises nach unten: Tief und höher, hoch und tiefer – somit hast du einen Fluss in der Bewegung. Halte den Kiefer weich und komme immer wieder glücklich zu deiner Mitte zurück. In der Mitte ist sozusagen die Heimat – beglückt sie zu verlassen und beglückt wieder zurückzukehren, diese Qualität soll deinen Tanz begleiten.

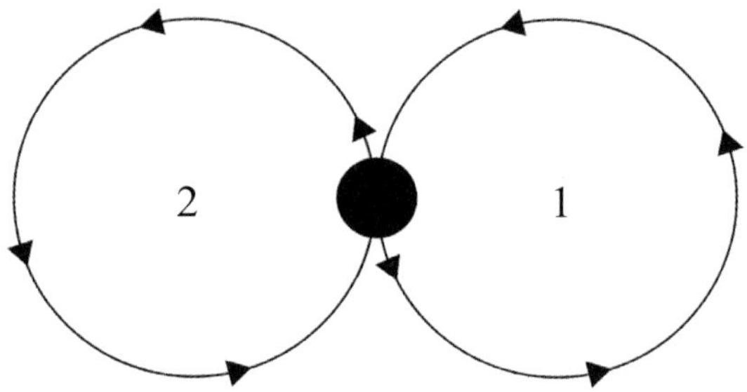

Wenn du die Arme dazunimmst, so hebe mit dem Formen des rechten Kreises die rechte Hand, mit dem Formen des linken Kreises die linke Hand. Halte den Arm angewinkelt und lasse die Hand, während sie sich hebt, in einer Drehbewegung um das Handgelenk wandern.

Ab diesem Moment ist es gut, das eigene Selbstbild loszulassen und ein neues zu bilden.

Du kannst den Doppelkreis um zwei weitere Kreise ergänzen:

Im Anschluss an den Doppelkreis forme einen Kreis vor deiner Mitte und einen Kreis nach hinten hin. Beide Kreise beginnen in der Mitte und enden in der Mitte. Beide Kreise forme wieder gegen den Uhrzeigersinn.

Den vorderen Kreis kannst du mit deinen Armen begleiten, indem du sie, einander überkreuzend, vor deinem Körper zusammenführst (wie eine offene Schere), den hinteren Kreis begleite mit derselben Bewegung hinter deinem Rücken.

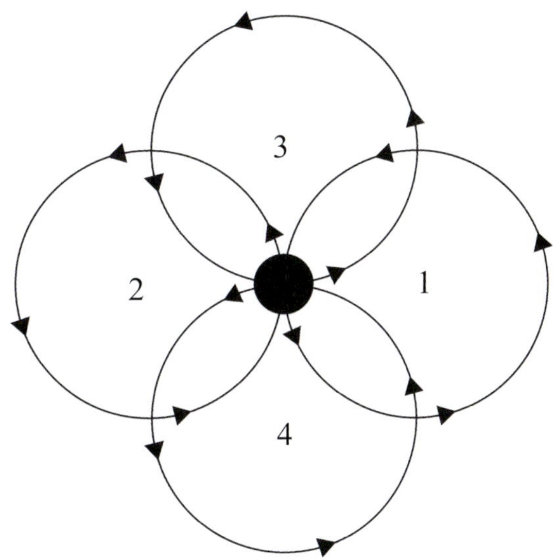

Pendeln vor und zurück

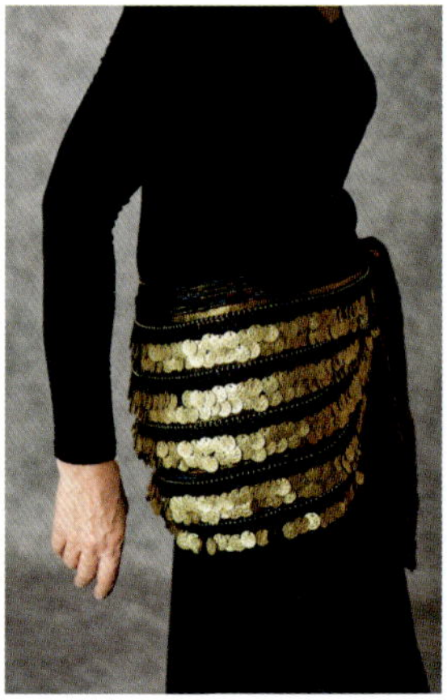

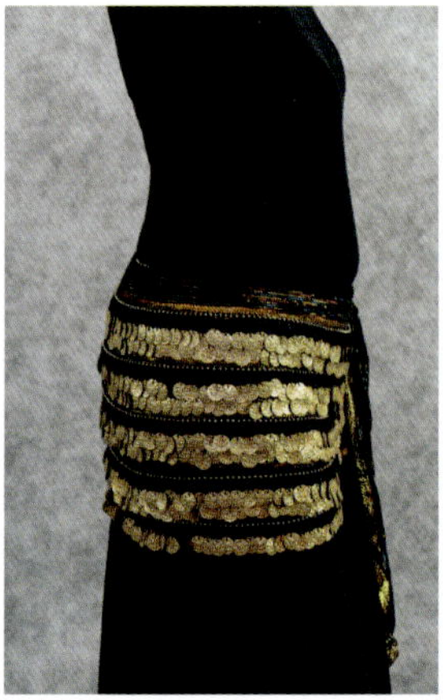

Stelle die Füße etwas weiter auseinander, verteile dein Gewicht gut auf beide Beine und gehe etwas tiefer in die Knie. Sitze in dir und lasse dein Becken in eine Pendelbewegung übergehen, in ein einfaches Vor und Zurück. Es ist eine ganz kleine Bewegung, so wie alle Bewegungen dieses Tanzes ganz klein sind, damit sie auch schnell ausgeführt werden können.

Bei dieser Bewegung werden die Oberschenkel besonders beansprucht. Um ein Verspannen der Muskeln zu vermeiden, ist es gut, die Beine immer wieder auszuschütteln. Das Becken wird mit den Gesäßmuskeln vor- und zurückgeführt, der Bauch bleibt dabei ganz locker und entspannt. Bei dieser Bewegung ist es wichtig, dass du ganz in dir ruhst.

„Stell dir einen Lichtstrahl vor, der von oben durch deinen Kopf – den Rumpf entlang – zwischen deinen Beinen weiter in den Boden strahlt, einen geraden, klaren Strahl. Öffne deine Schultern, halte deinen Kopf aufrecht und pendle. Mit der Zeit wird dir die Bewegung so leichtfallen, dass du mit deinem Becken dahingaloppieren kannst. Du wirst spüren, wie sich das Becken lockert und wie sich mit einem ‚Plopp' dein Unterleib öffnet. Die Vagina und der Aftermuskel entspannen sich und der Kiefer wird weich.“ (Al-Rawi, Rosina-Fawzia, [2]2007, S. 148)

Seitliches Pendeln

Du beginnst in der Mitte und führst dein Becken abwechselnd zur rechten und zur linken Seite. Die Hüften blicken dabei immer nach vorne. Es ist eine kleine Bewegung.

Wenn du dir eine Mondsichel vorstellst, so ist sie links und rechts höher, in der Mitte tiefer, das heißt, du gehst hier mehr in die Knie. Bestimme selbst, wie sehr du die Mondsichel betonen möchtest. Wichtig ist, dass die Bewegung fließend ist. Das Gewicht verlagert sich einmal mehr nach links, einmal mehr nach rechts.

Die Arme schwingen gegengleich zur Beckenbewegung mit.

Verwende ruhig auch dein Haupt, um die Bewegung des Beckens zu begleiten, und wende es nach links und nach rechts.

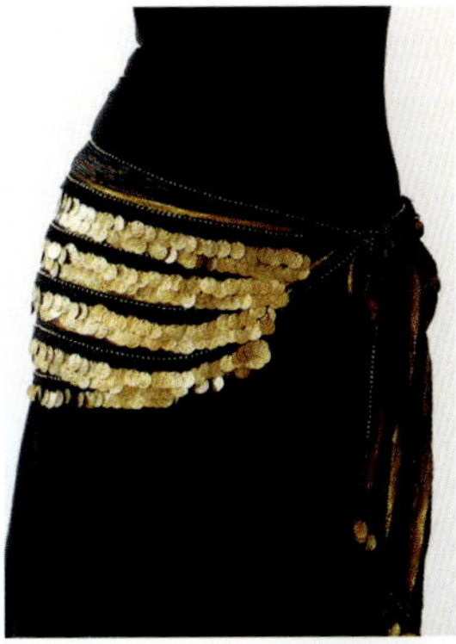

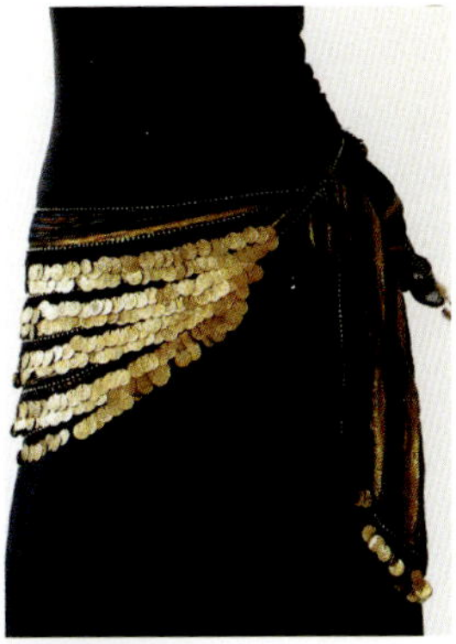

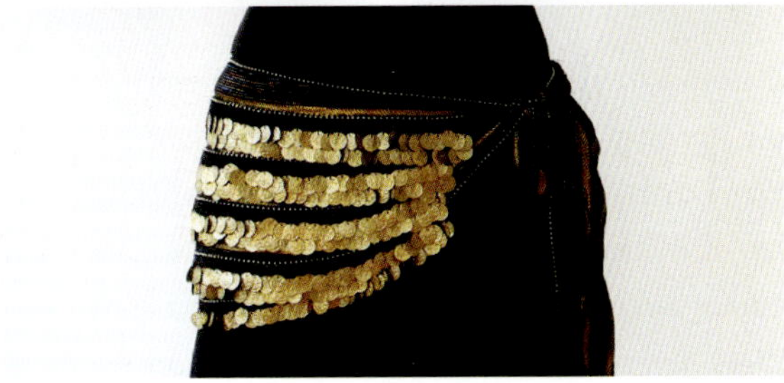

Du kannst dieselbe Bewegung auch so ausführen, dass du in der Mitte immer kurz innehältst:

Du streckst ein Bein und beugst das andere und gehst in einen ganz einfachen Übergang: Du streckst das gebeugte Bein und beugst gleichzeitig das gestreckte. Die Füße behalte dabei am Boden.

Wechsle ein paar Mal, bevor du um eine Bewegung des Beckens erweiterst:

Während du wechselst, kippst du das Becken vor und zurück, das heißt, du machst den Übergang mit deinem Becken. Die Bewegung des Beckens ist nach vorn, du hebst das Schambein, dein Freudenbein, hoch: „Hoch!“ Es ist eine sehr stolze Bewegung, so zeige deinen Stolz! Zeige deine Schönheit! Ein bisschen Augeneinsatz dabei gibt dem Ganzen die Würze.

Du kannst das Pendeln und das seitliche Pendeln **kombinieren** und den Beckenboden miteinbeziehen:

Führe dein Becken vor und zurück, nach rechts und nach links. Erlaube deinem Atem, tief zu fließen, versuche, den Beckenboden anzuspannen, und achte darauf, dass dein Kiefer dabei entspannt bleibt. Mit deinem Kiefer kannst du das Steißbein beeinflussen, ein weicher Kiefer erleichtert dir sein Bewegen, denn das Becken folgt, kaum sichtbar, dem Kiefer. Je fester er ist, desto starrer bist du hinten.

Die Arme kannst du zu den Seiten heben und von hier weiter hinauf, bis sich die Handrücken über dem Kopf treffen, um sie wieder auf Schulterhöhe zu senken.

Diese Bewegung kannst du in mehr gestreckter oder mehr runder Armhaltung ausführen.

Das seitliche Pendeln wird im orientalischen Tanz als „Mondsichel", arabisch „hilāl", bezeichnet. Es wirkt anregend auf die Eierstöcke und ist auch eine Bewegung für die Lendenwirbel.

Über das Becken

Das knöcherne Becken umfasst die beiden Hüftbeine, die in Darmbein, Sitzbein, Schambein unterteilt werden. Das Darmbein bezeichnet die flächenmäßig größten Knochen des Beckens. Die Darmbeinknochen beider Seiten bilden mit dem Kreuzbein der Wirbelsäule den sogenannten Beckengürtel. Darmbein und Kreuzbein sind über das Kreuzbein-Darmbein-Gelenk (Iliosakralgelenk) miteinander verbunden.

Den unteren Teil des Hüftbeins bildet das Sitzbein mit jeweils einem Sitzbeinhöcker zur rechten und zur linken Seite. Den vorderen Teil des Hüftbeins bildet das Schambein. Vorne sind die beiden Hüftbeine über die knorpelige Schambeinfuge verbunden. Darmbein, Sitzbein und Schambein verschmelzen etwa um das 15. Lebensjahr zum Hüftbein. Die Konturen des Darmbeins, auch „Beckenschaufel" genannt, können gut ertastet werden. Markantester Punkt des Darmbeins ist der sogenannte vordere Darmbeinstachel, im Volksmund gerne als „Hüftknöchel" bezeichnet.

Das Sitzbein ist nach längerem Sitzen oder Radfahren auf hartem Sattel deutlich spürbar, das Schambein im vorderen Beckenbereich ist – wie auch das Darmbein – leicht zu ertasten.

Die Verbindung vom Becken zu den Beinen bilden die Hüftgelenke zu beiden Seiten. Über sie wird das Gewicht des Körpers von der Wirbelsäule auf die Beine verteilt.

Der Beckenbodenmuskel

Der Beckenbodenmuskel reicht – seinem medizinischen Namen „Schambein-Steißbein-Muskel“ entsprechend – vom Schambein bis zum Steißbein. Gemeinsam mit anderen Muskeln umgibt er die männlichen und die weiblichen Geschlechtsorgane im Bereich des Beckenbodens. Seine Lage kann leicht erfühlt werden, da mit ihm das Urinieren unterbrochen werden kann. Er stützt die Bauchorgane und dessen Inhalt und so ist es wichtig, den Beckenbodenmuskel zu stärken. Die unterste Ebene des Beckenbodenmuskels kannst du, indem du den Urinstrahl immer wieder anhältst und loslässt bzw. durch besonders starkes Ausstrahlenlassen, ohne größeren Zeitaufwand bei jedem Toilettengang trainieren. Versuche, den Harnstrahl durch diese Übung unter Kontrolle zu bekommen.

Darüber hinaus kannst du deinen Beckenbodenmuskel in vielen alltäglichen Situationen – im Bus, am Schreibtisch, beim Spazierengehen usw. – und nicht merkbar für andere stärken.

Das Iliosakralgelenk

Dort, wo das Darmbein des Hüftbeinknochens und das Kreuzbein am Ende der Wirbelsäule aufeinandertreffen, befindet sich das Darmbein-Kreuzbein-Gelenk bzw. das Iliosakralgelenk. Es ist nahezu unbeweglich, da es durch kräftige Bänder fixiert ist. Das ist auch notwendig, da das Gewicht des Rumpfes auf diesem Gelenk ruht. Der geringe Spielraum des Iliosakralgelenks rührt außerdem von dem nach unten gerichteten Druck des Körpers und dem nach oben gerichteten Druck, der durch Beine und Becken ausgeübt wird.

Das Iliosakralgelenk muss auf die Bewegungen des Körpers reagieren können, etwa wenn er sich umdreht und verdreht, nach oben zieht oder hinuntergedrückt wird. Die Hauptfunktion des Iliosakralgelenks besteht darin, im Sitz und Stand den Druck auszugleichen.

Eine leichte Kniebeugung reduziert die Biegespannung auf das Iliosakralgelenk. Da sich der Gelenkspalt mit zunehmendem Alter durch Zusammenwachsen der Knochen teilweise oder auch ganz schließen kann, wird die Beweglichkeit gemindert.

Das Becken und der orientalische Tanz

Das Becken trägt das Rückgrat und mit ihm den Rumpf, der seinerseits an der Wirbelsäule und an den Rippen hängt – die wiederum selbst mit der Wirbelsäule verbunden sind. Der Kopf sitzt obenauf. Das Becken trägt also alles.

Um ein Bild zu geben, kannst du dir eine Schale (Becken) vorstellen, in der ein Stab aufrecht steht (Wirbelsäule) und an dessen Ende ein Ball (Kopf) balanciert wird.

Die Beckengegend ist das Fundament aller Bewegungen und somit Grundlage allen Lebens. Das Becken trägt die Genitalien; es muss frei von Zwang und Starre sein, sollte sich buchstäblich nach allen Richtungen bewegen können und sich um den Schwerpunkt des Körpers drehen wie eine Kugel um ihren Mittelpunkt. Denn sein Mittelpunkt ist der Mittelpunkt aller Handlungen.

Je freier das Becken sich bewegen kann, je besser du deine Beckengelenke kontrollieren kannst, desto kraftvoller ist der Körper. Das Becken loszulassen und die Hüften zu schütteln, berührt tiefe sexuelle Tabus. Doch für das Becken gibt es keine erlaubten oder verbotenen Bewegungen, es gibt nur Starrheit oder Flexibilität. Zwanghaftes Festhalten des Beckens und Beeinträchtigung seiner Beweglichkeit – bedingt durch kulturelle Tabus oder emotionale Hemmungen – führt zur Starrheit im Kreuzbereich, zur Versteifung also jener Körperregion, in der sich alle Belastungen und Spannungen des Körpers kreuzen. Keine körperliche Übung kann die Ursache von Konflikten lösen, die sich in den Verspannungen unseres Körpers widerspiegeln. Die Bewegungen des orientalischen Tanzes können dir jedoch helfen, deine körperlichen Spannungen zu erfahren und aus dem ewigen Kreis des Denkens auszubrechen.

Während des Tanzes kannst du immer wieder den Beckenbodenmuskel miteinbeziehen. Mit der Stärkung des Beckenbodenmuskels beginnt sich ein Energiekreis zu schließen, der sich – wie ein leuchtendes Ei – von deinem Scheitel vorne entlang des Rumpfes hinunter bis zum Beckenboden und hinten hinauf entlang der Wirbelsäule bildet.

Sich der Energie dieses Kreises, die bisher vielleicht unbewusst „ausgeronnen" ist, zu bedienen und sie zu stärken, kann ein verfeinertes Körpergefühl und Gespür für die inneren Vorgänge hervorrufen. Selbstvertrauen und innere Zentriertheit, ein wacher, ruhiger Blick, entspannte, kräftige Arme und Hände sind die Folge. (Vgl. hierzu „Beckenbodenübung" im Kapitel „Die weiblichen Organe und ihre spirituellen Aspekte" auf Seite 73 ff.)

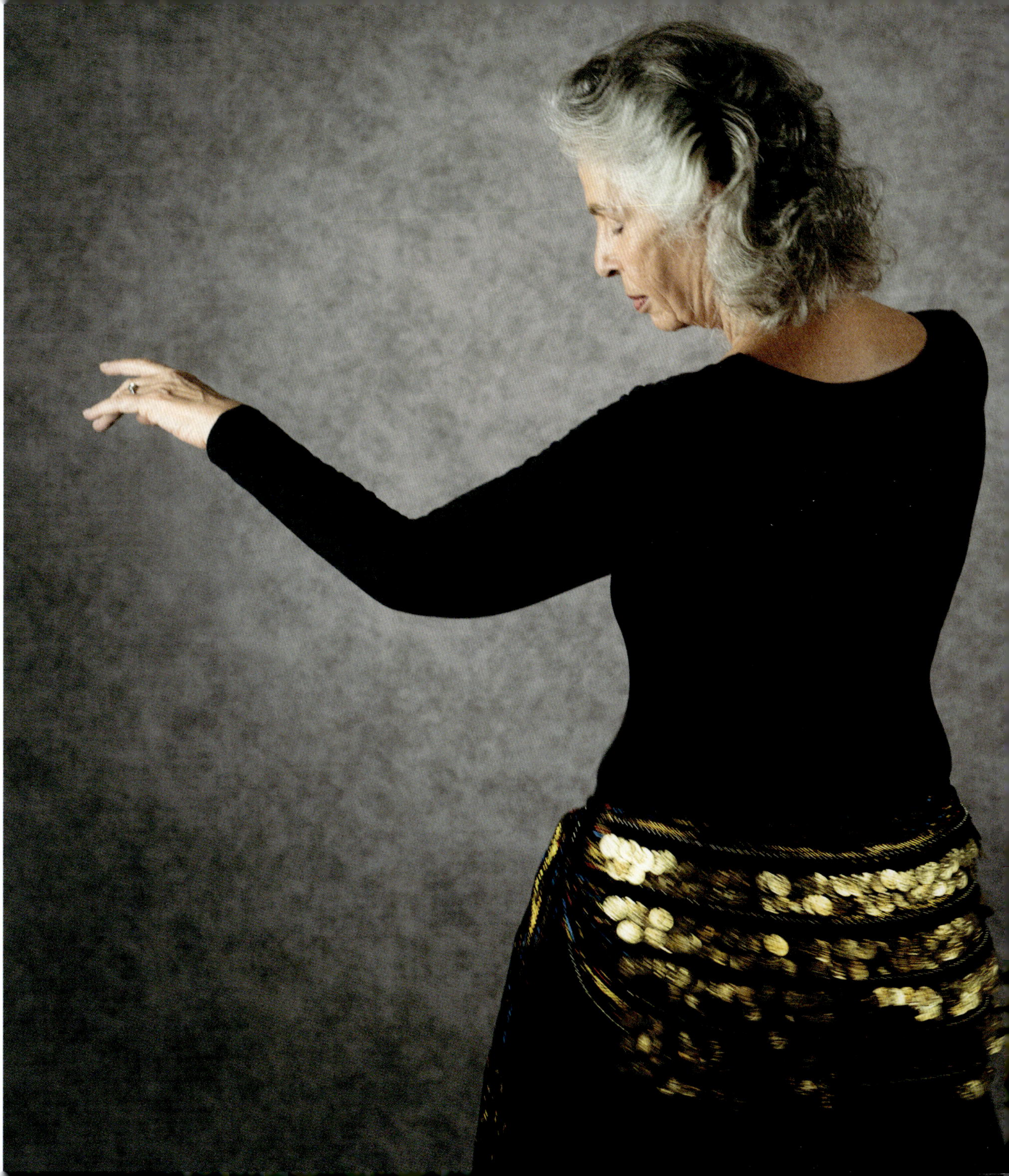

Bauch: Bauchwelle

Stell dich ein wenig breiter als deine Schultern hin, so dass du richtig in dir sitzen kannst. Die Bewegung beginnt von unten, das heißt, der untere Teil des Bauches wird nach hinten eingezogen, hochgedrückt, vorne wieder hinausgedrückt und hinuntergeführt. Der Oberkörper geht mit, er wird nicht wie bei anderen Bewegungen festgehalten, sondern er geht in der Bewegung mit: einziehen, hoch, hinaus und hinunter.

Auch das Becken lass mitwandern, ebenso die Beine. Die Schultern ganz entspannen, den Oberkörper lass mitgehen im Fluss.

Die Bewegung kommt aus dem Bauch, er ist der Motor der Bewegung. Von unten hinauf, hinaus und hinunter – bleib in dieser runden Form der Welle. Lass dich auf die Bewegung ein, arbeite nicht, sondern lass sie einfach fließen.

Die Arme kannst du in Schulterhöhe waagrecht zu den Seiten, in den Ellbogen angewinkelt (90 Grad) halten, die Handflächen leicht, nicht ganz, nach vorne gewandt.

Du kannst versuchen, ein wenig die Fußspitzen nach innen zu wenden, nur ganz wenig. Spüre, wie es sich jetzt anfühlt.

Dann lege die Hände auf den Bauch, sodass die beiden Daumen auf dem Nabel aufliegen, und spüre einmal die Bewegung. Ganz langsam.

Versuche auch, mit deinem Becken zu spielen, indem du mit dem Becken vorgehst und die Bauchwelle nach vorne machst, mit dem Becken in der Mitte und in gerader Position, dann zurückgehst und sie nach hinten machst. Wechsle die Positionen: vorne, Mitte, hinten.

Auch kannst du verschiedene Ebenen einbeziehen, indem du weiter in die Knie gehst und die Bauchwelle tiefer ausführst, dann wieder in der Ausgangsposition und etwas darüber. Achte darauf, dass du nicht zu weit hinuntergehst und auch nicht zu weit nach vorne oder hinten. Deine Arme lass im Rhythmus mitgehen. Spüre, wie du dich gut begleiten kannst. Sie sind die Farbe zum Bild.

Dann schließe einmal die Augen: Wie wirkt die Bewegung nicht nur auf den Bauch, sondern wie wirkt sie auf die Scheide, wie wirkt sie auf den Anusmuskel und wie wirkt sie auf den Kopf? Nach einiger Zeit halte an und spüre auch ihre Nachwirkung: Wie fühlst du dich? Wie fühlt sich der Kopf an? Wie klar sind deine Gedanken?

Die Bauchwelle benebelt den Kopf. Auch wenn du die Bewegung nur dezent bzw. wenig ausgeprägt durchführst, wirkt sie. Sie erzeugt große Hitze und erwärmt den ganzen Körper.

Bei der Bauchwelle werden die Kontraktionen des Bauches während der Wehen imitiert. Der ganze

Unterleib, beginnend beim Zwerchfell, wird massiert und angeregt. Die kontrahierenden Bewegungen des Bauches bewirken eine tiefe, sanfte Trance, die den ganzen Körper entspannt und sensibilisiert. Durch die isolierten Bewegungen der Ober- und Unterbauchmuskeln werden die inneren Organe stimuliert: Die Bauchwelle verbessert so das Wohlbefinden insgesamt. Verborgene Sexualängste treten ins Bewusstsein und können gelöst werden.

Wenn mehrere Frauen gemeinsam in einem Kreis die Bauchwelle machen, wird spürbar, welche Kraft in dieser Bewegung liegt. Traditionellerweise wird sie auch zur Geburtsvorbereitung verwendet. Das Grundmotiv der Geburt ist das Loslassen, die benebelnde Wirkung der Bauchwelle kann dabei helfen, denn, so sagt man: Wenn der Kopf Nebel hat, weitet sich der Raum für die Seele.

Die werdende Mutter kann zwischen den Wehen immer wieder diese Bewegung durchführen. Früher begleiteten auch Freundinnen und weibliche Verwandte den Geburtsprozess mit dieser Welle, um die Gebärende zu unterstützen und auch von außen mit diesem Nebel zu umhüllen, damit sie weniger Schmerz empfindet.

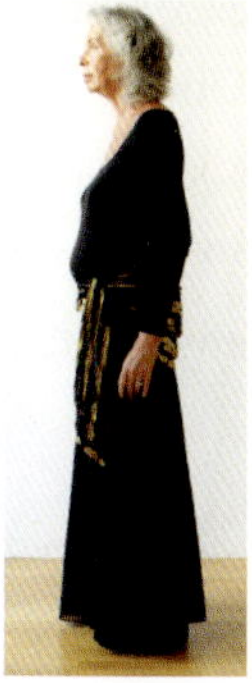
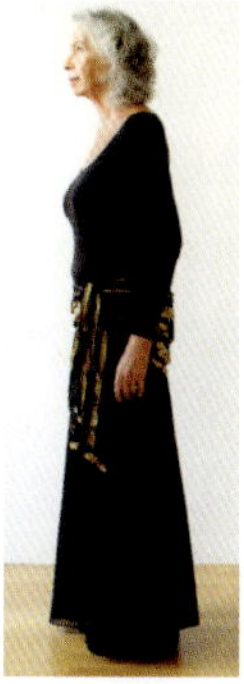
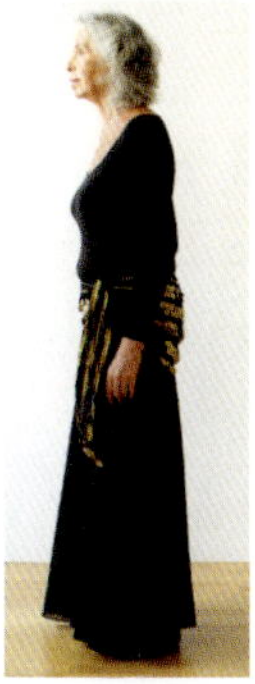
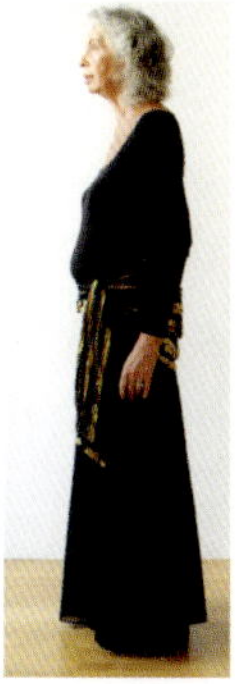

Die Bauchwelle hat eine intensive Wirkung auf die Gebärmutter und die Eierstöcke. Zur Anregung der Eierstöcke ist es gut, die Bewegung 5 Minuten am Tag zu machen, bei Zysten täglich 10 Minuten. Die Bauchwelle und der Schulter-Shimmy sind die beiden Hauptbewegungen für die Arbeit mit Zysten auf der Ebene des Bauchtanzes. Die Bauchwelle wirkt aber auch auf die Verdauung, insbesondere auf den Dickdarm.

Kleine Bauchwelle und Bauchflattern

Die kleine Bauchwelle entsteht, indem du mit dem Einatmen den unteren Bauch einziehst und mit dem Ausatmen den oberen Bauch hinausdrückst. Du kannst die kleine Welle entweder von unten nach oben oder von oben nach unten machen. Das Becken halte dabei ruhig, die Bewegung umfasst – im Gegensatz zur „großen Bauchwelle“ – nur den Bauch.

Von der kleinen kannst du zur großen und von der großen zur kleinen Bauchwelle übergehen.

Je schneller du die Bewegung machst, desto mehr wird sie zu einem Flattern. Im Mittelpunkt dieser Bewegung steht der Zwerchfellmuskel. Um mit ihm bewusst in Kontakt zu kommen, brauchst du nur den Bauch zu entspannen und ein tiefes Geräusch, zum Beispiel ein „Ah!“ oder ein „Ha!“, von dir zu geben.

Bauch: Achter

Die Unendlichkeitsschleife, der sogenannte Achter, kennt viele Varianten. Es gibt ihn mit der flüssigen Bewegung des Oberkörpers und es gibt ihn mit festgehaltenem Oberkörper, wobei es dann ab der Taille intensiver ist. Es gibt ihn mit gebeugten Knien, es gibt ihn mit gestreckten Beinen und es gibt ihn vom einen ins andere und vom anderen ins eine übergehend. Traditionellerweise beginnt der Achter hinten und wird somit von außen nach innen, zum Nabel hin geformt. Dies deutet die Sehnsucht zur Mitte an, die durch die Unendlichkeitsschleife gestärkt wird.

Verteile dein Gewicht gut auf beide Beine, stehe fest auf dem Boden, mit gebeugten Knien, und halte den Oberkörper ab der Taille ruhig. Du kannst dir dabei vorstellen, dass du etwas auf den Schultern balancierst, das nicht herunterfallen soll – so ruhig sollte der Oberkörper sein. Spüre, ob du wirklich gut im Gleichgewicht stehst zwischen Fersen und Ballen, sodass es sich bis ganz oben hin auswirkt.

Und jetzt forme, aus der Mitte von hinten beginnend, zur rechten Seite und zum Nabel hin eine halbe Achterschleife und, wiederum aus der Mitte von hinten beginnend, zur linken Seite und zum Nabel hin die zweite halbe Achterschleife, sodass sich der Kreis schließt, um in den nächsten überzugehen.

Spüre wieder, ob du gut im Gleichgewicht stehst zwischen Fersen und Ballen. Schließe einmal ganz kurz die Augen und spüre, wie sich deine Hände anfühlen. Sind sie entspannt? Werden manche Finger zurückgehalten? Wie fühlen sich deine Hände an?

Du kannst dir auch in Gedanken eine Acht auf dem Boden vorstellen, über deren Mitte du stehst, den rechten Fuß in der einen, den linken Fuß in der anderen Schleife. Nun zeichne mit deinen Hüften die Schleife nach: Drehe die rechte Hüfte nach hinten – die linke dreht sich dabei automatisch nach vorne – und folge der Schleife. Über dem Kreuz der Acht in der Mitte gibst du die Bewegung an die linke Hüfte weiter, indem du sie nach hinten schiebst und mit einer Bewegung nach vorne der Schleife folgst.

Um intensiver in die Bewegung mit der Gebärmutter zu gehen und so die Wirkung des Achters zu verstärken, kannst du zusätzlich mit dem Einatmen den Bauch einziehen, mit dem Ausatmen den Bauch rauslassen und in ein Massieren hineingehen. Wichtig dabei ist, immer wieder Pausen und nur den Achter ohne die spezielle Atmung zu machen.

Wenn du nun die Beine streckst, während du den Achter formst, muss die Ferse mitgehen. Das heißt, wann immer dein Becken nach vorne ausholt, hebt sich die Ferse leicht vom Boden. Der Oberkörper ist fest, immer nach vorne blickend, in deiner Mitte ruhend. Stelle dir vor, du würdest mit deinen Bewegungen einen Spiegel polieren, der direkt unter deinem Becken liegt.

Lass dir Zeit, es ist kein Beeilen.

Wenn du die beiden Formen kombinierst, bedeutet dies, dass du von den gebeugten Knien zu den gestreckten Beinen und von den gestreckten Beinen zu den gebeugten Knien übergehst. Die Knie gehen mit, haben aber keine an sich eigene Bewegung, sondern sie begleiten. Halte den Kontakt mit deiner Gebärmutter und mit dem Becken, die Bewegungen kommen aus diesem Bereich, hier wird massiert.

Du kannst hinunter- und hinaufgehen
und so alle Ebenen erobern.

Wenn du die Unendlichkeitsschleife mit fließendem Oberkörper machst, so tue es in folgendem Wissen: Das einzige Tabu ist das Tabu der Schüchternheit, alles andere ist erlaubt. Sei großzügig mit deinem Oberkörper und lass ihn mitschwingen. Koste den Duft der Sinnlichkeit.

Betöre und lass dich betören.

Wenn du die Arme dazunimmst, beginne, indem du die Arme in Hüfthöhe hinter dem Rücken hältst, mit den Handtellern nach oben gerichtet. Komm mit deinen Händen nach vorn zum Bauch, sodass sich die Handrücken berühren, jetzt öffne sie wie eine Blüte, mit den Handtellern nach oben, und führe die Hände, an den Hüften entlang, wieder zurück hinter den Rücken, um sie dort wieder zu wenden und erneut zu beginnen. Du kannst die Bewegung klein machen oder auch groß.

Der Achter birgt die tiefe Philosophie des orientalischen Tanzes: „Er beinhaltet die Gerade und den Kreis. Die Gerade, eine Strecke zwischen zwei Punkten, auf der du vor- und zurückgehen kannst, zielstrebig, geradlinig, in die Zukunft und zurück in die Vergangenheit. Der Kreis hingegen, ohne Anfang und Ende, in sich abgeschlossen, vollkommen, ohne Wechselspiel. (...) Der Kreis und die Gerade sind gegeben, doch der Achter, die Einbettung in die Unendlichkeit, ist von dir. (...) Ist der Achter nicht zum mathematischen Symbol für Unendlichkeit geworden? Durch die Vereinigung von beiden [Kreis und Gerade, Anmerkung der Autoin], durch die Zweiheit gelangst du zur Unendlichkeit und bettest sie in der Einheit ein (Al-Rawi, Rosina-Fawzia, ^{2}2007, S. 140 ff).

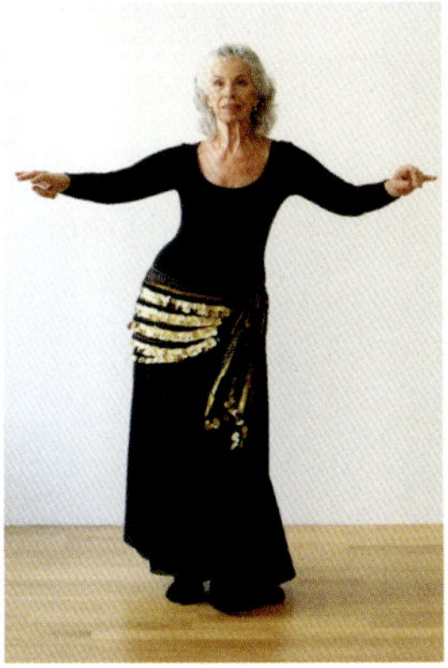
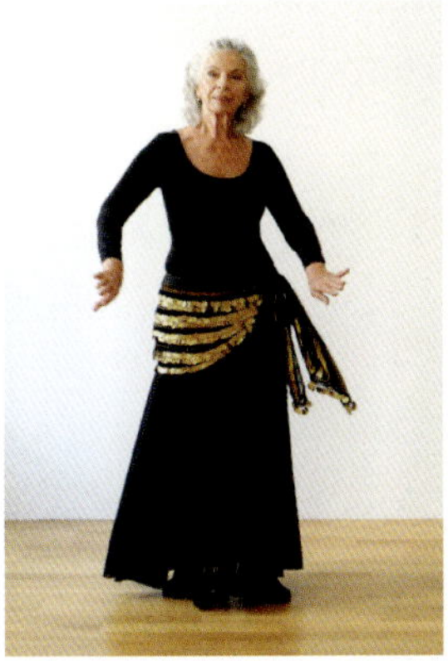
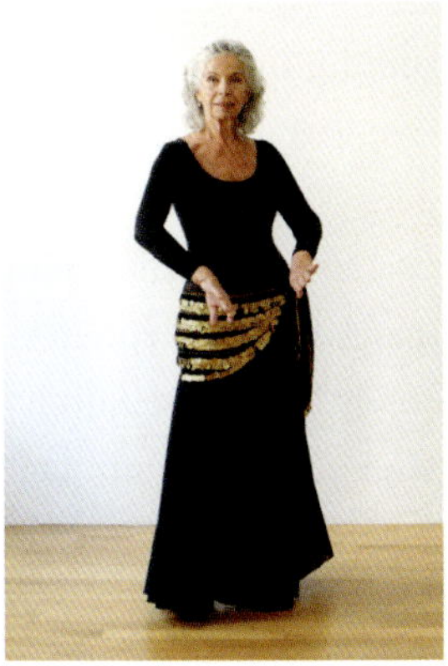
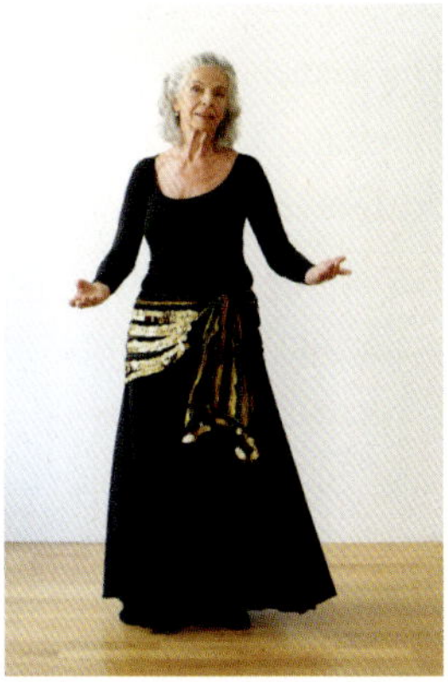

Auch den Achter kannst du um zwei weitere Kreise erweitern:

Aus der Mitte von hinten beginnend forme zur rechten Seite und zum Nabel hin die eine halbe Achterschleife, gehe über in einen Kreis vor deiner Mitte, im Uhrzeigersinn, und gib die Bewegung an die linke Hüfte weiter, um nach hinten ausschweifend und zum Nabel hin die zweite halbe Achterschleife zu formen. Wiederum gehe über in einen Kreis im Uhrzeigersinn, diesmal nach hinten hin.

Führe diese ausschweifende Bewegung mit dem ganzen Volumen deines Körpers aus, damit sie ihre ganze Wirkung entfalten kann. Beim Achter mit Doppelkreis werden alle Reflexzonen für Blase, Niere, Milz, Dünndarm, Herz und Lunge auf beiden Seiten der Wirbelsäule angeregt, Hüften und Becken können ihre ganze Bewegungsvielfalt ausspielen. Diese Bewegung wird für die Arbeit mit Verspannungen im Kreuz, vor allem während der Menstruation, und bei Kopfschmerzen eingesetzt.

Der Bauch und der orientalische Tanz

Unser Körper ist Ausdrucksmittel unseres Unterbewusstseins. Der Bauchraum bildet den größten Hohlraum des Körpers und liegt zwischen Brustkorb und Becken. Er beherbergt alle wichtigen Verdauungsorgane (Magen, Dünn- und Dickdarm, Leber, Gallenblase und Bauchspeicheldrüse), die Ausscheidungsorgane (Nieren, Harnleiter und Harnblase) sowie bei Frauen auch die Fortpflanzungsorgane (Gebärmutter und Eierstöcke).

Der Bauchraum liegt nicht zufällig in der Nähe des Herzens. Herz und Bauch zu verbinden bedeutet zu lernen, all die verschiedenen Lebensweisen und Ansichten, mit denen uns das Leben und die Menschen um uns konfrontieren, in Liebe zu akzeptieren. Gedanken wie „das ist ungerecht", „das ist falsch" usw. blockieren unsere Entwicklung. Toleranz und Nachsicht erlauben uns, Ängste loszulassen, und sie nehmen uns die Unzufriedenheit und die Furcht, die so oft mit dem Neuen und dem Unbekannten verbunden sind. Ständige innere Kritik hindert uns am Loslassen, Loslassen aber lässt das Herz sprechen.

Der Tanz des Bauches öffnet auf mannigfaltige Weise den Weg zum Bauchreichtum, zum Gleichgewicht des Prinzips von Geben und Nehmen. Es wird gehalten und losgelassen und hier vollzieht sich, auf seelischer Ebene, die größte Transformation: von einem Ich-Menschen zu einem Wir-Menschen.

Hüften

Die Hüften sind zwei Schalenwände, deren Inhalt das Becken ist. Die Bewegungen des orientalischen Tanzes lassen sie geschmeidig werden. Die Hüftbewegungen sind weniger anstrengend als andere Bewegungen des Bauchtanzes. Wichtig ist, die Knie gebeugt, den Kopf hoch und den Brustraum weit und offen zu halten.

Hüftstoß

Du ruhst in deiner Mitte, Kopf hoch. Lege deine linke Hand auf deine linke Hüfte und dann führe deine rechte Hüfte nach vorne. Nicht hinaus, sondern nur vor: „Hopp!" Und dann komm in die Mitte zurück.

Achte darauf, dass du den Stoß nicht mit dem Bein machst, das Knie bleibt in seiner gebeugten Position, die Bewegung kommt aus dem Becken bzw. aus der Hüfte. Achte auch darauf, dass du dabei dein Bein nicht verdrehst.

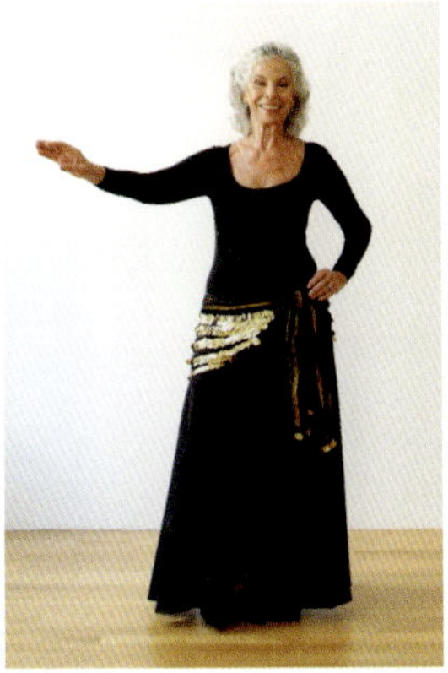

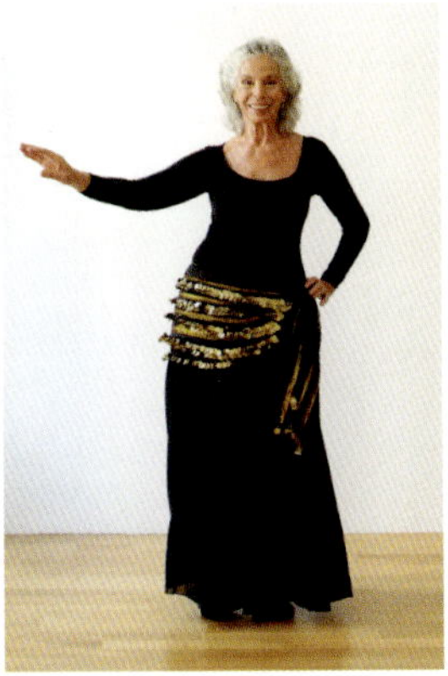

Wann immer du so weit bist, kannst du die Seiten wechseln, um letzten Endes abwechselnd die rechte und die linke Hüfte nach vorn zu bringen, so, als ob du mit deinen Hüftknochen einen Ball wegstoßen möchtest. Zwischen den Bewegungen halte jeweils kurz in der Grundposition inne: rechte Hüfte nach vorn stoßen, Grundposition, linke Hüfte nach vorn stoßen, Grundposition usw.

Die rechte und linke Hüfte in schnellem Wechsel nach vorne zu stoßen, führt zum Hüft-Shimmy.

Zur Armhaltung siehe Beschreibung des Hüftschwungs auf Seite 41.

Der Hüftstoß ist eine der Hauptbewegungen zur Beeinflussung des Eisprungs.

Vorschwingen

Du kannst die Hüftstoßbewegung auch in zwei oder drei kleine Schritte unterteilen und auf diese Weise „vorschwingen", um dann, ebenso in zwei oder drei kleine Schritte unterteilt, wieder in die Grundposition zurückzukommen und die Seite zu wechseln. Die Füße bleiben dabei am Boden.

Das Vorschwingen ist eine Basisbewegung. Wichtig ist, dass du gut in deiner Mitte sitzt, um so zu wandern.

Hüft-Shimmy – Schwingen

Der Hüft-Shimmy entsteht aus dem Hüftstoß, wenn dieser in ganz schneller, die linke und rechte Seite abwechselnder Bewegung ausgeführt wird, sodass er in ein Schwingen übergeht. Es ist ein ganz kleines Vor- und Zurückbewegen der Hüften, wobei das Vorbewegen der einen Hüfte jeweils das Zurückbewegen der anderen bedingt. Oberhalb der Taille bleibt der Körper ruhig.

Du kannst zusätzlich deine Aufmerksamkeit auf den Damm lenken, auf deinen „unteren Ofen", und die Konzentration erhöhen, indem du den After ein wenig anziehst. Schließe die Augen und spüre, was passiert, wenn du, nur leicht, den After anziehst. Was passiert mit dem Damm und was passiert oben auf der Ebene der Eierstöcke?

Neben der oben beschriebenen Weise kann der Hüft-Shimmy auch aus dem abwechselnden Vor- und Zurückvibrieren der Knie entstehen:

Du spannst den vorderen Oberschenkel fest an und beginnst mit einem millimeterhaften Kniezittern. Deine Sprunggelenke halte weich, während du deine Knie in einer ganz kleinen Bewegung vor- und zurückführst. Das Zittern, das dabei entsteht, wird wie von selbst vom Becken übernommen. Du kannst das Vibrieren entweder im Becken halten, sodass es im unteren Bereich bleibt, oder hinauf und über deinen ganzen Körper gehen lassen. Dabei kannst du auch ein wenig mit den Fersen hinauf- und hinuntergehen.

Du kannst den Hüft-Shimmy auch auf den Fußballen stehend ausführen und so um eine Bewegung erweitern: Du tappst einmal vor, einmal zurück, das heißt, es ist einmal das ganze Gewicht auf dem vorderen Fuß und dann auf dem hinteren, und zwar in einer Linie. Du tappst vor, zurück, vor, zurück und währenddessen schwingst du mit dem Becken. Den Wechsel machst du, indem du springst: „Hopp!" „Hopp!" „Hopp!" „Hopp!" Um eine ausgeglichene Bewegung zu haben, musst du das Gewicht verlagern, das heißt, du stehst eigentlich immer nur auf einem Bein. Achte auch auf deine Haltung: Kopf hoch, Spannung im Oberkörper, Platz für Solarplexus, Herz, Schultern nach hinten.

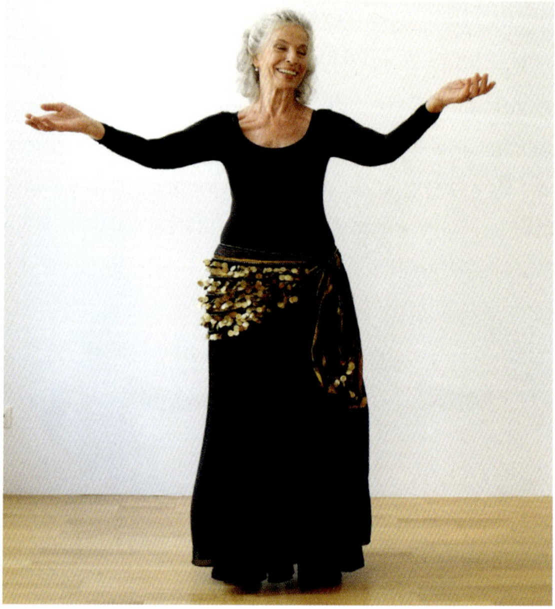

Hüftsprung

Ausgangspunkt ist wieder die Hüft-Stoß-Bewegung, die diesmal um ein „Springen“ erweitert wird:

Bei der Hüft-Stoß-Bewegung gehst du nur vor und zurück, wenn du aber „springen“ möchtest, musst du zusätzlich von unten hinauf und von oben hinuntergehen: hoch, runter und gleichzeitig nach vorn und zurück.

Die Bewegung beinhaltet einen kleinen Trick: Immer, wenn du springen möchtest und damit die Ebene wechselst, ist Kniearbeit erforderlich, du streckst das Bein fast durch. Die Füße bleiben dabei immer am Boden, du spielst mit den Knien. Zuerst also sind beide Knie gebeugt und wenn du mit der rechten Hüfte vorspringst, streckst du das rechte Bein fast, nicht ganz, durch, das linke Knie bleibt gebeugt. Du kommst mit dem rechten Knie zurück in die Beugung und damit zurück in deine Mitte, dann springst du mit der linken Hüfte vor und streckst das linke Bein, um auch hier wieder in deine Mitte zurückzukommen. Die Füße bleiben am Boden, die Arbeit besteht im Grunde genommen darin, mit Knien und Beinen nach vorne zu schieben. Der Rumpf bleibt gerade.

Bei Verschiebungen der horizontalen Ebene muss immer entweder mit den Knien oder den Füßen gearbeitet werden. Bleiben die Füße am Boden, so liegt die Arbeit des Ebenenwechsels bei den Knien. Sie müssen dann von ihrer gebeugten in eine gestreckte Haltung überführt werden und umgekehrt.

Hüftschwung

Verlagere dein Gewicht auf dein linkes Bein und setze das rechte Bein, auf dem Fußballen aufgestellt, einen Schritt davor. Das linke, hintere Bein halte gebeugt und dann lehne dich ein wenig nach hinten. Die Hüfte des rechten, vorderen Beins steht nun frei im Raum, um sich zu bewegen – wirf sie in die Höhe! Den Fußballen halte dabei auf dem Boden, der Oberkörper ist ruhig.

Nach einiger Zeit wechsle zur anderen Seite. Die Kraft des Hochstoßens kommt nur aus der Hüfte. Der ganze Unterleib wird seitlich nach vorne geschwungen. Achte darauf, dass deine Schultern und dein Hals entspannt sind und dein Atem fließt.

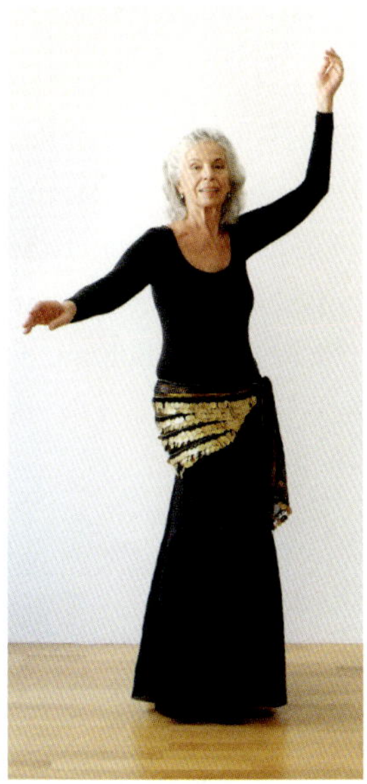

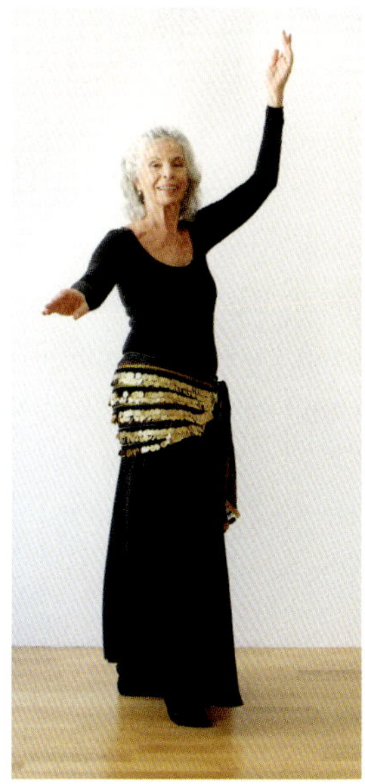

Du kannst den Hüftschwung auch im Drehen um dich selbst ausführen. Dabei verwendest du den vorderen Fuß wie einen Zirkel.

Die Arme hältst du einen nach oben und einen ausgestreckt zur Seite. Die Hände bilden dabei eine gelassene Verlängerung.

Diese Armhaltung kann bei allen Bewegungen eingenommen werden, vor allem aber beim Hüftschwung und beim Hüftstoß. Dabei wird der Arm auf der Seite des bewegten Beins zur Seite gestreckt, der dem bewegten Bein gegenüberliegende Arm nach oben. Dies hilft dir, die Balance zu halten und in deiner Mitte zu ruhen.

Du kannst den Hüftschwung auch in eine Vorwärtsbewegung einbetten:

Stell dir vor, es würde dich jemand mit der Hand an der Oberschenkelunterseite nach vorn schieben, das heißt, du gehst mit jedem Hüftschwung ein wenig nach vorn. Das hintere Bein beugt sich dabei etwas mehr, das Knie des vorderen Beins wandert gerade nach vorn, aber nur so weit, wie es für dich angenehm ist.

Hüftdrop

Der Hüftdrop beschreibt die Bewegung des Hüftschwungs, diesmal aber nach unten gerichtet:

Du verlagerst dein Gewicht auf dein linkes Bein, setzt das rechte, auf dem Fußballen aufgestellt, einen Schritt davor. Die Hüfte steht frei, du führst sie nach unten, so, als wolltest du dich auf einen unsichtbaren Stuhl setzen. Bevor du jedoch sitzt, änderst du deine Meinung und stehst wieder auf – du ziehst deine Hüfte schnell in deine Mitte zurück. Es ist, als wolltest du dich in dich hineinsetzen.

„Du gehst in die Knie, gehst hinunter, doch du ruhst in dir und holst auch hier deinen Halt, deine Kraft aus dir. Egal, wie tief du sinkst, du vergisst nicht, wer du bist. Gelassenheit umgibt deine Stirn, denn du weißt, dass die Demut die Schwester des Stolzes ist.“ (Al-Rawi, Rosina-Fawzia, ^{2}2007, S. 137 ff).

Du kannst Hüftschwung und Hüftdrop kombinieren: Mitte, hinauf, Mitte, hinunter, Mitte ...

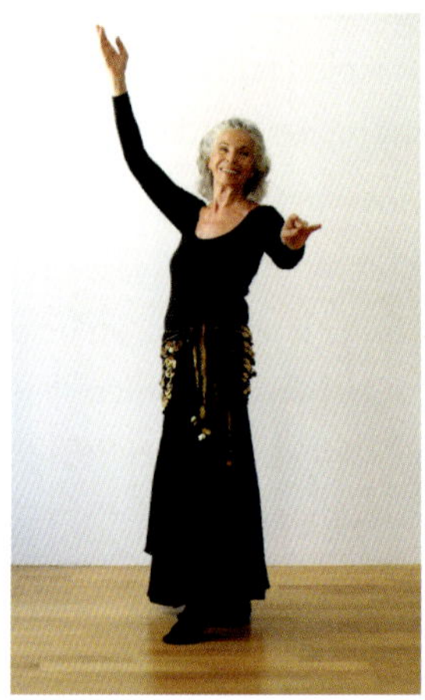

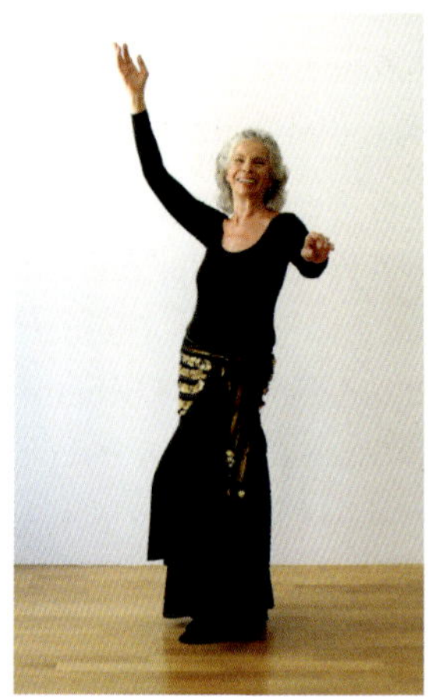

Hüftwippen

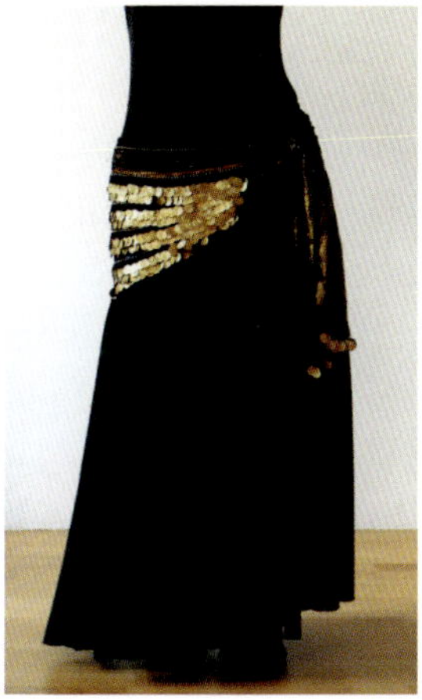

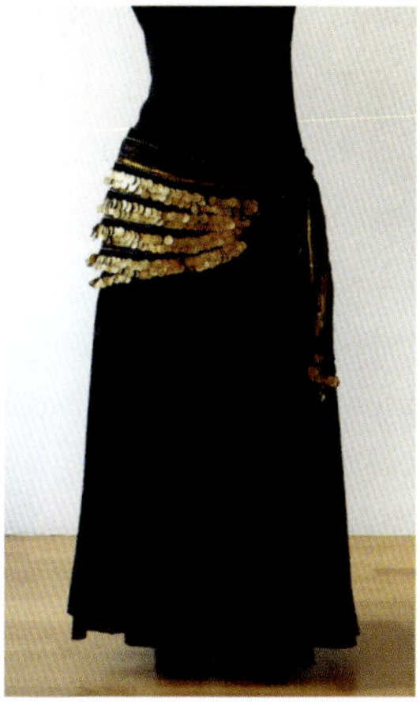

Halte die Beine gestreckt und ziehe abwechselnd die rechte und die linke Hüfte hoch und senke sie wieder. Die Bewegung kommt aus der Hüfte. Die Ferse hebt sich mit dem Hochziehen der Hüfte an, der Vorderfuß bleibt auf dem Boden. Mit dem Senken der Hüfte rolle den Fuß über den Ballen bis zur Ferse ab.

Du kannst dir dabei vorstellen, dass ein Kind auf einer deiner Hüften sitzt und du es in den Schlaf wiegst. „Übe, (...) bis die Bewegung, einer Welle gleich, auch dich mitreißt und du selbst zum gewiegten Kind wirst.“ (Al-Rawi, Rosina-Fawzia, [2]2007, S. 137 ff).

Das Spiel mit der Beinachse

Verteile dein Gewicht gut auf beide Beine, halte die Knie weich, lasse dein Becken fallen und schiebe es ein wenig mit dem Steißbein vor, dann öffne den Bereich vom Solarplexus hinaufgehend bis zum Herzen, entspanne die Schultern, hebe dein Haupt und gehe ein wenig mit dem Kinn hinunter.

Bringe dann deine Aufmerksamkeit auf deine Füße und bilde eine Linie zwischen dem Ballen hinter der großen Zehe und der Außenkante der Ferse, diagonal über die Fußsohle verlaufend. Verteile dein Gewicht insbesondere auf diese beiden Punkte, spüre sie klar bei beiden Füßen und beginne, **mit deinem Becken zu kreisen.**

Verkürze dann die diagonale Linie, indem du die Zehen ein wenig zur Ferse hinziehst und die Füße ein bisschen wölbst. Nach ein paar Momenten entspanne wieder, bleibe im Kreisen und spiele mit der Distanz zwischen den beiden Punkten, verkürze und verlängere sie immer wieder und achte auf die Spannung in deinem Körper.

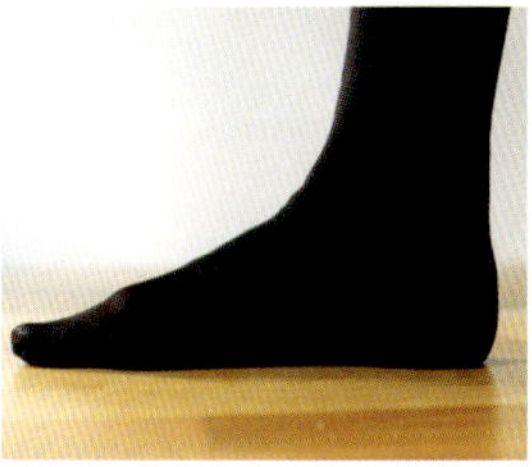

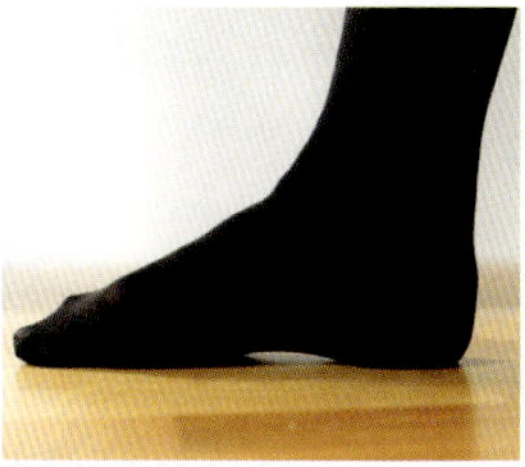

Versuche dann einmal, die Diagonale zu verkürzen, wenn du den **Hüftschwung** ausführst:

Du hast ein Bein vorne und mit deinem Standbein machst du die Wölbung, während du die Hüfte vorhebst. Und dann entspanne wieder und spüre den Unterschied. Spüre, ob du einen Unterschied bemerkst in der Haltung. Versuche es auch mit geöffneten Armen: einmal mit entspanntem Fuß und einmal mit verkürzter Diagonale. Achte auch darauf, wie es auf das Knie wirkt und wie auf die Hüfte. Und immer wieder entspannen und anspannen und spüren, die Seiten wechseln.

Versuche es auch mit dem **Achter**:

Spüre einmal beim Achter, wie es mit gewölbten Füßen ist. Beide Beine sind am Boden, beginne mit der entspannten Haltung und gehe dann in die Verkürzung der Diagonale. Auch hier spüre: Wie wirkt es sich aus und wo? Achte darauf, dass dein Kiefer sich nicht verspannt. Kannst du, wenn du wölbst, schneller werden, exakter werden? Was spürst du? Und auch hier nimm deine Arme mit.

Die Verstärkung dieser Wölbung des Fußes beim Tanz ermöglicht ein zusätzliches Korrigieren der Beinachse, indem das ganze Bein „gezogen" wird. Die beiden Punkte hinter der großen Zehe und am äußeren Rand der Ferse stellen die Hauptbelastungspunkte dar, die Arbeit betrifft jedoch den ganzen Fuß.

Mit dem Zusammenziehen verändert sich die Spannung im ganzen Körper. Es wird ein allgemeiner Halt bewirkt, es macht präziser und bringt in gewisser Weise eine Qualität der Disziplin in der Bewegung, macht dich wacher.

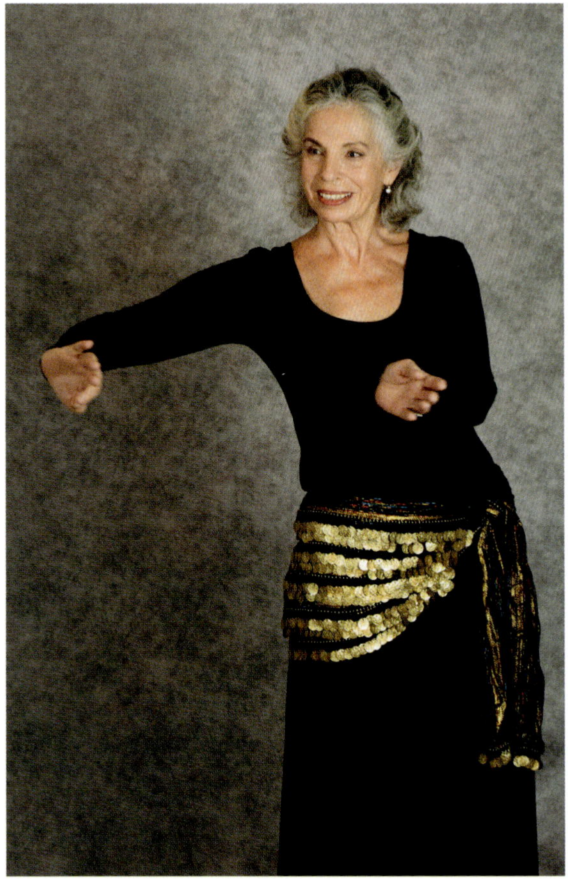

Die Bewegungen des oberen Körpers

... und drücke im oberen Teil des Körpers die Freiheit und die Freude des Himmels aus.
Mögen Oben und Unten sich in deinem Herzen finden
und die Liebe zum Erwachen küssen.

Brustkorb

Brustkorbverschieben

Verteile dein Gewicht gerecht auf beide Beine, halte die Knie weich und den Oberkörper aufrecht. Beginne, mit deinem Brustkorb zu wandern, indem du mit dem Einatmen den Brustkorb hebst und zur rechten Seite schiebst, wo du ihn mit dem Ausatmen wieder senkst. Dann atme wieder ein, hebe den Brustkorb, komme in die Mitte zurück und mit dem Ausatmen senke ihn wieder. Mit dem Einatmen hebe den Brustkorb und schiebe ihn diesmal zur linken Seite, wo du ihn mit dem Ausatmen senkst. Atme wieder ein und komme mit dem Heben des Brustkorbs in die Mitte zurück, um mit dem Ausatmen den Brustkorb wieder zu senken.

Schultern und Hüften blicken bei dieser Bewegung immer nach vorne, der Brustkorb bewegt sich isoliert von den Hüften und den Schultern. Es ist, als würdest du zwischen Zukunft und Gegenwart und Vergangenheit wandern. Wenn du die Bewegung schnell ausführst, wird sie zu einem Flattern.

Die Arme kannst du, leicht angewinkelt, offen halten.

Diese Bewegung wirkt während der Schwangerschaft sehr entspannend, vor allem, wenn der Kopf des Kindes auf das Zwerchfell drückt. Ab dem siebten Schwangerschaftsmonat darf sie – als einzige der hier beschriebenen Bewegungen – jedoch nicht mehr ausgeführt werden, da sie zu sehr auf das Kind drücken würde. Für solche Bewegungen hat dieses nun nicht mehr genügend Spielraum im Bauch.

Grundsätzlich wirkt das Brustkorbverschieben auf die Verdauung, im Gegensatz zur Bauchwelle insbesondere auf den Dünndarm.

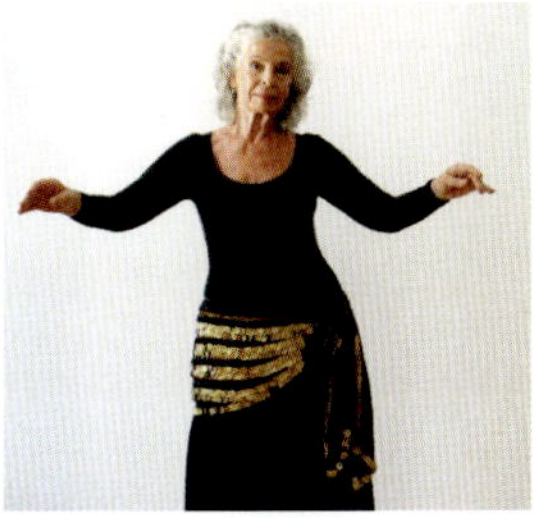
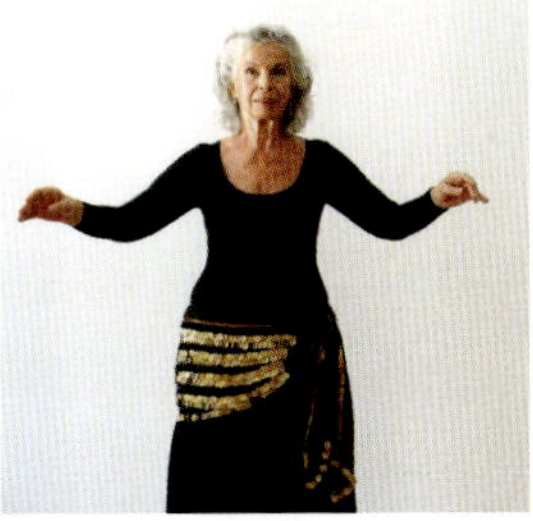
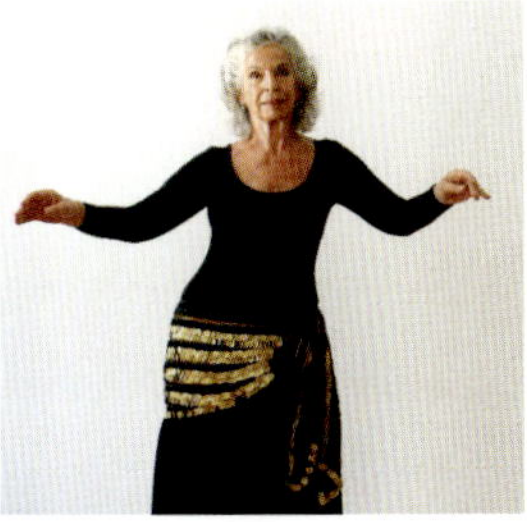

Brustkorbkreisen

Stelle dir vier Punkte auf einem um dich gezogenen Kreis vor: vorne links, vorne rechts, hinten rechts, hinten links. Nimm die Grundposition in der Mitte ein. Hebe wie beim Brustkorbverschieben mit dem Einatmen deinen Brustkorb und bringe ihn nach vorne links, um ihn mit dem Ausatmen wieder zu senken. Auf dieselbe Weise wanderst du weiter nach vorne rechts, nach hinten rechts, nach hinten links, um wieder in deine Mitte zurückzukommen.

Wenn du das Gefühl hast, dass du die vier Punkte gut gekostet hast, dann vereine sie in einem Kreis. Achte darauf, dass du zu dir stehst beim Kreisen und du eine offene Haltung hast. Öffne deinen Käfig hinten und lasse dich von der Musik bewegen im Kreisen, im Wiegen. Immer wieder komme zum Kosten der Punkte zurück, die du um einen fünften in deiner Mitte erweitern kannst.

Nach einiger Zeit kannst du das Folgende versuchen: Du kannst das Kreisen mit dem Bauchflattern begleiten, ganz klein, einfach ein Zusammenziehen und Loslassen im Kreis, ganz langsam, es muss kein großer Kreis sein.

Entspanne dann die Arme immer mehr, sodass sie mitgehen können, und lasse sie langsam hochkommen. Die Arme sind weich, der Ausdruck ihrer Bewegung geht von den Schultern aus und fließt von hier in die Arme. Lass sie seitlich hochkommen, sodass sie sich oben treffen, Handrücken an Handrücken. Dann lass die Arme nach vorne gehen und wieder hochkommen, um dieses Mal die Handteller zusammenzubringen.

Und dann verwende auch deine Hände, um Teile deines Körpers zu betonen. Umspiele das Becken, die eine Seite, die andere, das Gesicht, die Augen. Atme immer wieder bewusst in den Fluss der Lebensenergie und lasse sie fließen.

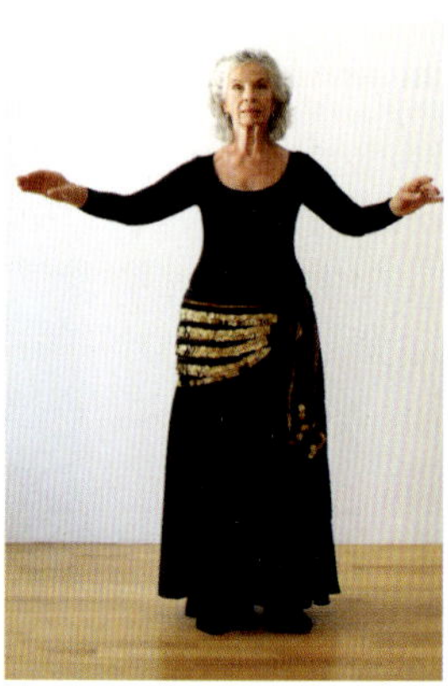
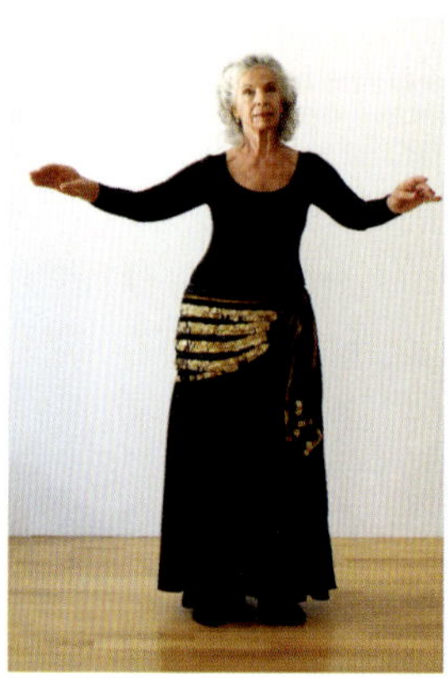
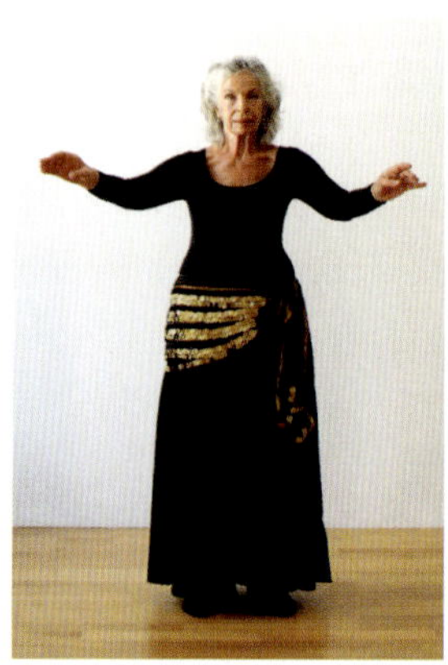
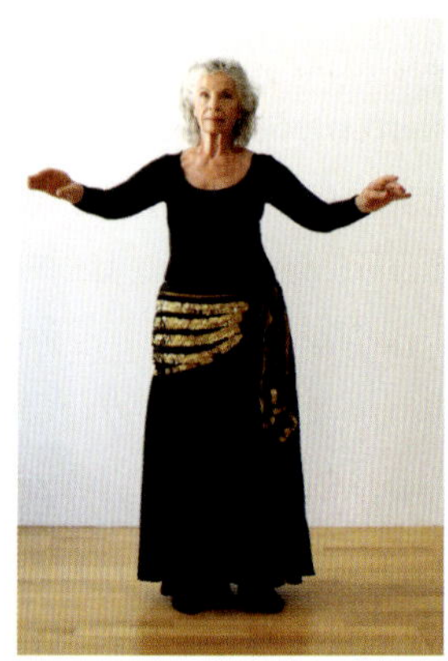

Um dem Kreisen deines Brustkorbs noch mehr Ausdruck zu verleihen, kannst du zusätzlich der Bewegung nachgeben:

Achte darauf, dass du gut in deiner Mitte „sitzt“, und versuche einmal, dich mit dem Oberkörper ein bisschen nach hinten zu lehnen, nur so weit, wie es für dich angenehm ist. Lasse Fäden entstehen, sodass du wirklich gehalten bist, wenn du nach hinten gehst, lasse Fäden aus deinen Fingern kommen, die dich mit der Kraft des Himmels verbinden und dir einen zusätzlichen Halt geben. Gleichzeitig spüre umso deutlicher deine Füße. In dem Moment, in dem du dich mit dem Himmel verbindest, trinke vom Boden, von der Erde, auf der du stehst, spüre deine Fußballen, deine Zehen, deine Fersen.

Verlasse dich nicht auf die Muskelkraft, sondern auf die Lebenskraft, die in dir fließt, lasse sie aus dir, aus deiner Mitte kommen und in die äußeren Bewegungen überfließen, gleichgültig, wie weit sie sind. Und auch, wenn die Fäden bei den Fingern sind, lasse sie von dort hochkommen, dich halten, dich nähren in einem Dialog mit deiner Lebensenergie. Verwende immer wieder die Hauptlebenskraft, den Atem, um dich in diesem Fluss zu halten.

Das Brustkorbkreisen stärkt die Flexibilität des Rückens. Nur wenn sie gegeben ist, kann der Rücken neben den Knien als zweiter Puffer fungieren und so die Knie entlasten. Da wir sehr viel auf unserer harten Oberfläche, dem Rücken, liegen, ist die Übung seiner Flexibilität wesentlich.

Über den Brustkorb, das Zwerchfell und den Solarplexus

Der Brustkorb besteht aus der Brustwirbelsäule, den Rippen und dem Brustbein. Gemeinsam mit der an ihm ansetzenden Muskulatur bildet der Brustkorb ein Bollwerk, der die Brusthöhle umschließt. Im Brustkorb liegen geschützt die inneren Organe, unter anderem Herz und Lunge.

Die Rippen sind über Gelenke mit der Brustwirbelsäule verbunden. Sie und die elastische Beschaffenheit des Brustkorbs ermöglichen die Atembewegungen und federn Stöße ab. Vorne schließen die Rippen bzw. Rippenpaare über ihre knorpeligen Verlängerungen an das Brustbein an. Aufgrund des darüberliegenden Schlüsselbeins kann der Übergang nicht ertastet werden. Das Brustbein (lat. Sternum) liegt in Form eines platten, länglichen Knochens in der vorderen Mitte des Brustkorbs. In direkter Verbindung mit ihm stehen allerdings nur die ersten 7 Rippenpaare, die Rippenpaare 8, 9 und 10 sind über den knorpeligen Rippenbogen lediglich indirekt an das Brustbein angeschlossen. Die nur im Ansatz vorhandenen Rippenpaare 11 und 12 enden frei. Manchmal ist bereits die 10. oder 9. Rippe ohne Verbindung zum Rippenbogen. Auch müssen nicht immer 12 Rippenpaare vorhanden sein.

Zwischen den Rippen liegen die Zwischenrippenmuskeln. Sie bewirken das Anheben und Absenken der Rippen, durch das sich das Volumen des Brustraums vergrößert bzw. verkleinert. Dies stellt eine wichtige Unterstützung für das Zwerchfell dar.

Das Zwerchfell ist eine Muskel-Sehnen-Platte, die die Brusthöhle vom Bauchraum trennt. Das Zwerchfell wölbt sich kuppelförmig bis hinter den unteren Teil des Brustbeins. Dadurch reicht der obere Teil der Bauchhöhle in den Brustkorb hinein.

Das Zwerchfell ist der wichtigste Muskel im Zusammenhang mit der Atmung. Es saugt die Luft in die Lunge. Beim Einatmen zieht es sich zusammen, wird flacher und die Organe werden nach unten gedrückt. Dadurch vergrößert sich die Brusthöhle und Luft wird in die Lunge gesogen. Atmet man tief, beteiligen sich an der Ausweitung der Brusthöhle zusätzlich die Halsmuskeln.

Beim Ausatmen entspannt sich das Zwerchfell, sodass das Volumen der Brusthöhle sinkt. Die Lunge wird zusammengedrückt, die Luft verlässt den Körper.

Die Ausatmung ist ein passiver Vorgang. Atmet man tief, ziehen sich zusätzlich die Bauchmuskeln zusammen und verringern das Volumen der Brusthöhle noch mehr. So wird weitere Luft hinausgedrückt.

Das Sonnengeflecht liegt unterhalb des Zwerchfells an der Rückwand des Bauchraums im Bereich der Magengrube. Es bildet die Verbindung zwischen dem Brust- und Bauchbereich und ist damit das Zentrum für die Harmonisierung der „oberen“ und „unteren“ Energien. Ein Schlag auf die Magengrube macht dies nachvollziehbar: Die Schmerzen verursachen Atemschwierigkeiten und über die Nervenverbindungen kommt es zu einer kurzfristigen Lähmung des Zwerchfells, der Brust- und Bauchmuskulatur.

Das Sonnengeflecht ist ein großes Netz (Geflecht) von Nervenfasern, von dem aus die oberen Bauchorgane versorgt werden. Es ist eine zentrale Nervenschaltstelle, die als Vermittlerin von Informationen zwischen Gehirn und Bauch fungiert. Über das Sonnengeflecht werden Befehle an Nieren, Leber, Gallenblase, Bauchspeicheldrüse, Magen, Milz und Darm erteilt. Diese Informationen bzw. Befehle werden durch äußere Faktoren wie Stress, Angst, Sorgen, Wut und Nöte mit beeinflusst.

Die isolierten Bewegungen des orientalischen Tanzes und deren Zusammenführung bewirken eine intensive Anregung des Sonnengeflechts. Die sanfte Massage beruhigt auf der emotionalen wie auch körperlichen Ebene und lässt die Sonne, die Energie aufsteigen.

Die Brust, das Zwerchfell, der Solarplexus und der orientalische Tanz

Die Beweglichkeit der – von den Schultern bis zum Bauch reichenden – Brust spielt nicht nur für die Entlastung und zur Unterstützung der Knie eine wesentliche Rolle, sondern sie ist es auch, die uns lehrt zu öffnen, uns einzubringen und für uns selbst sowie für das, was uns wichtig ist, einzustehen.

Im Brustraum setzen sich jedoch auch die einschränkenden Gefühle von Schuld und die mit Vorwürfen – ob sich selbst oder anderen gegenüber – verbundenen Beschränkungen fest. Die fein abgestimmten Bewegungen des orientalischen Tanzes können bei der Auflösung dieses (Rippen-)Käfigs eine wundervolle Unterstützung sein, sodass der Atemwind der Lebensfreude sich ausbreiten kann.

Das Zwerchfell – die Griechen vermuteten hier den Sitz der Seele – ist der Ort, an dem sich nach der Sufi-Lehre das Herz und die Seele treffen. Es bewirkt mit seinem Heben und Senken die Ein- und Ausatmung. Kann dieser „Seelenmuskel" frei schwingen, ist die Voraussetzung für eine gute Atmung, für hohe Vitalität und Lebendigkeit gegeben. Dies wirkt sich auch auf die Stimme aus, die wesentlich ist für die – neben Atmung und Berührung – wichtigste Form des Austauschs. In der Stimme zeigt sich immer der momentane Seelenzustand eines Menschen.

Die Freiheit, Weichheit und Schwingungsfähigkeit des Zwerchfells schenkt die Möglichkeit, den Gefühlen Ausdruck zu verleihen. Werden Gefühle dauerhaft unterdrückt, geht die Lebendigkeit verloren. Viele Bewegungen des orientalischen Tanzes regen gezielt das Zwerchfell an. Die durch das Lachen ausgelöste Bewegung bleibt jedoch in ihrer Wirkung für das Zwerchfell unüberbietbar.

Die Illusion der Isolation zu transformieren ist eines der lohnendsten Ziele in unserem Leben. Die Verbundenheit mit allem Lebendigen sowie die daraus erwachsende Teilnahme am Leben und das damit einhergehende Verantwortungsgefühl gegenüber dem Planeten Erde eröffnen den Raum einer tiefen, pulsierenden Freude. Manche nennen es „glücklich sein".

Der Solarplexus ist die Projektionsfläche des Unterbewusstseins. Hier zeigen sich unbewusste Belastungen, die sich auf die Atmung auswirken können. Über den Atem und seine Vertiefung, über die kreisenden, schwingenden Bewegungen, die abwechselnd Oberkörper und Unterleib erfassen, können diese unbewussten Belastungen am leichtesten berührt, erkannt, verwandelt und aufgelöst werden. Die große Intelligenz des Solarplexusnervenzentrums reagiert unmittelbar auf jede Freude und jede Sorge.

Schultern

Schulter-Shimmy

Beim Schulter-Shimmy führst du mit den Schultern dieselbe Bewegung aus wie beim Hüft-Shimmy mit den Hüften. Wichtig dabei ist, die Schulterblätter zusammenzubringen; dadurch entstehen ein gewisser Halt und eine Spannung auf der Ebene des Zwerchfells und der Wirbelsäule.

Bevor du beginnst, gehe mit deiner Aufmerksamkeit in eine deiner Schultern, um einmal ein Gefühl für sie zu bekommen. Beginne mit einem Wandern nach vorne und zurück. Versuche dann, die Schulter nach vorn, wieder in die Mitte, nach hinten und wieder in die Mitte zu bringen: vor, Mitte, hinten, Mitte.

Achte darauf, dass du die Bewegung nicht mit dem Arm durchführst, die Bewegung kommt aus der Schulter. Der Arm ist ganz locker. Und dann wechsle zur anderen Seite.

Im nächsten Schritt bringe abwechselnd die rechte und die linke Schulter vor und wieder zurück. Achte auf die Spannung – Schulterblätter zusammen! Das Becken ist stabil.

Der Schulter-Shimmy entsteht durch das schnelle Vor- und Zurückbewegen der Schultern. Es ist eine ganz kleine Bewegung, die in einem Reiben der Schulterblätter entlang der Wirbelsäule besteht.

Die Arme kannst du, leicht angewinkelt, offen halten, die Hände dabei um den Knöchel wandern lassen, zum Herzen hin.

Viele Frauen empfinden den Schulter-Shimmy, das isolierte Zittern und Vibrieren der Schultern, als besonders schwierig. Das Wichtigste dabei ist, loszulassen, sich dem schnellen Rhythmus der Musik hinzugeben, sich zu entspannen und sich ohne Leistungsdruck auf die Bewegung einzulassen.

Wie der Hüftstoß und der Hüft-Shimmy regt auch der Schulter-Shimmy die Eierstöcke an. Zwischen den Schulterblättern verlaufen die Dünndarmmeridiane, die mit den Eierstöcken verbunden sind und durch das Reiben angeregt werden.

Geduld macht schön.
(Arabisches Sprichwort)

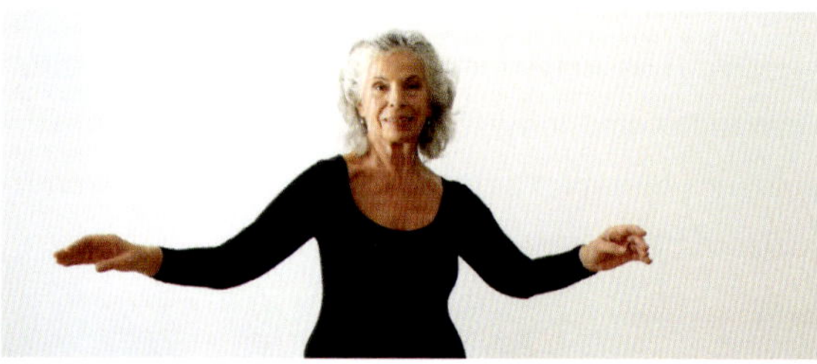

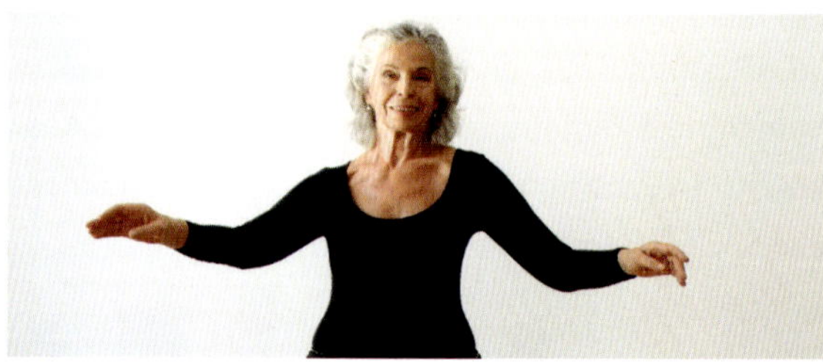

Das Locken

Das Locken mit der Schulter ist eine der einfachsten und köstlichsten Bewegungen dieses Tanzes. Die Bewegung wird von der Schulter ausgeführt, wobei der Arm locker gehalten wird und der Bewegung der Schulter passiv, aber doch geschmeidig folgt und die Bewegung in den Fingern ausklingen lässt. Traditionell wird die Bewegung von vorne nach hinten ausgeführt. Es ist eine kreisende, weiche Bewegung der Schulter.

Den Kopf dabei ein wenig zu neigen und den Blick von unten hinaufzuwenden gibt dieser Bewegung den exquisiten Ausdruck eines sinnlichen Lockens. Der Blick ist auf das „Opfer“ gewendet. Je nach Persönlichkeit kann dieses Locken langsam oder dynamischer ausgeführt werden.

Führt man diese Bewegung abwechselnd mit der linken bzw. rechten Schulter aus, so wendet sich der Kopf jeweils zur aktiven Schulter.

Schulterspiel

Hier wird die Schulter in drei Stufen bewegt. Mit jedem Schritt wird die Schulter gehoben, in die nächste Position geführt und entspannt, um wieder durch Hebung in die nächste Position geführt zu werden.

Du beginnst, indem du die Schulter nach vorne führst, dann zurück in ihre Grundhaltung, in die Mitte, und im dritten Schritt nach hinten. Dann führst du die Schulter, wiederum in diesen Schritten, nach vorn.

Dieses Spiel kann jeweils mit einer Schulter oder beiden gleichzeitig ausgeführt werden. Du kannst die Bewegung auch mit seitlich ausgestreckten Armen ausüben.

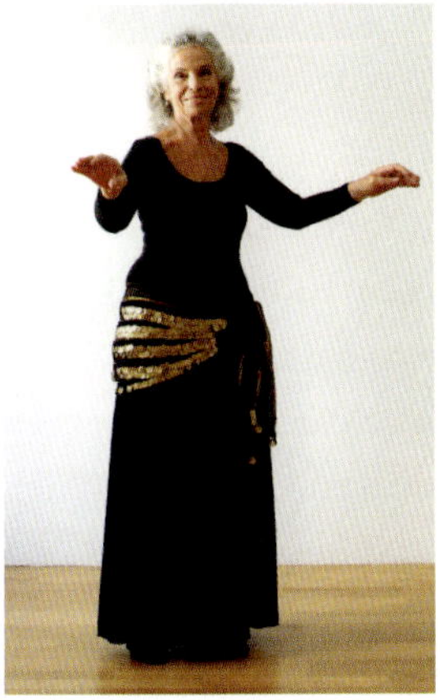
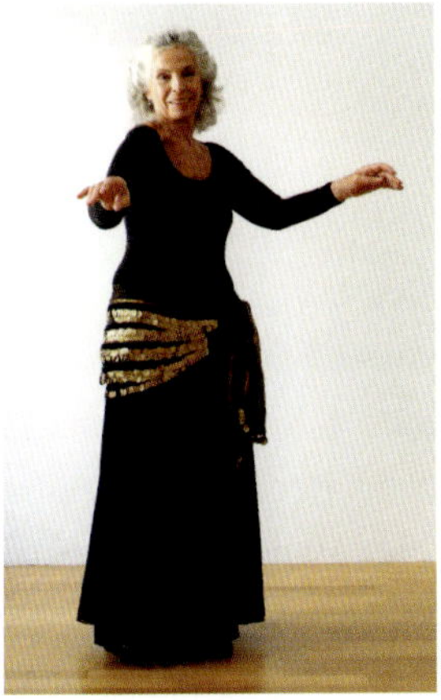
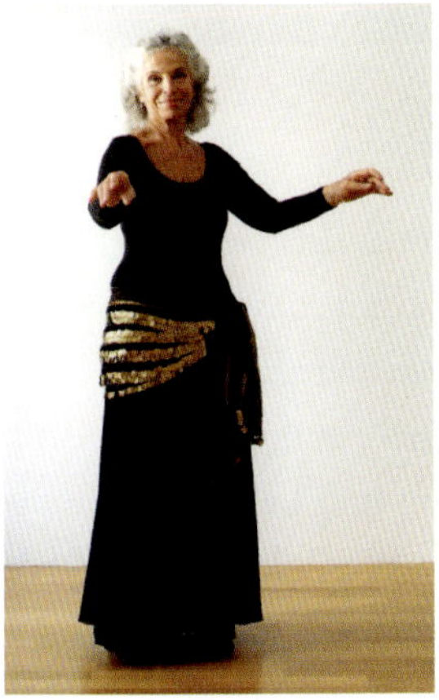
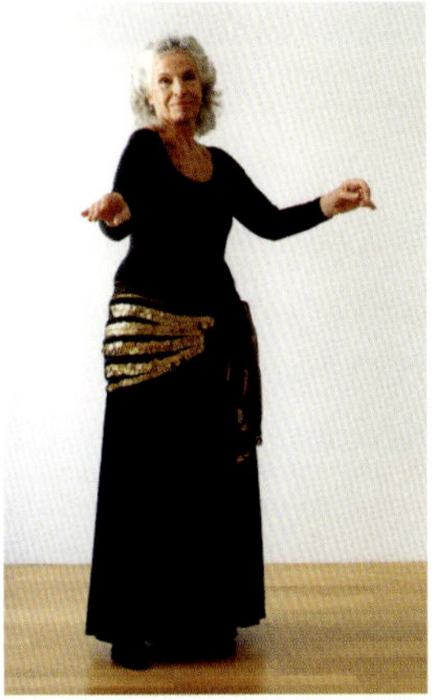

Kopfverschieben

So wie du mit deinem Brustkorb wandern kannst, so kannst du auch deinen Kopf seitlich verschieben. Dabei wanderst du mit dem Kinn in drei Schritten zuerst nach rechts, kommst in die Mitte zurück und wanderst nach links.

Du kannst diese Bewegung auch mit den Augen nachahmen.

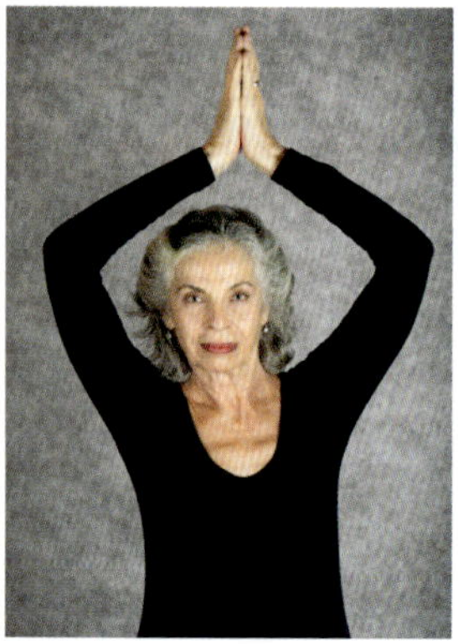

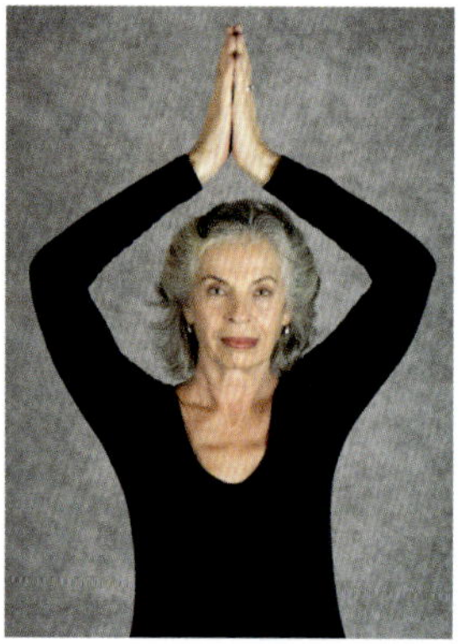

Kopfpendeln

Wende den Kopf, sodass er über deiner linken Schulter ruht, senke ihn und mache ihn schwer und wandere entlang deiner Brust zur rechten Schulter. Wenn du dort angekommen bist, wandere entlang deiner Brust zur linken Schulter, langsam und behutsam, immer wieder, bis es eine fließende Bewegung wird und du das Gefühl hast: „So, jetzt habe ich losgelassen!"

Du kannst dieses Kopfpendeln auch wilder machen, indem du den Kopf vornübersenkst, und ihn dann von einer Seite zur anderen pendeln lässt. Diese Bewegung wirkt besonders schön, wenn du dein Haar offen trägst.

Eine weitere Variante ist, den Kopf intensiv von einer Seite zur anderen pendeln zu lassen, ohne ihn aber vornüberzubeugen: ganz bewusst links und rechts ausholend, weggehen von der Brust, annähernd zur Brust. Wenn der Kopf hinten ist, dann drücke die Brust hinaus.

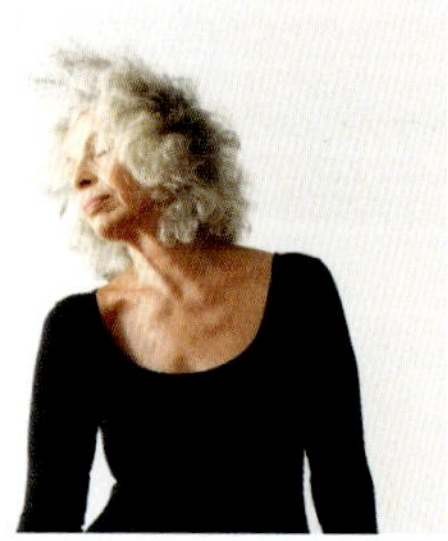

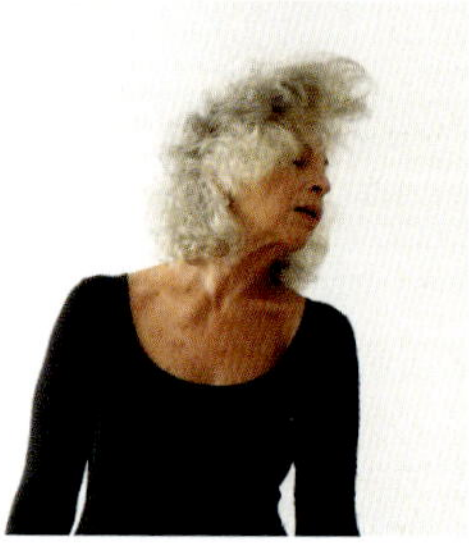

Kopfachter

Du beugst den Kopf vor und formst einen Achter in der Luft, genauso wie mit den Hüften. Du kannst diese Bewegung kombinieren, indem du sie, langsam beginnend, dann etwas schneller, plötzlich an dein Becken weitergibst, um dann mit den Hüften die Unendlichkeitsschleife zu formen.

Beim Tanz kannst du deinen Bewegungen mit dem Kopf folgen und den jeweiligen Körperteil so noch mehr hervorheben.

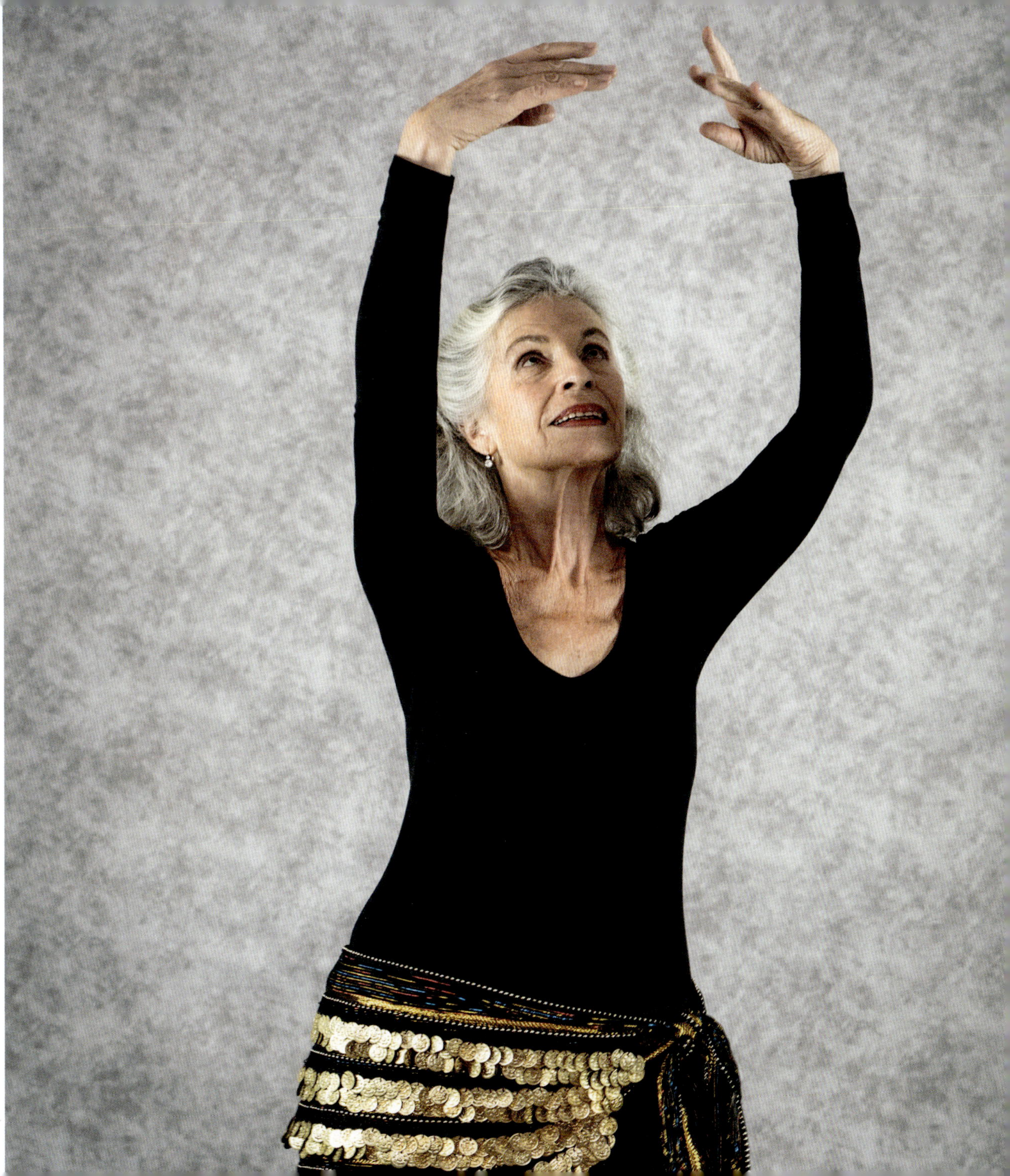

Schritte

Ein Schritt nach vorn, ein Schritt zurück, ein Zögern, ein Vorpirschen, ein Zurücktreten, ein Innehalten. Besteht das Leben nicht stets aus Schritten? Tanze und vereine das Leben in all seinen Arten des Schreitens und erkenne, dass Vor und Zurück ein Teil der Lebendigkeit ist.

Es gibt im orientalischen Tanz verschiedene Schritte, mit denen vor allem rhythmische Wechsel begleitet werden. Der Einsatz von Schrittbewegungen kann der Tänzerin auch dazu dienen, sich ein wenig auszuruhen und sich inspirieren zu lassen.

Vor und Zurück

Du beginnst, indem du mit dem rechten Fuß einen Schritt nach vorn machst, über deinen linken Fuß, sodass du auf der linken Seite deines linken Fußes auftrittst. Du steigst sozusagen über deinen linken Fuß, um nach dem Auftreten vorne den rechten Fuß einen Schritt hinter deine Mitte zu bringen und hier aufzusetzen, bevor du wieder nach vorn gehst und über deinen linken Fuß steigst. Mit jeder Schrittbewegung verlagerst du das Gewicht, wobei der linke Fuß nie ganz vom Boden abhebt. Den Oberkörper halte gerade, den Kopf aufrecht. Wenn du die Schrittbewegung mit dem rechten Fuß ausführst, dann öffne deinen linken Arm nach oben, den rechten zur Seite hin.

Nach einiger Zeit gehe zum linken Fuß über. Wechsle immer wieder die Seiten und mit ihnen auch die Armhaltung.

Die Grundbewegung ist ein Vor und Zurück, sie ist sehr einfach und du kannst sie beliebig kombinieren. Zum Beispiel kannst du, wann immer du vorne oder hinten auftrittst, die Hüft-Stoß-Bewegung ausführen.

Du kannst das Vor und Zurück aber auch mit einer Schließ- und Öffnungsbewegung deiner Schulter begleiten: Mit dem Vor- und Übersteigen drehst du deine Schulter nach innen, mit dem Zurücksetzen des Fußes öffnest du, lässt deine Schulterblätter hinten zusammenkommen. Vorne gehst du tief ins Knie, so weit, wie es für dich angenehm ist, und wenn du hochkommst, öffnest du, zeigst du deine ganze Kraft: schließen und öffnen, hinein und hoch ...

Eine weitere Variante dieses Grundschrittes ist, ihn im ständigen Wechsel zwischen linkem und rechtem Fuß auszuführen, ohne jedoch hinter deine Mitte zu treten: Du steigst mit deinem rechten Fuß über deinen linken Fuß, bringst ihn wieder zurück und setzt ihn diesmal auf der Ebene des linken Fußes auf, um dann mit deinem linken Fuß deinen rechten Fuß zu übersteigen.

Der besondere Ausdruck, die Schönheit der Bewegung, liegt darin, dass du im Hüftbereich drehst, aber den Oberkörper gerade nach vorne gerichtet hältst.

Du bist nach vorne hin offen – als ob du in einen Spiegel blicken würdest (oder ins Publikum).

Durch das Übersteigen nimmt diese Schrittbewegung Einfluss auf die Nieren. Damit jedoch die Drehung hier wirken kann, muss der Oberkörper gerade gehalten werden.

Hin und Her

Deine Füße halte nebeneinander, die Knie halte weich und dann mache mit dem rechten Fuß einen Schritt zur Seite, das Gewicht nach rechts verlagernd, hole den linken Fuß nach, das Gewicht nach links verlagernd und dann wieder nach rechts verlagernd, um schließlich mit dem linken Fuß einen Schritt zur Seite zu machen, das Gewicht nach links verlagernd, den rechten Fuß nachzuholen, das Gewicht nach rechts und im Anschluss wieder nach links verlagernd. Schrittbewegung und Gewichtsverlagerungen begleite mit einem Hin- und Herwiegen des Beckens. Die Füße halte am Boden, sie heben sich nur beim Schritt zur Seite von ihm ab.

Auch diese einfache Hin- und Herbewegung stellt einen Grundschritt im orientalischen Tanz dar. Im Hin- und Herwiegen des Beckens deutet sich die Mondsichel, das seitliche Pendeln, an und so ist es naheliegend, diesen Schritt in Kombination mit ihr anzuwenden.

Du kannst ihn aber auch mit anderen Bewegungen verbinden, zum Beispiel mit dem Pendeln. Dabei pendelst du im Stehen und im Schritt – oder du kombinierst ihn mit dem Schwingen.

Zuhair-Zaki-Schritt

Beim Zuhair-Zaki-Schritt hältst du die Beine immer gestreckt und stehst auf den Fußballen: Du hebst die Fersen hoch, stehst auf den Ballen, machst einen Schritt nach rechts, kommst mit dem linken Fuß nach und gehst hinunter, auf die Fersen, gehst wieder hinauf, machst einen Schritt nach links, kommst mit dem rechten Fuß nach und gehst hinunter, auf die Fersen ...: auf die Ballen, Schritt, Schritt, hinunter, hoch, Schritt, Schritt, hinunter ...

Du kannst diesen Schritt mit vielen Bewegungen kombinieren, am einfachsten ist es mit dem Schwingen. Beginne langsam, auch wenn es letzten Endes schneller leichter ist.

Der Zuhair-Zaki-Schritt ist benannt nach der gleichnamigen ägyptischen Tänzerin, auf die er zurückgeht. Bewegungen auf den Fußballen sind zwar anstrengend, helfen dir aber, die Erdenergie aufzunehmen. Der intensivste Austausch zwischen dir und der Erde erfolgt über die Ballen. Mit ihnen wird die Erdenergie aufgenommen und mit ihnen wird sie auch am stärksten abgegeben.

Es gibt viele Kulturen, in denen es ein Tabu darstellt, mit aufgestellten Füßen zu jemandem zu sitzen. Der Grundgedanke dahinter ist, dass du mit den Fußballen Energie von jemandem absaugen kannst bzw. dass sie auch von dir abgesogen werden kann. Das spielt vor allem in Kulturen, in denen man am Boden sitzt, eine Rolle. Wenn man nicht anders sitzen kann, deckt man die Füße zu.

Schritt mit Drehung

Beginne mit dem rechten Bein und einem Schritt nach vorn, gefolgt vom linken Bein und einem Schritt nach vorn, wobei du dich um 180 Grad drehst und dann mit dem rechten Bein einen Schritt zurücksetzt, das Gewicht nach hinten verlagernd. Von hier beginne erneut.

Halte dabei den einen Arm nach vorne hin ausgestreckt, den anderen auf Ellbogenhöhe des lang gestreckten Arms. Mit jeder Drehung wechsle auch die Armhaltung.

Immer, bevor du zur anderen Seite wechselst, kannst du Bewegungen einbauen:

Du kannst einen Achter durchführen, in ein Pendeln oder Schwingen gehen oder in den Schulter-Shimmy. Spüre dein Becken bei der Bewegung und dann wechsle auf die andere Seite. Unterstütze dich in der Bewegung, indem du dir geistig vorstellst, welche Bewegung du hineinnehmen möchtest, und dann lasse deinen Geist in deinen Körper gehen und ihn in deiner Absicht unterstützen.

Du kannst so lange auf einer Seite bleiben, wie du möchtest. Wie weit du es ausschmückst, was du mit den Händen machst, ob du dich mit dem Oberkörper nach hinten lehnen möchtest – suche dir die Variationen, die dir liegen, und lasse einmal deine Fantasie spielen: Erfinde Dinge, die es noch nie gab. Setze alle deine Körperteile ein, doch vergiss nicht, auf deinen Gesichtsausdruck zu achten, er ist die Basis allen Tuns.

Kamelgang

Die Füße halte schrittversetzt, den rechten Fuß vorne, deine Knie halte weich und nun beginne die Bewegung mit dem Becken: Mit ihm schiebe nach vorn und damit auch dein Bein, um es dann wieder zurückzuziehen. Die Bewegung kommt aus dem Becken und führt das Bein. Es ist ein Abstoßen und Zurückfallen, ein Vorschieben und Zurückziehen des Beckens. Zusätzlich geht die Bewegung auch hinunter und hinauf, das heißt, du formst mit deinem Becken einen stehenden Kreis: nach hinten und von unten hinauf, nach vorne und hinunter. Wenn du das Gefühl von einem Kreis hast, dann schwingt dein Körper und der Oberkörper fließt mit.

Nach einiger Zeit wechsle zum linken Fuß und später versuche, fließend von einem zum anderen Fuß überzugehen.

Halte dabei den einen Arm auf Schulterhöhe nach vorne, im Ellbogen angewinkelt (90 Grad), den anderen, ebenso auf Schulterhöhe, horizontal zur Seite. Mit den Füßen wechsle auch die Armhaltung.

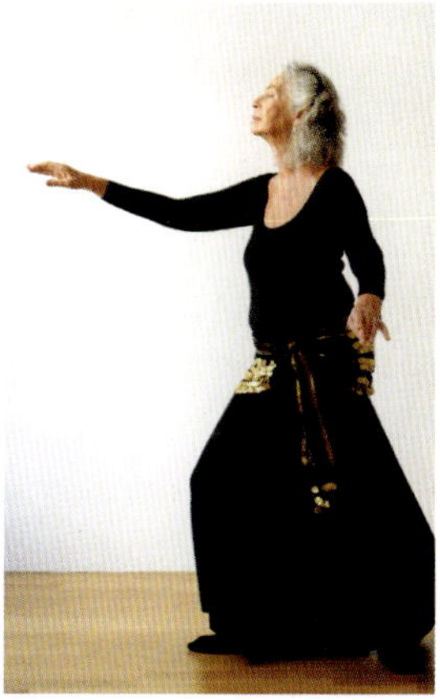
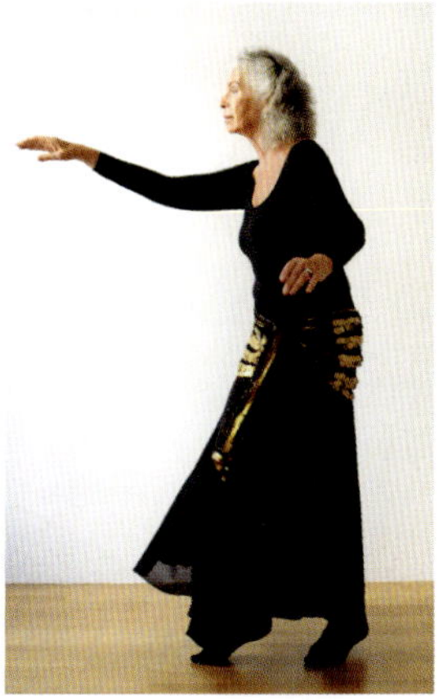
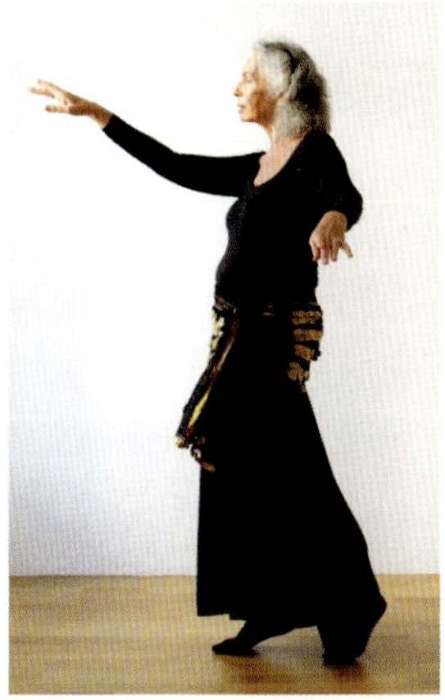
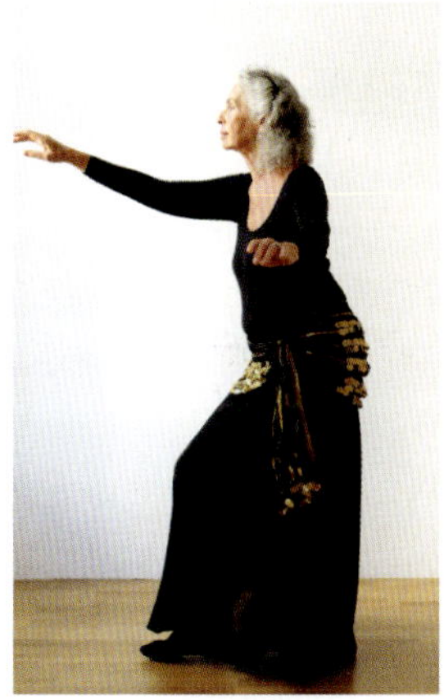
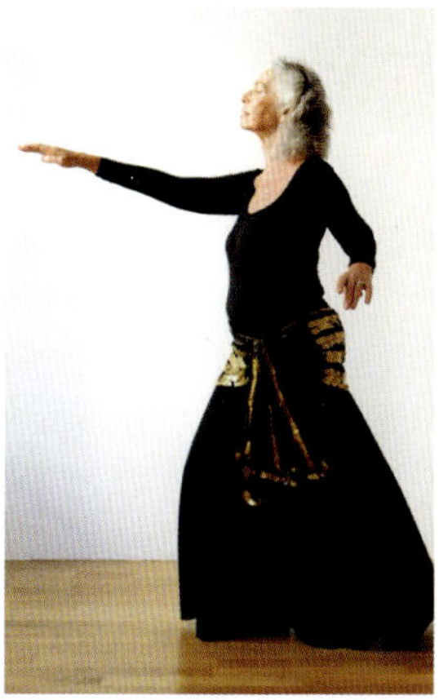
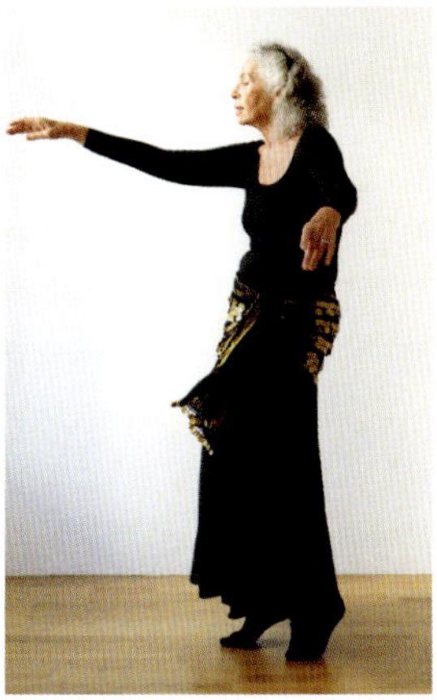
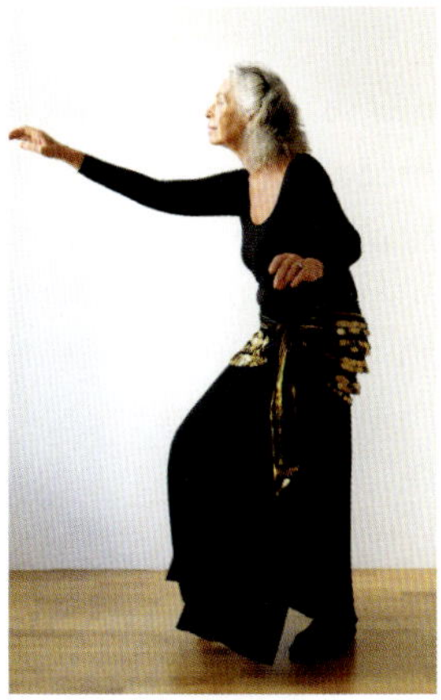
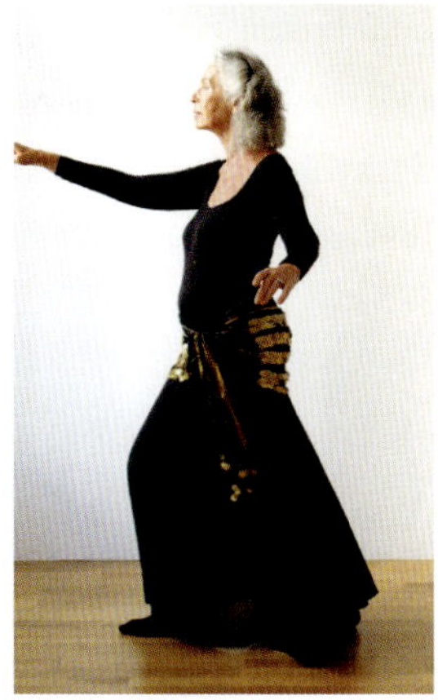

Drehung

Es gibt im orientalischen Tanz eine sehr einfache und klassische Drehbewegung, die einmal mit dem rechten, einmal mit dem linken Bein bewirkt wird:

Du verlagerst dein Gewicht auf dein linkes Bein, dein Standbein, und trittst mit dem rechten in zwei Zweierschritten rundherum: eins, zwei – erste halbe Drehung, eins, zwei – zweite halbe Drehung. Wenn du die Drehung abgeschlossen hast, beginnst du sie mit dem anderen Bein und zur anderen Seite hin: Diesmal ist dein Standbein rechts und du drehst mit dem linken Bein nach rechts.

Die Grundposition der Arme ist so, dass du sie, leicht angewinkelt, zu den Seiten hin hältst, den linken Handteller zur Erde, den rechten zum Himmel gewandt.

Lass deine Kreativität in dieses Drehen hineinkommen.
Lass den Fluss entstehen für die Bewegung.

Erlaube deinem Körper zu führen
und nicht deinem Kopf.

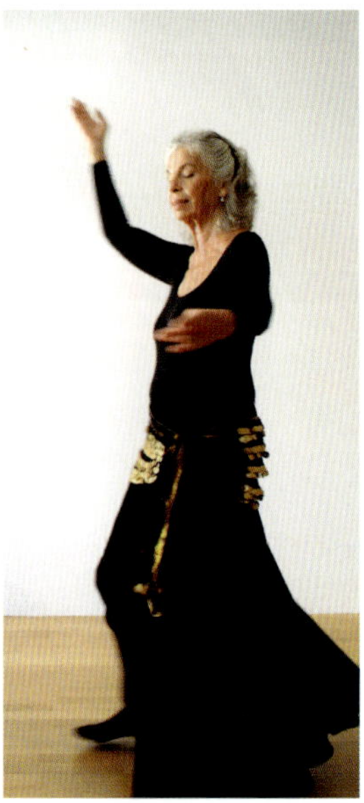
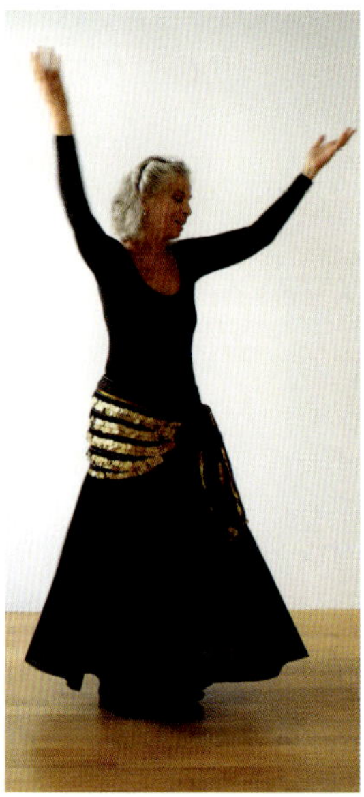
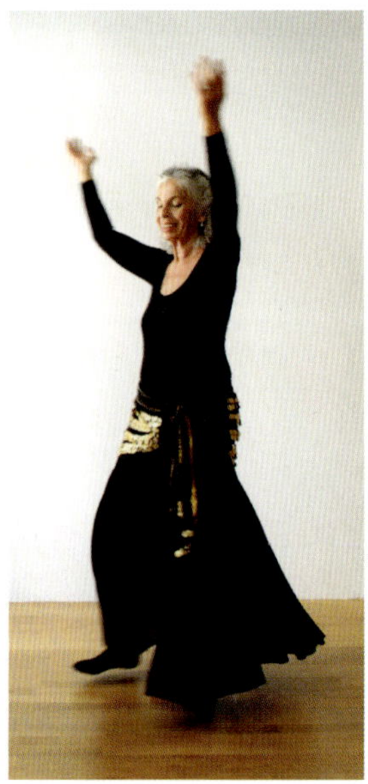
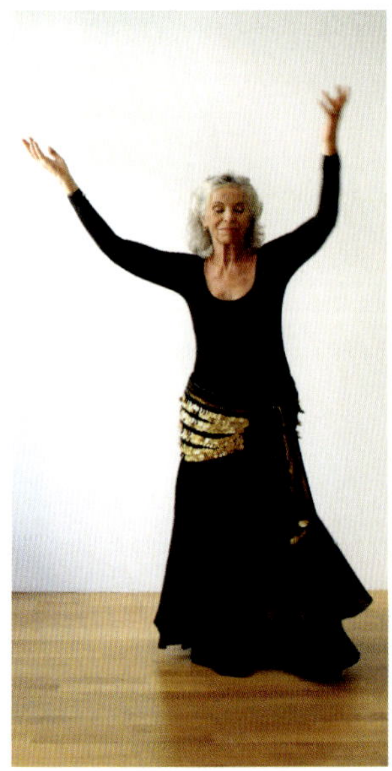

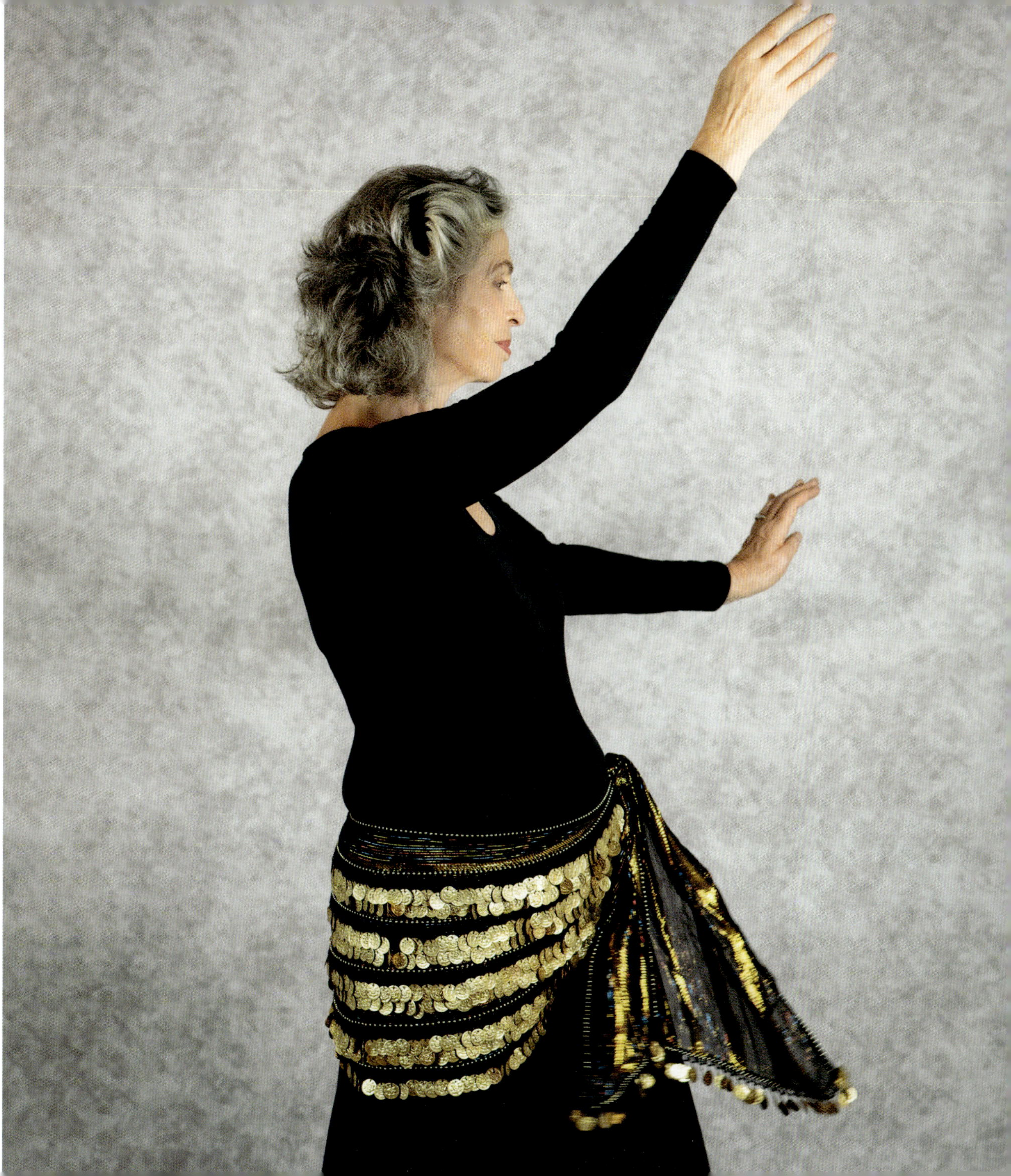

Orientalischer Tanz und Schwangerschaft

Der orientalische Tanz formt die erste Wiege für das Baby. Die sanften Schaukelbewegungen, das zarte Spannen des Bauches sind wie Liebkosungen des Körpers für das Baby. Es ist ein bewusstes Hineinspüren in den Bauch und ein Kontaktaufnehmen. „Wir" tanzen, du in mir und ich für uns in der Welt.

Grundsätzlich kann der orientalische Tanz während der gesamten Schwangerschaft getanzt, seine Bewegungen können bis zum letzten Moment ausgeübt und in ihrer unterstützenden Wirkung genützt werden.

Einzige Ausnahme bildet das sogenannte „Brustkorbverschieben" (Vgl. hierzu „Brustkorbverschieben" im Kapitel „Die Bewegungen des orientalischen Tanzes"/„Die Bewegungen des oberen Körpers" auf Seite 45 ff), manchmal auch als „Wandern" bezeichnet. Diese Rippenbewegung soll ab dem 7. Schwangerschaftsmonat nicht mehr ausgeführt werden, da der Druck auf das Kind in Anbetracht des immer kleiner werdenden Spielraums zu groß würde. Bis dahin wird diese Bewegung vor allem dann eingesetzt, wenn der Kopf des Kindes auf das Zwerchfell drückt.

Alle anderen der hier beschriebenen Bewegungen können während der gesamten Schwangerschaft ausgeführt werden, mit besonderer Achtsamkeit während der ersten 3 Monate sowie im 7. Monat.

Die „wildeste Phase" liegt im Allgemeinen zwischen dem 4. und dem 6. Monat, hier ist die Frau ganz in ihrer Kraft – die Frau und das Baby sind gleichermaßen anwesend und präsent. Vorher ist es noch eine kleine Mischung, weshalb man in dieser Zeit achtsam sein muss, auch wenn man alle Bewegungen machen kann. Der 7. Monat gilt als ein Monat der Offenheit, sodass durch zu intensives Tanzen Wehen ausgelöst werden könnten. Im 8. und 9. Monat kann dann wieder exzessiver getanzt werden.

Grundsätzlich stellt es einen Unterschied dar, ob eine Frau schon vor der Schwangerschaft getanzt hat oder erst in der Schwangerschaft zu tanzen beginnt. Eine Frau, die bereits vorher getanzt hat, kann die gesamte Schwangerschaft hindurch weitermachen. Wenn sie erst in der Schwangerschaft damit beginnt, sollte sie sehr achtsam und vorsichtig mit den Bewegungen sein. Und auch hier gilt es, in den ersten 3 Monaten sowie im 7. Monat besonders sanft mit sich umzugehen.

Das Arbeiten mit dem Beckenbodenmuskel empfiehlt sich während und nach der Schwangerschaft.

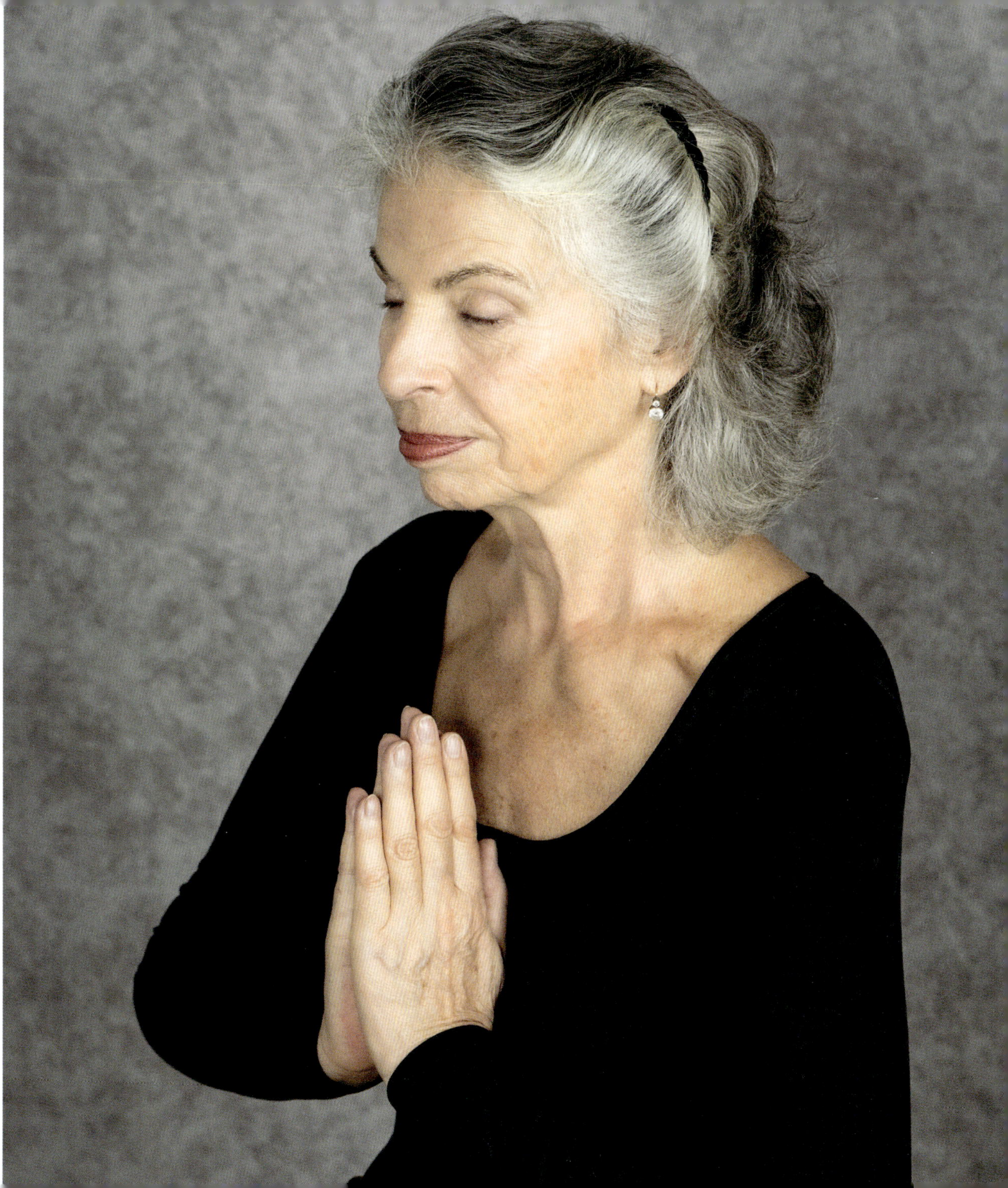

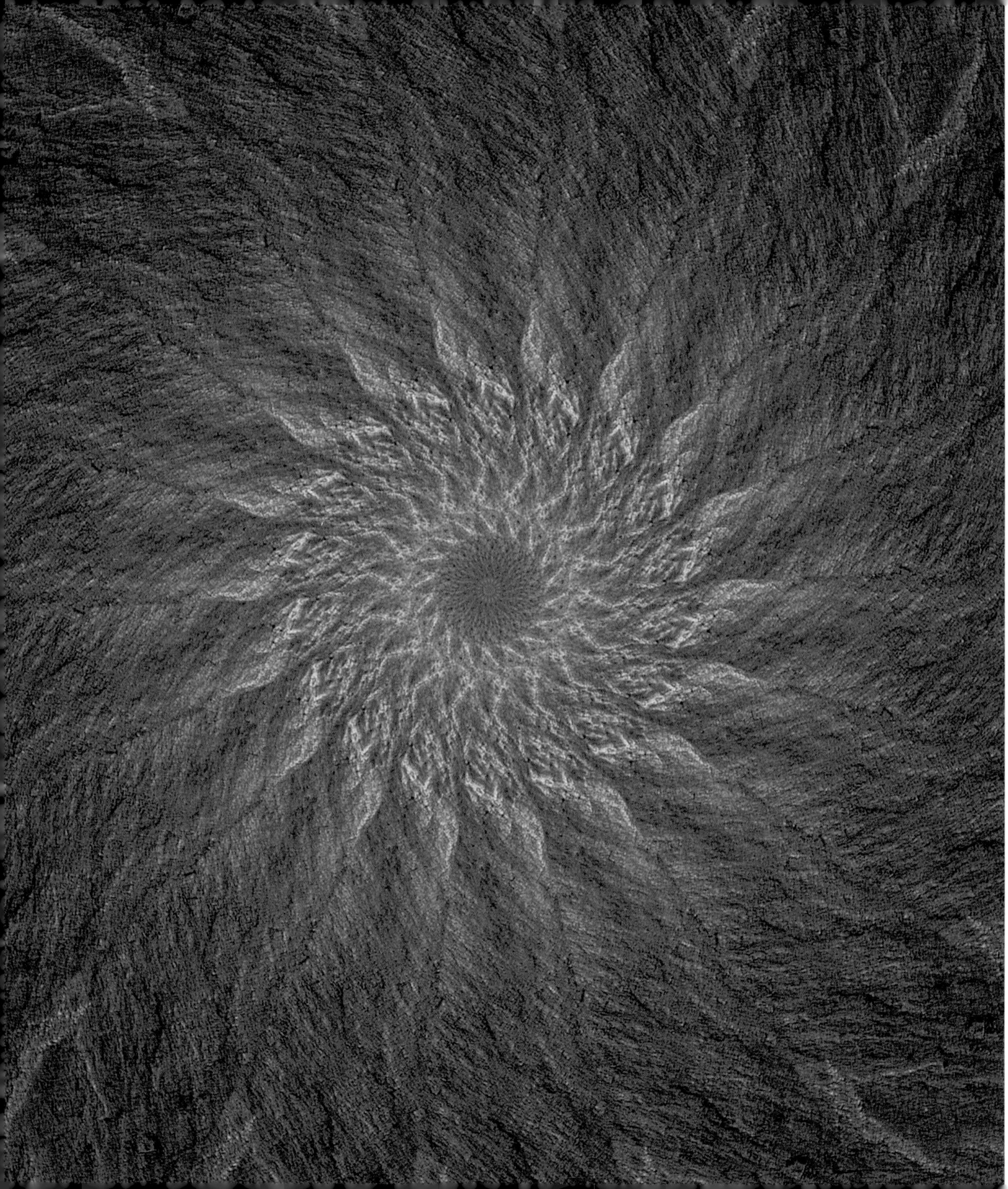

Der Mensch – eine Einheit aus Körper, Seele und Geist

Dem Verstand sind die Geheimnisse des Lebens schwer begreiflich zu machen.
So eine dich, oh Mensch, im Tanz
und gib deinem Geheimnis Ausdruck …

Die Meditation ist ein Zustand jenseits des Denkens, sie ist ähnlich wie die Liebe ein Seinszustand. Meditation ist ein Geschenk „von innen“, ein Gottesgeschenk, und es kann wachsen wie die Bewusstheit.

Der orientalische Frauentanz ist ein Weg, der sich durch das Erfreuen des Herzens formt. Durch das Schwingen des Körpers wird Raum für die Träume der Seele geschaffen und die eigene Weiblichkeit tritt klar in Erscheinung.

Beide, Tanz und Meditation, dienen dazu, die eigenen Fähigkeiten, die eigene Sinnlichkeit und die eigene Mitte zu finden. Sie unterstützen den Weg vom schlichten Dasein zum *Da-Sein*. Die Ehrung des Weiblichen befördert Lebendigkeit und Vertrauen, sie bringt Freude und tiefe Zufriedenheit hervor.

Wie es die Künstlerinnen und Künstler mit den Farben ihrer Paletten tun, so malen wir die Landschaften unseres Lebens mit den Farben unserer Gedanken, unserer Werte, unserer Handlungen und Gefühle. Die Qualität unseres Lebens ist gewürzt mit der Qualität eines jeden Gefühls, einer jeden Geste.

Wir sind die Erben der Resultate unserer Handlungen bzw. der Haltungen, die wir in jede der durch uns ausgelösten Bewegungen hineinlegen. Wir erzeugen das Kräuseln auf dem Ozean des Universums durch unser Dasein an sich.

Wie würden wir handeln, wenn wir davon ausgingen, dass alle unsere Handlungen wirklich von Bedeutung sind? Wenn wir tief daran glaubten, dass wir die Kraft des Heilens und der Transformation in unseren Händen und in unseren Herzen halten? Wie wirkt sich das auf dein Leben aus?

Wie können wir wissen, was unter den unzähligen Umständen unseres Lebens wirklich gut oder schlecht ist oder welche Lektionen wir brauchen? Was zählt, ist, wie wir auf etwas antworten.

Wahre Weisheit trennt uns nicht von den Mühen und Plagen der Welt, wahre Weisheit lehrt uns, mittendrin voller Mitgefühl zu leben. Verbanne niemanden aus deinem Herzen, was auch immer geschieht. Man sieht die Dinge immer so, wie man selbst ist, nicht wie die Dinge wirklich sind.

Nichts übersteigt die Heiterkeit jener, die gelernt haben, alles, was ist, uneingeschränkt anzunehmen. Wer glücklich sein will, muss bereit sein, sich ständig zu verändern.

Krankheit ist der Verlust der Harmonie und die Suche nach einem neuen Gleichgewicht.

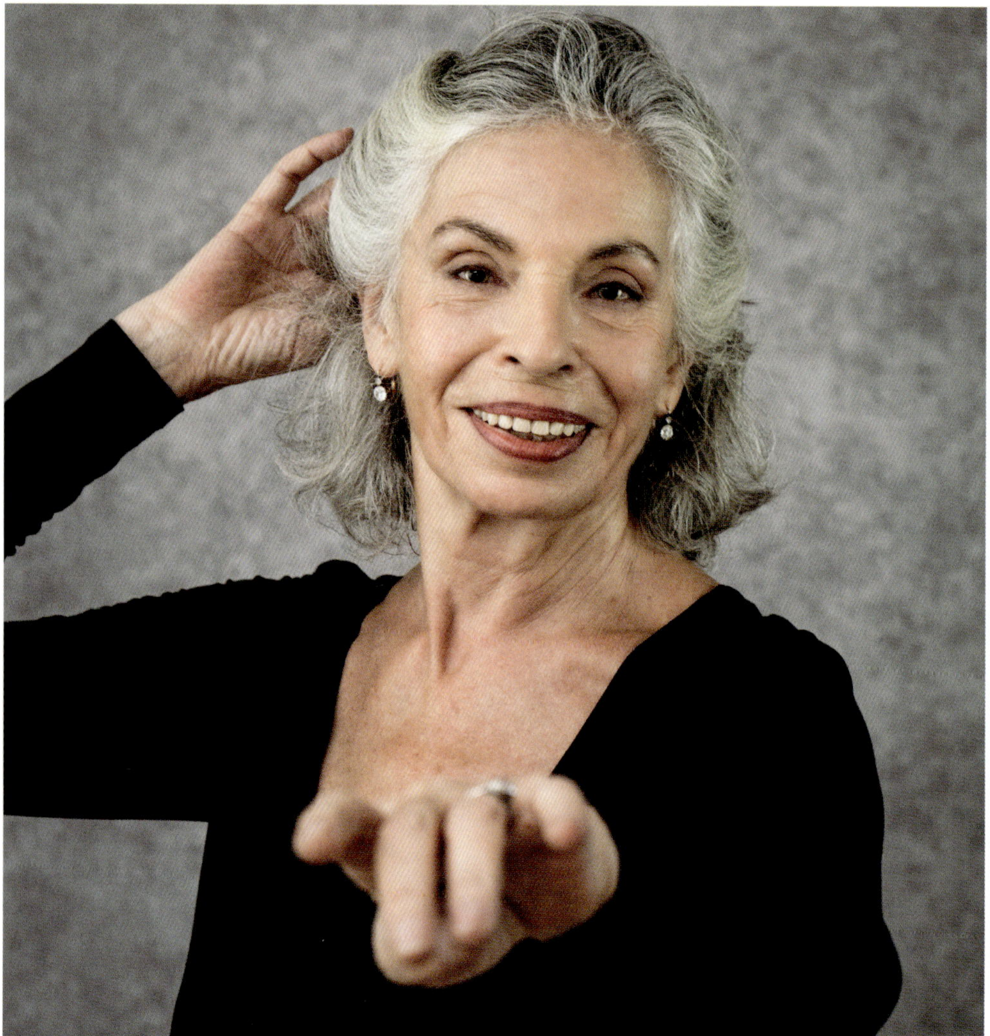

Die weiblichen Organe und ihre spirituellen Aspekte

Willst du Barmherzigkeit, Geduld, Schutz und Liebe erfahren,
dann lerne von deinen weiblichen Organen.
Mögen sie dich in deinem Recht, so zu sein, wie du bist, stärken.

Die Gebärmutter

Die Gebärmutter ist der Logos der menschlichen Schöpfung. Respekt gegenüber der eigenen Gebärmutter bedeutet gleichsam Respekt gegenüber der universellen Gebärmutter. Unabhängig davon, was für eine Beziehung du zu deiner Mutter hast: Diese Achtung gegenüber der Gebärmutter, die dich hierhergebracht hat, soll immer da sein, sie soll immer die Verbindung zu deiner Mutter sein, gleichgültig, welchen weiteren Ausdruck sie hat.

Wenn du diese Verbindung halten kannst, kannst du vieles relativieren im Bezug zu dieser Frau, zu deiner Mutter. Diese Verbindung ist ein Kernbezug und wenn du ihn halten kannst, kann er sehr heilend wirken. So halte diesen Raum der Achtung und des Respekts gegenüber der Gebärmutter und dadurch zu dem Menschen Mutter.

Die Gebärmutter ist ein hohler Raum, der sich weit ausdehnen kann, mit äußerst starken Muskeln versehen. Der Gebärmutterkörper ist etwa 8 cm lang, seine Form gleicht einer auf dem Kopf stehenden Birne. An seinem oberen Ende schließt beidseitig jeweils ein Eileiter an, am unteren Ende mündet er in den etwa 7 cm langen Gebärmutterhals. Der Gebärmutterhals endet mit dem äußeren Muttermund, in dem er seine Öffnung in die Scheide findet. Die Gebärmutter ist gegenüber der Scheide vorgeneigt, sie liegt zwischen der Harnblase vorne und dem Darm hinten. Auch die beiden seitlich von der Gebärmutter liegenden Eierstöcke sind ihr vorgestellt.

Metaphysisch gesehen ist die Gebärmutter der Sitz der Kreativität und der Ideen. Diesen Raum der Kreativität und der Ideen zu öffnen, wirkt sich auf der körperlichen Ebene aus. Wenn eine Frau zum Beispiel die Tendenz zu Ausfluss hat – Ausfluss wird auch als das „Weinen der Gebärmutter“ bezeichnet –, so kann dies eine Erinnerung sein und dich auffordern wollen: „Gib Raum deiner Schaffenskraft.“

Wann immer wir mit der Gebärmutter zu tun haben, sie zu uns spricht, ist wieder einmal der Moment gekommen zu lernen, dass wir den Dingen Zeit geben müssen, – die Zeit, die sie brauchen. Der Aspekt des Bewahrens und Reifens: Er ist ein Aspekt der Gebärmutter.

Das Verbinden des Eigenen und des Universellen

Atme ganz bewusst ein und aus und bringe langsam deine Aufmerksamkeit zur Gebärmutter. Dann beginne langsam, diese Gebärmutter zu wiegen, indem du anfängst zu kreisen. Mit diesem sanften Wiegen und Kreisen gehe mit deiner geistigen Kraft in diesen Raum hinein, den Raum deiner Gebärmutter. Es ist ganz wesentlich, dass du dir Zeit dafür nimmst und dir in keinster Weise irgendeine Art von Druck machst, irgendeine Art von Wollen, sondern es ist ein Fließen jenseits vom Tun.

Nimm die Süße deines Atems und lass dich langsam hinführen, hinein in diesen Raum. Lass dich vor allem von deiner unendlichen Kreativität führen. Berühre mit den Händen, mit deinen geistigen Händen, diesen Raum und öffne ihn von innen. Erlaube dir, behutsam hineinzufließen, von der großen universellen Gebärmutter, die dich umgibt, in deine eigene – vom umgebenden Universum in dein individuelles, inneres Universum – vom Makrokosmos in den Mikrokosmos.

Lass die Bewegung kommen, sanft, wie du sie spürst. In deiner Bewegung verbinde dich mit deiner Gebärmutter und gleichzeitig mit der kosmischen Gebärmutter. Lass Respekt deiner Gebärmutter gegenüber fließen und Respekt gegenüber der kosmischen Gebärmutter.

Die kosmische Gebärmutter erinnert uns an die Verbundenheit mit allen Menschen, an unsere Verwandtschaftsbünde unter den Menschen. Die Gebärmutter ist der Logos der menschlichen Schöpfung.

Möge der große Himmel sich in deinem Himmel widerspiegeln. Forme mit deinen Gedanken den Schlüssel, um deinen Himmel zu öffnen.

Das Verbinden der Zeiten

Öffne den Raum, den Zeitraum, und lasse in der sanften Bewegung des Kreisens die Gleichzeitigkeit sein, die Gleichzeitigkeit deines Lebens: Von der Kindheit bis zum hohen Alter – öffne mit deinem Kreisen diesen Zeitraum.

Lasse dich hineinfließen und dann nimm, wenn du so weit bist, dein Alter und für jedes Jahr, für jedes Mal, das du um die Sonne gekreist bist, kreise einmal ganz bewusst um dich.

Bleibe dabei offen in diesem Zeitraum. Du kannst auch bei manchen Kreisen schneller sein, bei anderen wieder langsamer. Sprich einfach das Lebensjahr aus und überlasse es deinem Körper, wie er dazu kreisen möchte. Lasse den Grundgeschmack, die Grundqualität deiner Jahre in deinem Drehen Ausdruck haben. Spüre diese individuelle Kombination der göttlichen Potenziale, die du in dir hast, und wie sie sich im Kreisen ausdrücken.

Vielleicht spürst du auch, wer mit dir mitschwingt in den Lebensjahren und wer schon immer mit dir mitgeschwungen ist, wissend oder unwissend. Manche Wesen sind von Anfang an mit dir mitgeschwungen und in irgendeinem Lebensjahr haben sie sich dann manifestiert. Sie sind Seelenverwandte, sie sind deine zusätzliche Heimat hier.

Das Verbinden der Sinne und des Schöpfungsorts

Die Grundbewegung ist das Kreisen, ein Kreisen, mit dem du den Raum öffnest für die Gebärmutter. Hinzu kommt eine Bewegung, die damit beginnt, deine Finger – die Hände vor deiner Brust haltend – vor dir zusammenzubringen. Dann beginnst du, indem du den Daumen auf den kleinen Finger gibst und deine Hände in einer um das Handgelenk kreisenden Bewegung von deiner Mitte weg und in deine Mitte zurückführst. Dann gehst du zum Ringfinger und führst deine Hände mit derselben Geste von der Mitte in die Mitte, dann gehst du zum Mittelfinger, dann zum Zeigefinger und führst deine Hände jeweils wiederum in derselben Weise. Dann nimmst du den Daumen in den Handteller, schließt deine Hand und führst sie noch einmal weg von der und hin zur Mitte und öffnest sie dann, um deine Finger alle wieder zusammenzubringen.

Der kleine Finger steht für das Hören, der Ringfinger für das Sehen, der Mittelfinger steht für das Tasten, der Zeigefinger für das Riechen und der Daumen für das Schmecken.

Verteile dein Gewicht gut auf beide Beine, finde die drei Punkte, atme ganz bewusst ein und aus, beginne langsam mit dem Kreisen und öffne den Raum der Kreativität und der Ideen, den Raum des Schaffens. Wenn du so weit bist, bring die Hände vor dir zusammen. Verbinde nun alle deine Sinne, einen nach dem anderen, mit deiner Kreativität, deinen Ideen, deiner Schaffungsfähigkeit, verbinde dich mit deinem Schöpfungsort. Atme ruhig in die Sinne hinein. Kleiner Finger – Hören, Ringfinger – Sehen, Mittelfinger – Tasten, Berühren, Zeigefinger – Riechen, Daumen – Schmecken. Forme einen großen Kreis, sodass du die große Gebärmutter außen berührst und einfließen lässt in deine. Atme in alle deine Zellen hinein, durchdringe all dein Gewebe, lasse dich nähren und nähre.

Öffne diesen Raum der Kreativität und der Ideen, gib Raum deiner Schaffenskraft. Nimm dir die Zeit dafür und zwischendurch halte diese Knospen vor dir, alle verbunden: höre, sieh, taste, rieche, schmecke.

Die Eierstöcke

Probleme an einem oder an beiden Eierstöcken sind häufig Signale, mit denen unser Körper uns mitzuteilen versucht, dass wir zu wenig Vertrauen in unsere Kreativität und unsere Weiblichkeit haben. Dies kann sich in der Sorge ausdrücken, gewissen Problemen bzw. Situationen nicht gewachsen zu sein oder sie nicht allein bewältigen zu können. Die Frage nach den eigenen Möglichkeiten wird in Bezug zum Geschlecht gesetzt: Bin ich als Frau dazu fähig?

Die Eierstöcke versuchen uns zu vermitteln, dass wir mehr Selbstvertrauen haben sollen. Die Botschaft ist: Aktiviere dein männliches und dein weibliches Potenzial in dir. Vertraue dir, deinen Ideen, deiner Intuition und den Männern in deinem Leben.

Die Eierstöcke, grundsätzlich für die Schaffenskraft stehend, spielen eine ganz besondere Rolle im Körper. Sie sind die Verbindung zwischen dem physischen und dem Energiekörper. In dem Bereich über den Lippen bzw. zwischen Oberlippe und Nase liegt die Verbindung zu den Eierstöcken. Wenn wir überlegen oder nicht wissen, wie wir etwas machen sollen, legen wir häufig unbewusst unsere Hände dorthin. Wenn wir also nachdenken, suchen wir die Verbindung zu unserem Energiekörper.

Übung

„Immerwendend"

Während du mit deinem Becken kreist, beginne die folgende Bewegung, indem du die vier Finger deiner beiden Hände unter der Nase auflegst, sodass die beiden kleinen Finger einander berühren.

Kreise mit deinem Becken, strecke dann langsam die Hände zu den Seiten aus und lasse sie langsam hochkommen. Wende die Handflächen einmal zur Erde, einmal zum Himmel und führe dabei deine Hände von der Seite hinauf, bis du deine Arme schulterbreit nach oben hin ausgestreckt hältst, um dann den Kopf zu umschließen.

Bleibe im Kreisen und öffne dann langsam wieder die Hände und führe sie hinab.

Das Wenden der Handflächen verbunden mit dem Heben und Senken der Arme regt die Eierstöcke an.

Die Brust

Der vordere Teil des Körpers ist weicher als der hintere Teil des Körpers. Hier, wo das Verdauungssystem und das Atmungssystem liegen, ist auch die Auseinandersetzung vor allem mit der materiellen Welt.

Der hintere Teil des Körpers, der härter ist, setzt sich, bedingt durch die Wirbelsäule und das Rückenmark, vor allem mit den magnetischen Schwingungen, den Wellen, die uns umgeben, auseinander. Immaterielles Wissen nehmen wir mit der härteren, hinteren Seite des Körpers auf.

Wenn du dich deinem Kopf zuwendest, so steht die linke Seite deines Kopfes für das väterliche Erbe, die rechte Seite deines Kopfes für das mütterliche Erbe. Im Körper selbst ist es genau umgekehrt, das heißt, die rechte Seite steht für das Männliche und die linke Seite für das Weibliche.

Auf der Ebene der Brust bedeutet dies: Die rechte Brust, der rechte Busen, steht für Beruf, Partner, Gegenwart und Zukunft. Hier ist meist die Verbindung zu den männlichen Mitmenschen.

Die linke Brust steht für Familie, für Kinder, auch für das innere Kind, für die Vergangenheit und die Verbindung meist zu den weiblichen Mitmenschen.

Die Brust steht für das Spannungsverhältnis von Sexualität und Lust einerseits sowie der weiblichen Versorgungsaufgabe andererseits, zwischen individuellen Ansprüchen und Tradition also. Die Brust symbolisiert das lustvolle Geben und gleichzeitig liegt hier alle Ent-Täuschung.

Der Prozess, eine Täuschung nach der anderen abzulegen, bis die Wahrheit aufblühen kann, liegt im Bereich der Brust. So können sich bei Enttäuschungen und Wut, für das Geben nichts Adäquates zurückbekommen zu haben, im Sinne einer nonverbalen Verknotung Knoten in der Brust entwickeln. Verletzungen von Erwartungen verarbeiten wir auf dieser Ebene und hier tragen wir auch jene beiden Organe, die uns helfen zu wachsen: Lunge und Herz.

Hier zeigt sich, wie wir die Welt bemuttern, und hier zeigt sich, ob wir zu viel von uns erwarten, uns zu sehr sorgen, uns in eine Mutterrolle zwingen. Individuelle Ansprüche und die Tradition, in die wir eingebettet sind, verbinden sich auf dieser Ebene – Familientradition, Kulturtradition, Geschlechtertradition.

Sind die Brüste unterschiedlich groß, so kann dies ein Ausdruck dessen sein, dass der Schwerpunkt mehr auf der einen als auf der anderen Seite liegt.

Öffnen & Schließen – Geben & Nehmen

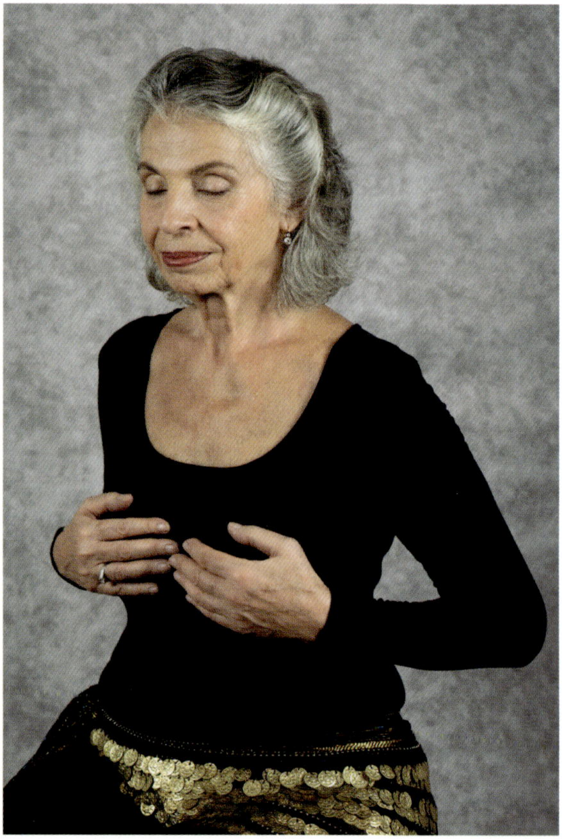

Setze dich hin und nimm eine bequeme Position ein, in der du deine Brust gut im Vordergrund hast.

Schließe die Augen und versuche einmal, ruhig zu atmen. Gehe mit deiner Aufmerksamkeit in den Bereich deiner Brust, atme ganz bewusst in diesen weichen, vorderen Teil und gehe langsam von der großflächigen Brust zum Busen hin. Behalte die Augen geschlossen, bringe deine Hände langsam auf deinen Busen und halte beide Brüste in deinen Händen.

Atme tief in die Brust, rechts und links, sei dir deines Busens bewusst. Atme tief in alle Fasern deiner Brust, deines Busens. Massiere mit deinem Atem Gegenwart sowie Zukunft auf der rechten Seite und Vergangenheit auf der linken.

In der Position, in der du bist, beginne ganz sanft, mit dem Brustbein weit nach vorn zu gehen und anschließend ganz in dich hineinzugehen. Komme dem Puls deines Herzens näher im Rhythmus. Öffne den Raum für das lustvolle Geben und Nehmen, ohne Erwartung, offen für die Wunder, die kommen.

Und langsam gib die Hände wieder weg und bleibe nur in dieser Bewegung: vor und zurück, ganz langsam. Nach einiger Zeit halte wieder an und um abzuschließen, atme tief ein und aus.

Achter um die Brüste formen

Du legst deine rechte Hand auf dein Herz und führst sie dann hinunter, unter den rechten Busen, über den rechten Busen, unter den linken Busen, hinauf zum Herzen. Diese Bewegung kannst du mit einem sanften Kreisen deines Beckens begleiten.

Atme ganz bewusst in dein Herz. Wenn sich deine Hand gefüllt hat mit der Wärme deines Herzens, dann führe sie in deine Landschaft. Wenn du dich mit diesem Bereich des Körpers auseinandersetzt, so ist die sogenannte Wasseratmung die idealste Atmung: einatmen durch die Nase, ausatmen durch den Mund. So kommst du deinen Gefühlen, deinen Emotionen am nächsten.

Die Bewegung hilft dir zu öffnen, zu versöhnen, dich zu laben, den Wind durchgehen zu lassen, die Schleier der sinnlichen Liebe zu bewegen. Es ist die sinnliche Liebe zu den Geschöpfen, die dich zur göttlichen führt. Sinnliche Liebe bedeutet: Körper und Seele vereinen sich. Man nennt dies auch „das erotische Gebet".

Lass die Lust sich in der Entspannung deiner Zehen zeigen. Je mehr sich die Zehen anschmiegen, desto weiter kann dein Geist reisen. Weite deine Flügel wie ein Pferd in der Freiheit und lass dich mit dem Einatmen hochheben in die höchsten Sphären und mit dem Ausatmen an die Erde drücken, an die Brust dieser Erde.

Trinke von der Quelle deines einmaligen Potenzials. Nie wieder wird es so etwas geben wie dich, in dieser einmaligen Verbindung. Erlaube dir, es zu kosten.

Berühre den Saum deines Herzens und atme den Duft der bedingungslosen Liebe um dich und in dir ein. Lass die Berge des Kummers und der Angst, die auf deinen Schultern ruhen, abbröckeln. Und dann stell dich ganz dem Tod zur Verfügung, sodass du lernen kannst zu leben. Und wenn du so weit bist, dann lege deine Hand auf deinen weit ausgestreckten Hals und lass deine Hand dann über deinen weit ausgestreckten Hals streifen, einmal und dann noch einmal. Strecke deinen Hals hin, so wie man ihn hinstreckt, um zu sterben. Koste einmal, was es bedeutet. Es bedeutet leben. Und dann stell dich bitte so hin und sieh dich, sieh dich in deinem wahren Licht.

Abbildungen siehe nächste Seite.

Brüste umkreisen

Eine weitere Übung, die die Energie in den Brüsten anregt, ist das Umkreisen mit den Händen, als Richtwert: 100 Mal. Es ist gut, diese Übung direkt an der Brust auszuführen.

Beide Übungen, der Achter und das einfache Umkreisen, regen die Milchproduktion an.

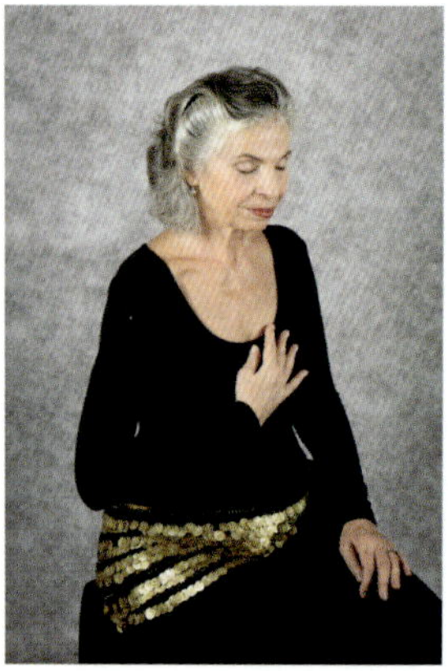
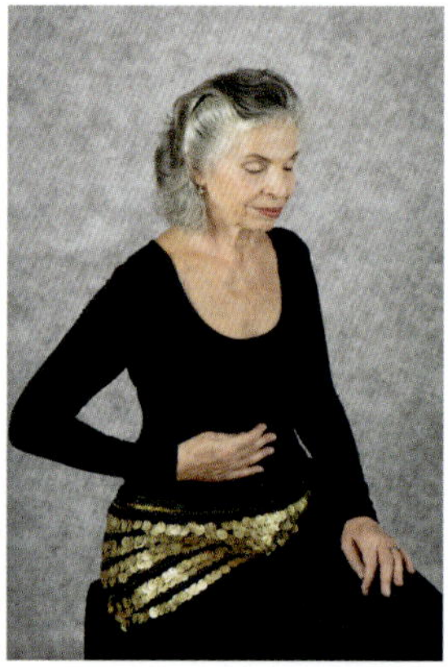
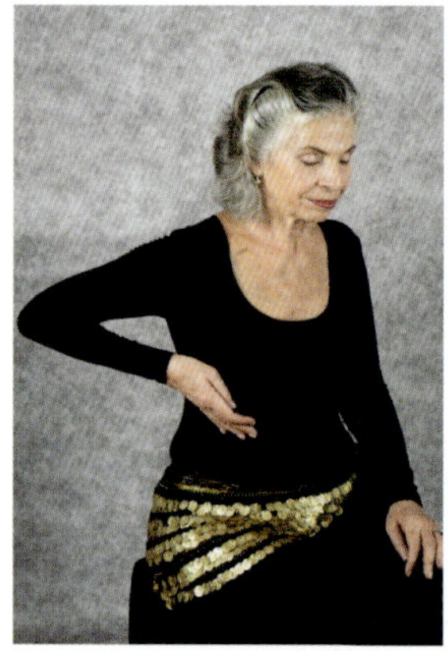
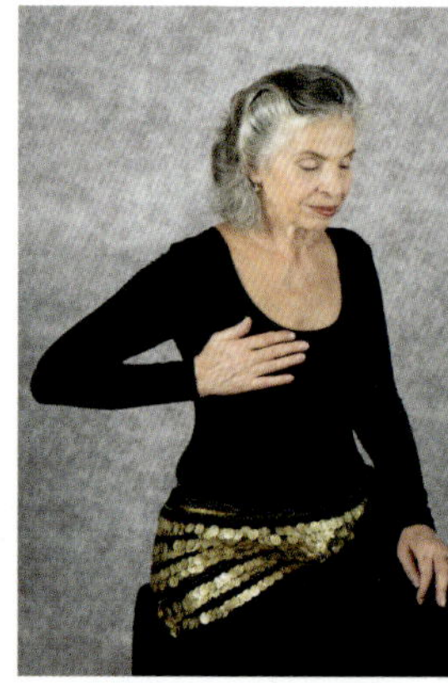
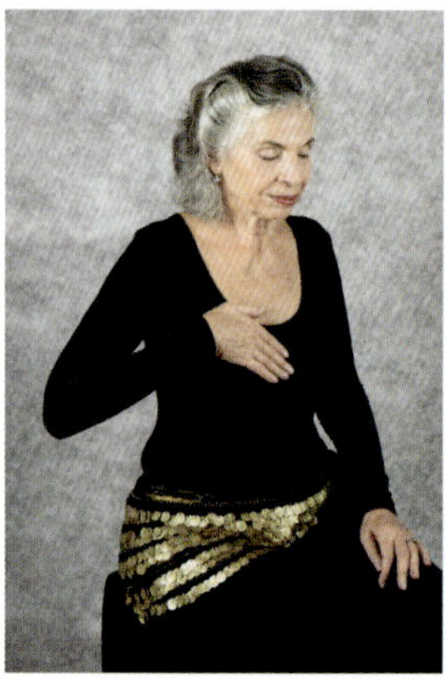
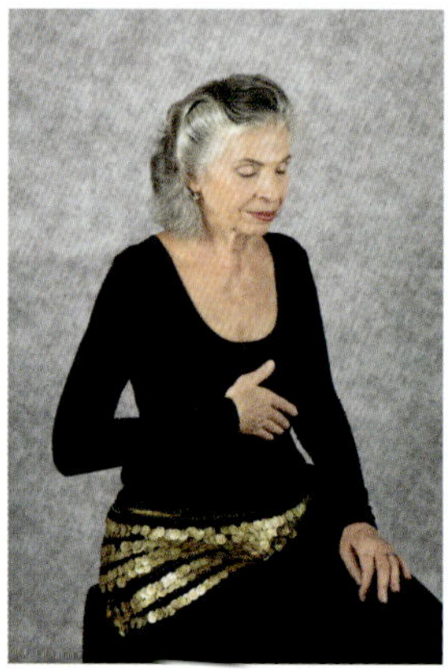
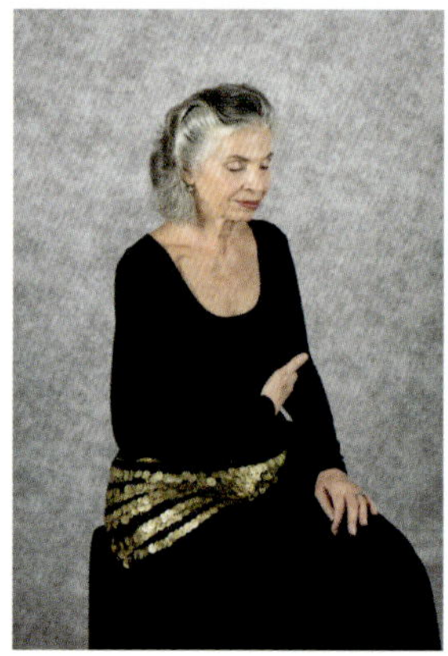
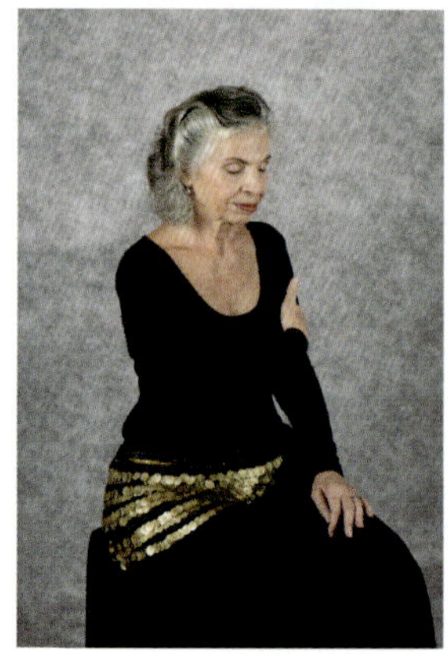

Übung zur Brust mit einer Partnerin

Suche dir eine Partnerin und eine stellt sich hinter die andere. Die, die hinten steht, begleitet und legt ihre beiden Hände am Rücken der vorderen Frau auf, etwa auf der Ebene des Busens. Die vordere Frau beginnt mit einem ganz sanften Kreisen und als Begleitende stütze sie, halte sie, ohne etwas zu tun: einfach nur da sein, hier sein und ihr die Möglichkeit geben, klar diesen Bereich der Brust zu spüren.

Spüre, wie weit du gehen darfst, bis wohin dir die Ehre erwiesen wird zu begleiten. Spüre, ob die Räume unter deinen Händen durch ihren Atem gefüllt werden.

Wann immer du spürst, dass es passt, dann wechsle bitte nach vorne und lege diesmal deine Hände über der Brust auf. Lass deine Intuition dich führen, ob du sanft, fester, abwechselnd sanft und fest auflegen sollst, und entscheide selbst, wie lange und wie du abschließen möchtest.

Der Beckenboden

Der Beckenboden schließt unseren Körper nach unten hin ab. Er trägt wesentlich bei zur Kräftigung unserer Mitte. So ist oft ein schwacher Beckenboden der Grund für eine gebeugte Haltung. Ein kräftiger, mit Energie gefüllter Beckenboden bildet die Basis für einen vitalen Körper. Der Beckenboden ist in gewisser Weise das Fundament unseres Körperhauses. Die Sensibilisierung der Körpermitte hängt mit der Sensibilisierung des Beckenbodens zusammen. Er ist auch der Gegenspieler zu unserem Atmungssystem, zu den Atemmuskeln. Er kooperiert mit dem Zwerchfell und trägt mit ihm dazu bei, die Knie, den Rücken, die Schließmuskeln, die Schultern und den Nacken zu stärken und zu unterstützen. Der Beckenboden besteht aus drei Schichten. Die erste Schicht kann man stärken, indem man den Urinstrahl kontrolliert – stell dir vor, du musst auf die Toilette und weit und breit ist keine zu finden –, die zweite Schicht spürt man, indem man die Sitzhöcker zusätzlich zusammenführt, und die dritte, indem man den Bauch noch als Drittes hinzunimmt. Oft verschwinden durch die Stärkung des Beckenbodenmuskels und die daraus entstehende Kooperation von Rücken, Bauch und Beckenboden Rückenschmerzen, aber auch Blasenschwächen können damit aufgehoben werden.

Beckenbodenübung

Verteile dein Gewicht gerecht auf beide Beine. Atme großzügig ein und aus und wenn die Füße sich entspannt und sich geerdet haben, sich verbunden haben mit der Oberfläche, auf der du stehst, dann beginne langsam mit dem Kreisen. Wähle jenes Kreisen, das dein Körper dir spontan zeigt, also entweder das Kippen oder das ganzheitliche Kreisen, wie du möchtest. Behalte den Kiefer entspannt und gleichzeitig gehe jetzt zum Anspannen des Anusmuskels über. Wenn der Anusmuskel angespannt wird, spannt sich der Damm. Achte besonders zu Beginn darauf: In dem Moment, in dem man den Anusmuskel anspannt, spannt sich auch der Kiefermuskel an. Versuche, ihn entspannt zu lassen. Öffne ein wenig den Mund, spiele, und spüre wie die Qualität des Kreisens sich verändert.

Dann lasse die Spannung vom Anusmuskel langsam über den Damm bis nach vorn gehen zur Scheide und halte diese Brücke gut. Spüre – du kannst gerne die Augen dabei schließen –, wie sich die Energie im Körper, wie sich die Qualität verändert. Achte darauf, dass dein Anziehen des Bauches nur eine leichte Spannung in deiner Trommel Bauch hat, dass es ein Anziehen und nicht ein Verspannen ist. Zeige trotzdem deine Großzügigkeit, indem du gut und weich auf beiden Beinen stehst, und wenn du den Damm gut hältst, dann spürst du ihn am Scheitel. Die Energie „huscht“ sofort hinauf, bis zum Scheitel.

Jetzt gehe in das Kreisen durch Kippen, ganz langsam nach vorne kippen und hinten sozusagen entspannen. Versuche auch da, den Anusmuskel anzuspannen, die Spannung mit dem Kippen vorzuführen bis zur Scheide und so in die nächste Stufe des Beckenbodenanspannens zu gelangen. Wir haben drei Ebenen des Beckenbodenanspannens, das ist die zweite. Einfach Anusmuskel anspannen, bewusst diese Brücke formen, bis zur Scheide, und kippen. Somit hast du schon die zweite Ebene des Beckenbodenanspannens eingenommen.

Dann schließe die Augen und versuche einmal, deine Arme zum Kreisen zu bewegen. Schaffe dir innerlich Bilder dabei – du kannst dir die Äste der Bäume, die Bewegung der Gräser vorstellen. Sieh nicht deine Arme, sondern forme Bilder in dir, die sich dann langsam in deinen Bewegungen manifestieren – die Wellen des Meeres oder welches Bild du immer hast, zum Beispiel die Weichheit der Dünen ... Lass die Bilder von deinem Kopf in deine Arme fließen. Lass dich von deinen Bildern und deinem Körper führen und dich nicht durch Worte bremsen, sondern durch Symboliken weiten: in das Spielerische gehen, deine Kreativität öffnen und ihr Raum geben. Erlaube dir sozusagen, die patriarchale Struktur aus Worten und Zahlen zur Seite zu schieben, und gehe in die Symbolik der Bilder. Gehe in deine Kreativität und lass deinen Körper dich führen. Die inneren Symboliken aus der Quelle deiner Kreativität – lass sie dich zum Tanzen bringen. Und jetzt lass es sich dir erzählen: Wieso, zu welcher Aufgabe bist du hierhergekommen?

Nach einiger Zeit halte langsam an und spüre ein wenig nach, bevor du deine Augen wieder öffnest.

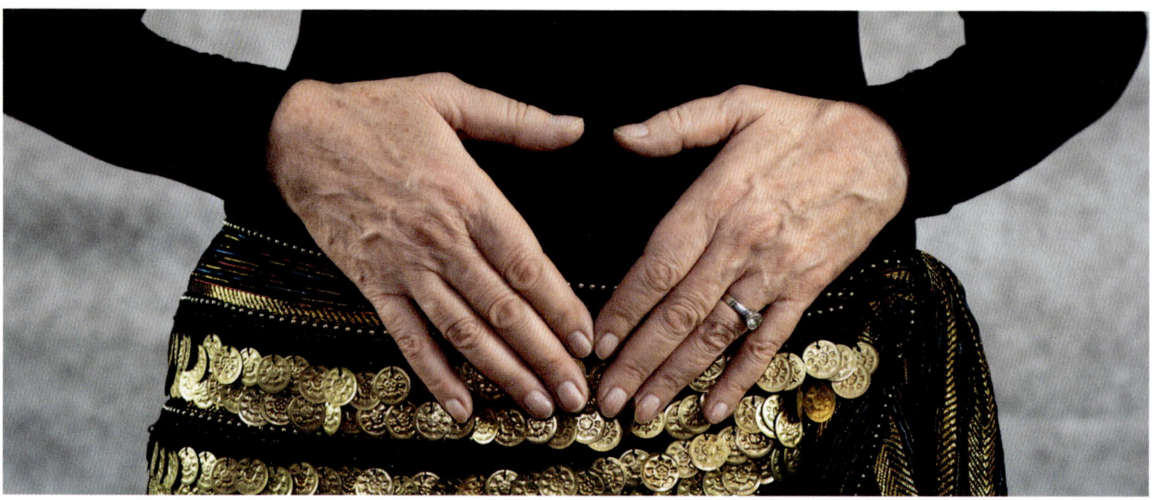

Die Wirbelsäule und ihre spirituellen Aspekte

Die Wirbelsäule ist die Weltachse unseres kleinen Universums.
Sie gibt unserer Haltung im Leben Ausdruck und ist unsere Unterstützerin im Leben.
Unsere geistige Aufrichtigkeit stärkt sie und unsere Liebe und Lebensfreude machen sie flexibel.

Die Wirbelsäule gibt uns Halt und somit unserer Haltung Ausdruck. Die innere Spannung spiegelt sich in der Tonisierung der Muskulatur wider und gibt uns Aufschluss darüber, wo wir den Blick hinwenden sollen. Rückenschmerzen treten in unterschiedlichen Bereichen auf, das Wie und Wo hält Informationen bereit. Wenn zum Beispiel ein Wirbel verschoben ist, spricht man vom „Haltungsschaden" und schon das Wort weist uns darauf hin, unsere Haltung uns selbst oder dem Leben gegenüber zu korrigieren. Die Wirbelsäule weiß in dem Sinne viel über unsere innere Situation zu erzählen.

Wenn man lernt zu lesen, ist es wichtig, dass man einfach wird und stets bei der Basis beginnt. Wenn zum Beispiel jemand Probleme mit den Bandscheiben hat, bedeutet es, zuerst zu sehen: Die Bandscheiben sind die „Puffer" zwischen den Wirbeln. Sie sind rund, fungieren als Stoßdämpfer und sehen ein bisschen aus wie Schallplatten – wenn sie dünner und schwach werden, haben wir vielleicht ein Lied zu oft und immer wieder in seiner Starrheit wiederholt. Es bedeutet eine Überlastung dieser Scheibe. Das meint Lesen. Versuche, einfach zu sein, dir den jeweiligen Teil des Körpers anzusehen in seiner Form und mit der Frage, welche Funktion er hat. So wächst deine innere Weisheit und öffnet sich dir und du kannst lernen zu lesen.

Zusammenfassend werden Wirbelsäule und Muskulatur in die linke und rechte Seite und in den oberen und unteren Teil des Rückens eingeteilt. Auf der rechten Seite liegt der männliche Aspekt, der Aspekt des sogenannten Tagesbewusstseins, der Aspekt der Gegenwart und des Gebens. Wenn also jemand auf der rechten Seite Schwierigkeiten hat, sind diese Aspekte anzusehen.

Die linke Seite ist die gefühlsbetonte, sich hingebende Seite. Sie gilt als die mütterliche Seite und ist mit unserer Vergangenheit bzw. all dem, was wir schon erlebt haben, verbunden. Ihr ist das Nacht-, das Unterbewusstsein zugeteilt.

Oberer und unterer Rückenteil entsprechen Tun und Haben, wobei das Tun oben und das Haben unten anzusiedeln ist. Die Grenze Oben/Unten liegt auf der Ebene des Solarplexus. Er gehört mit der im Kehlkopfbereich beheimateten Schilddrüse zu jenen beiden wesentlichen Zentren, die einen Wechsel im Körper anzeigen. So liegt am Kopf das Männliche links, das Weibliche rechts, um sich auf der Ebene der schmetterlingsförmigen Schilddrüse ins Gegenteil zu verkehren.

Dem oberen Rückenbereich vom Solarplexus bis zum Nacken werden außerdem alle akuten bzw. Gegenwartsthemen zugeordnet, dem unteren Rückenbereich all jene, die mit der Vergangenheit und der Familienlinie verbunden sind.

Auf der Rückseite des Körpers trennt der Nacken oben und unten oder anders ausgedrückt: Der Nacken verbindet den Kopf mit dem Körper, in gewisser Weise, so könnte man sagen, bildet er die Brücke, verbindet er das obere mit dem unteren Zentrum, den spirituellen, geistigen mit dem materiellen Aspekt. Auch der Nacken hält ein großes Wissen bereit und nicht nur, weil er unser Zärtlichkeitszentrum ist, sollte man achtsam und behutsam mit ihm umgehen.

Übungen

Übung zum Nacken

Wähle einen Platz im Raum, an dem du gerne stehst. Verteile dein Gewicht gerecht auf beide Beine. Zusätzlich bilde eine Linie zwischen dem Ballen hinter der großen Zehe und der Außenkante der Ferse, diagonal über die Fußsohle verlaufend. Verteile dein Gewicht so, dass du diese beiden Punkte besonders betonst, halte die Knie weich, lasse dein Becken fallen und schiebe es ein wenig mit dem Steißbein vor, dann öffne den Bereich vom Solarplexus hinaufgehend bis zum Herzen, entspanne die Schultern, öffne den Bereich des Halses und des Nackens, hebe dein Haupt und gehe ein wenig mit dem Kinn hinunter oder streiche mit dem Finger über die Nase und das Kinn stellt sich ein, wie es für dich passt.

In dieser Position lege deine Hände auf den Bauch, die beiden Daumen auf den Nabel und den Rest der Hand darunter (siehe Abbildung Seite 72), konzentriere dich ein paar Momente auf den Atem und erlaube dir dann, allmählich in das Kreisen zu gehen, welche Form des Kreisens du auch immer wählst, ein entspannendes, angenehmes Kreisen des Beckens. In diesem Kreisen erlaube dir immer wieder, deine Stirn zu öffnen und tiefer zu entspannen.

Schließe die Augen und genieße die Tiefe deines Wesens von innen.

Bereite dich vor auf einen langsamen, ruhigen Ablauf verschiedener Bewegungen, die du mit deinem Haupt ausführst, wobei du deine Achtsamkeit in deinen Nacken legst. Die Aufmerksamkeit in deinen Nacken zu legen, soll die Qualität eines sanften, warmen, zärtlichen Hauches haben, nicht die eines starken Griffes.

Begleite die Bewegungen mit dem folgenden Atem: Einatmen durch die Nase und Ausatmen durch den Mund.

Die erste Bewegung ist ein Auf- und Abbewegen des Kopfes. Zur Vorbereitung atme ein und atme aus und bei der nächsten Einatmung halte den Atem, wende dein Haupt nach unten, das heißt, das Kinn kommt zur Brust, und atme aus. In dieser Position atme ein paarmal ruhig. Dabei halte das Ein- und Ausatmen in der Qualität der Nase.

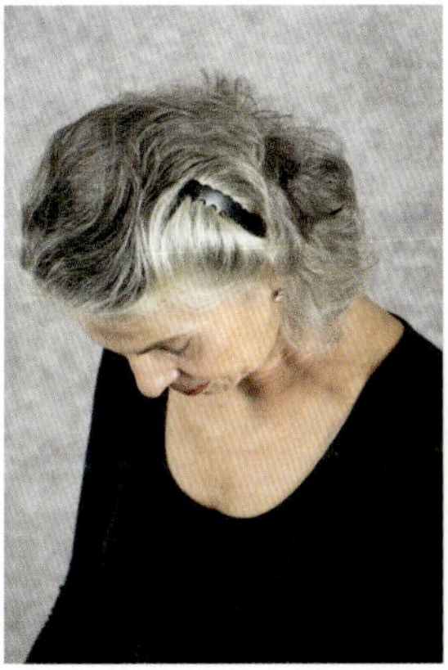

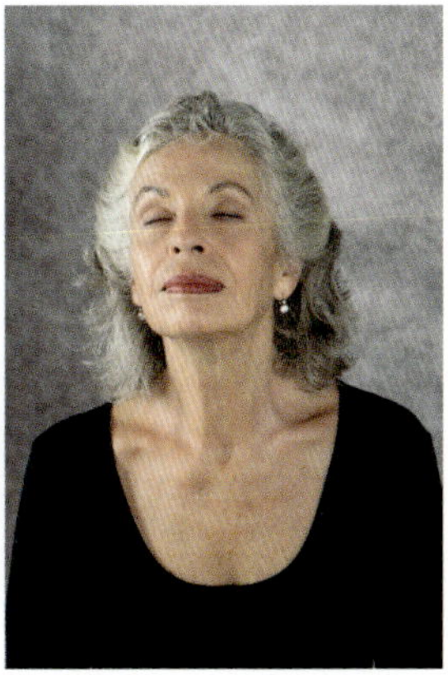

Dann atme wieder ein und führe dein Haupt vertikal nach oben, zum Himmel blickend, und atme durch den Mund aus. Sei achtsam, gehe nicht zu weit nach hinten, sodass es angenehm für dich ist. In dieser Position atme wiederum ruhig, Nase ein – Nase aus.

Wieder atme bewusst ein und diesmal bringe dein Haupt in seine Ausgangsposition zurück, halte es nach vorne blickend und atme durch den Mund aus. Bleibe in dieser Position und atme ruhig, Nase ein – Nase aus.

Wieder atme bewusst ein, wende dein Haupt nach rechts und atme aus. Bleibe in dieser Position, sanft und ruhig atme durch die Nase ein, durch die Nase aus, spüre deinen Nacken.

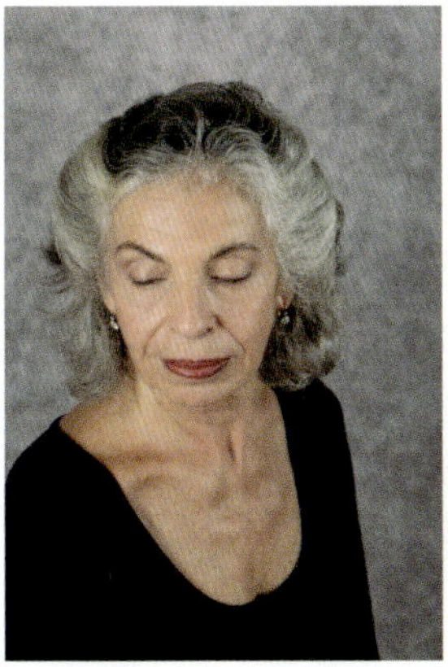

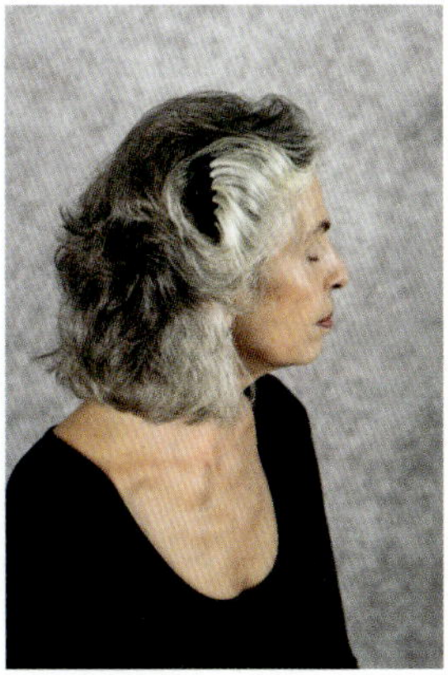

Wieder atme bewusst ein und bringe dein Haupt zur Mitte und atme durch den Mund aus. Atme in dieser Position ruhig, Nase ein – Nase aus.

Wieder atme ein, wende dein Haupt nach links und atme durch den Mund aus. Bleibe in dieser Position und atme ruhig, Nase ein – Nase aus.

Wieder atme bewusst ein und bringe das Haupt zur Mitte und atme durch den Mund aus. Behalte deine Aufmerksamkeit im Bereich des Nackens und lasse dich vom Kreisen deines Beckens nähren und inspirieren. Atme ruhig, Nase ein – Nase aus.

Atme bewusst ein, führe das rechte Ohr zur rechten Schulter und atme durch den Mund aus. Beobachte, spüre, mit welcher Qualität du in dieser Position bist, und atme ruhig, Nase ein – Nase aus.

Atme bewusst ein und stelle den Kopf wieder auf, in der Mitte, halte ihn nach vorne blickend und atme durch den Mund aus. Wieder atme ruhig, Nase ein – Nase aus, kreise langsam und ruhig und immer tiefer. Aus der Tiefe deines Beckens lasse eine Kraft, eine Sanftheit, eine Energie kommen, langsam aus dem Becken hinauffließend bis zum Nacken. Erlaube diesem Kanal, sich zu öffnen und dir deinen Nacken näherzubringen.

Wieder atme bewusst ein, bringe das linke Ohr zur linken Schulter und wieder atme durch den Mund aus. In dieser Position verweile mit einem ruhigen Ein- und Ausatmen durch die Nase.

Wieder atme bewusst ein, stelle dein Haupt auf, in der Mitte, halte den Blick nach vorne gerichtet und atme durch den Mund aus, dann atme ruhig, Nase ein – Nase aus.

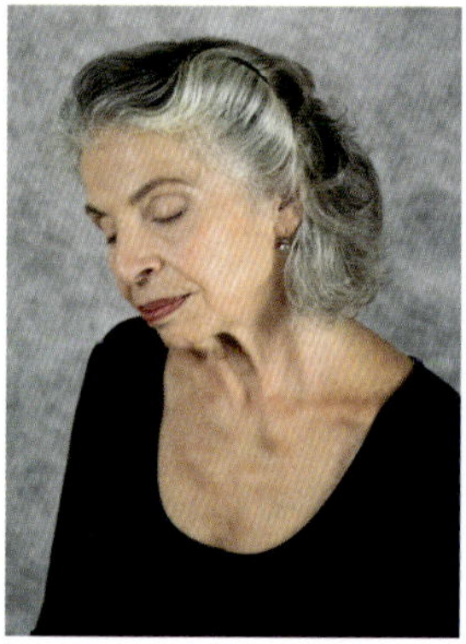

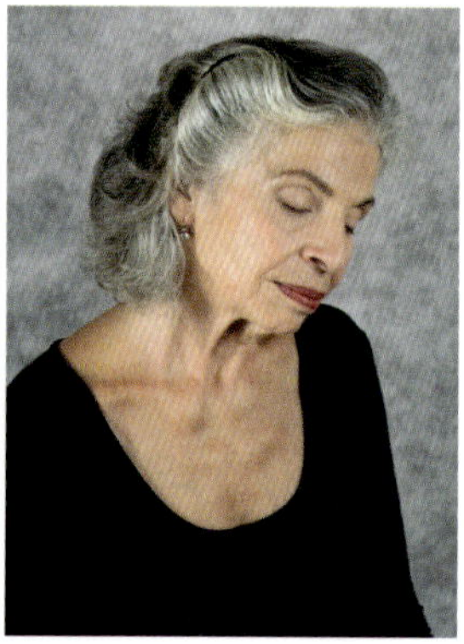

Jetzt bringe mit dem Einatmen langsam das Kinn zur Brust und mit dem Ausatmen langsam den Kopf zur Decke in einer vertikalen Linie. Verweile kurz und atme ruhig und wieder bringe mit dem Einatmen das Kinn von oben hinunter zur Brust und atme aus.

Forme viermal diese vertikale Linie in deinem Rhythmus und mit der Pause, die du dazwischen brauchst. Verweile dort, wo du spürst, dass es in dem Moment für dich richtig ist. Lass den Fluss aus dem Becken dich begleiten, die Kraft, die in deinem Becken ruht, möge sie dich nähren mit jeder Bewegung, die du ausführst.

Nach dem vierten Mal halte das Haupt gerade nach vorne blickend, ruhig durch die Nase ein- und ausatmend. Sammle alle Facetten des Geschmackes, den diese Bewegungen ausgelöst haben, spüre die Feinheit und die Kraft, die in dir lebt.

Dann wende langsam dein Haupt nach links und beginne mit einem Einatmen links, um langsam das Haupt in einer wandernden Bewegung nach rechts zu bringen und auszuatmen.

Auf dieser horizontalen Ebene führe dein Haupt wieder viermal in deinem Rhythmus: Einatmend wandernd, ausatmend wandernd, wobei du in jeder Position, sowohl links als auch rechts, verweilen kannst. Immer wieder mit einem inneren Ja die Kraft öffnen, damit sie vom Becken hinauffließen kann. Dieses lebensbejahende Ja öffnet und stellt dir deine Kraft zur Verfügung.

Wann immer du so weit bist, halte das Haupt wieder in der Mitte, atme ruhig und spüre, was da ist. Bleibe dabei im Kreisen, lasse die Kraft aus dem Becken hinauffließen, spüre, wie es sich im Nacken anfühlt.

Wende deine Aufmerksamkeit nun auch wieder den Punkten hinter der großen Zehe und am äußeren Rand der Ferse der diagonalen Linie entlang der Fußsohlen zu. Spüre sie klar bei beiden Füßen, bleibe im Kreisen, spüre den Nacken und dann verkürze diese Diagonale, indem du die Füße ein bisschen wölbst, sodass im inneren Fuß eine kleine Höhle ensteht. Ziehe die Zehen ein wenig zur Ferse und verkürze so die Distanz zwischen den beiden Punkten. Nach ein paar Momenten entspanne wieder, bleibe beim Kreisen, sei dir deines Beckens bewusst und deines Nackens.

Verkürze und verlängere immer wieder die Distanz. Achte darauf, wie sich dein Kiefer und deine Stirn verändern. Wie ist deine Erdbezogenheit, also wie ist deine Bezogenheit zu dem, was unter dir ist, und verändert sie etwas in deinem Bezug zu dem, was über dir ist?

Entspanne wieder die Füße, normalisiere die Distanz zwischen den beiden Punkten, bleibe im Kreisen, bleibe mit deiner Aufmerksamkeit im Nacken und spanne den Beckenbodenmuskel an. Zusätzlich zum Beckenbodenmuskel verkürze noch einmal die Distanz der Diagonale. Achte darauf, dass dein Kiefer sich nicht verspannt, deine Stirn glatt bleibt und du in der neutralen Qualität bleibst. Halte Platz für den Solarplexus und entspanne wieder deine Füße.

Bleibe im Kreisen, bleibe in der Achtsamkeit für das, was in deinem Nacken passiert, und forme langsam mit deinem Haupt einen Halbkreis vorne vor deiner Brust. Zusätzlich verkürze wieder die Distanz der Diagonale.

Nach einiger Zeit entspanne wieder und bringe dein Haupt in die Mitte zurück, nach vorne blickend, bleibe im Kreisen und spüre: Wie fließt die Kraft aus dem Becken? Wie fühlt sie sich an? Wie fühlt sich der Nacken an?

Forme dann einen zweiten Halbkreis, und zwar hinten. Lege dein Haupt entspannt in den Nacken, achte darauf, dass dein Mund und dein Kiefer entspannt sind, und forme langsam einen kleinen Halbkreis hinten. Sanft, ruhig und ohne Druck gehe vor allem in die Qualität der Flexibilität, des Loslassens, als ob du noch nie in deinem Leben etwas von Leistung gehört hättest. Stelle dir vor, du gehörtest zu einem Stamm, bei dem das Wort „Leistung“, der Begriff in seiner Bedeutung nicht existiert.

Wenn es für dich passt, richte langsam dein Haupt wieder auf, atme für ein paar Momente ruhig, trinke von dieser Qualität, genieße diese Freiheit ...

... und gehe als Abschluss in den ganzen Kreis mit dem Haupt. Je nach Lust kannst du vorne oder hinten beginnen. Die zwei Hauptzentren, das kühle Zentrum, der Kopf, und das warme Zentrum, der Bauch, kreisen gemeinsam. Sie regen den Kreislauf an, um das zu nähren, was unsere Mitte formt: das Herz. Der kleine Kreislauf und der große Kreislauf kommen zusammen auf der Ebene des Herzens, uns unterstützend auf unserem Weg, Mensch zu werden. Achte darauf, dass du beide Seiten, mal rechts drehend, mal links drehend, kostest.

Nach einiger Zeit halte wieder das Haupt in der Mitte, nach vorne blickend, ...

... und gehe über zu dem, was wir in unserem Leben im Geiste und auch körperlich immer tun, wenn wir etwas erkennen, verstehen, in unser Bewusstsein hineinbringen möchten. Wenn wir zum Beispiel etwas berühren, so gehen wir mit den Händen dorthin, berühren es und gehen wieder weg – Nähe und Distanz, die Qualitäten der Kühle des Verstandes und der Wärme der Emotion kommen zusammen.

Erlaube dir die Weichheit des Nackens, erlaube dir, dein kühles Haupt zu wenden, dein Becken zu kreisen, und öffne dabei langsam die Arme. Führe deine Hände im Hingehen, im Annähern und Wiederzurückgehen. So lernen wir, nehmen wir auf und die Qualitäten von Nähe und Distanz helfen uns, Dinge zu erkennen und zu verstehen, und dafür haben wir diese beiden: das kühle und das warme Zentrum.

Die Arme sind mit dem Herzen verbunden – mögen in ihnen beide Zentren harmonisch ihren Ausdruck finden. Hingehen und Zurückgehen: In diesem Betasten kannst du jeder Situation, jedem Bereich, jedem Menschen in deiner Ganzheit näherkommen und wieder Distanz finden und so dich nähren und somit andere.

Berühre in deiner Vorstellung mit den Händen das Gesicht eines geliebten Menschen und berühre mit deinen Händen das Gesicht eines Menschen, bei dem es dir schwerfällt, und bei beiden trage die beiden Zentren, die dein Herz nähren, mit im Tun, im Näherkommen und im Distanzfinden.

Dann berühre einmal gleichzeitig mit der einen Hand das Gesicht eines tief geliebten Menschen und mit der anderen Hand das Gesicht eines Menschen, bei dem es dir schwerfällt, und lasse aus beiden Händen die Weisheit und die Güte deines Herzens fließen, sodass dein Bewusstsein sich über den Rand des Ichs ausweiten kann.

Und wenn du so weit bist, dann kannst du, wenn du möchtest, beide Hände auf die Ebene des Herzens bringen oder du kannst eine Hand auf den Bauch, eine auf den Kopf legen oder beide Hände auf den Nacken, wie immer es für dich passt.

Entspanne nach einiger Zeit die Hände wieder, halte sie neben dem Körper, lass das Kreisen immer kleiner werden, stehe aufrecht zu dir, zu dem, was du bist. Und dann lege deine linke Hand auf dein Herz und gehe in die Verbeugung vor dir und vor allen Wesen.

Übung zur Anregung des Nackens

Verteile dein Gewicht gut auf beide Füße, halte die Knie weich, das Becken schiebe ein wenig vor, öffne den Bereich zwischen Solarplexus und Herz, entspanne die Schultern, hebe das Haupt und senke ein wenig das Kinn und dann beginne mit dem Kreisen.

Halte den Hals aufrecht und verwende das Kreisen, um dein Gewicht auf beide Beine zu verteilen. Bringe deine Hände im Nacken zusammen, sodass die Ellbogen nach vorne gerichtet sind, und spüre, mache dir diese Verbindung zwischen Kopf und Körper bewusst.

Bleibe in dieser Haltung und Bewegung und nach einiger Zeit gehe fließend über zum Achter, die Knie weiter gebeugt haltend. Verwende den Achter so, als ob er deinen Nacken massiert, beide Seiten entlang der Wirbelsäule und die Wirbelsäule selbst bis zu den Halswirbeln. Verwende die Kraft des Beckens, um die 7 Halswirbel anzuregen, und wann immer es für dich passt, gehe vom Achter wieder zum Kreis.

Mache dir diese Brücke zwischen spirituellem und materiellem Aspekt bewusst, rege sie an mit den Bewegungen des Beckens. Hier zeigt sich Flexibilität bzw. Unflexibilität.

Immer wieder wechsle vom Kreis zum Achter und vom Achter zum Kreis. Verwende beide Bewegungen, trinke von ihnen und drehe sie in den Bereich der Halswirbel hinauf. Wann immer es für dich passt, löse die Hände und nimm langsam die Arme hinunter.

Mit dem Bewusstsein um den Nacken, um die Halswirbel, bleibe in der Bewegung, einmal im Achter, einmal im Kreisen, und beim Kreis versuche diesmal, in beide Richtungen abwechselnd zu bewegen, dein Becken einmal zum Herzen hin-, einmal vom Herzen wegzubringen, also einmal nach links, einmal nach rechts.

Nach einiger Zeit entspanne und schüttle deine Beine aus.

Diese Übung kannst du mit allen Bewegungen des orientalischen Tanzes und mit deiner Aufmerksamkeit auf die verschiedenen Bereiche des Rückens durchführen. Was immer du für Bewegungen wählst, führe sie in einer neugierigen Haltung gegenüber deinem Körper, deiner Wirbelsäule aus.

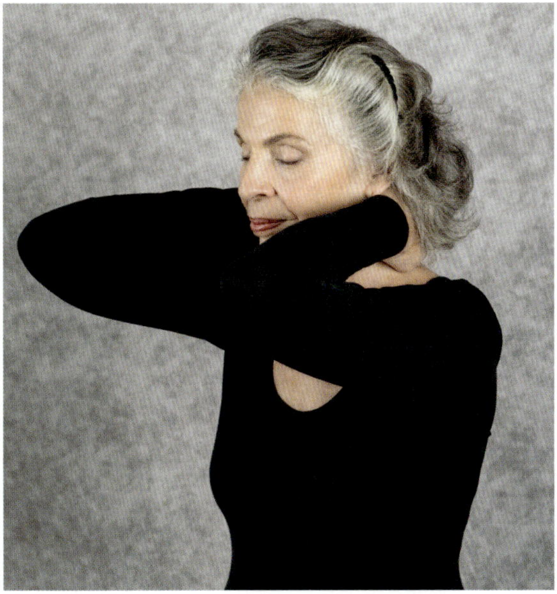

Übung zur Wirbelsäule mit Partnerin

Suche dir eine Partnerin: Eine legt sich hin, auf den Bauch, die andere arbeitet.

Die Wirbelsäule besteht aus 7 Hals-, 12 Brust- und 5 Lendenwirbeln und umfasst das Kreuz- und das Steißbein, die im jungen Erwachsenenalter zusammenwachsen. Würde man die Wirbel einzeln zählen, so verfügte das Rückgrat über 33 Wirbel. Ihnen widmet sich diese Übung. (Vergleiche hierzu das Kapitel „Über die Wirbelsäule“ auf Seite 20 ff).

Beginne, indem du deine Hand auf den Nacken deiner Partnerin legst. Der Nacken ist ein sehr beweglicher Körperteil. Schmerzen und Starrheit im Nacken bringen mit sich, dass man sich nicht wenden kann, nicht sehen kann, was hinter einer bzw. einem passiert, was hinter dem eigenen Rücken vorgeht, und häufig soll mit dieser Inflexibilität des Nackens Gleichgültigkeit demonstriert werden. Auch hier sei einfach im Fragen: Was bedeutet es, wenn ich ihn nicht bewegen kann? Und wenn ich Schmerzen im Nacken habe, wo liegt die Schwierigkeit? Wenn ich schüttle oder wenn ich nicke? Im Sinne von: Fällt mir das Ja- oder das Neinsagen schwer?

Eine Versteifung verlangt allgemein immer eine neue Geisteshaltung. Ein Ideal, das man nicht erfüllen kann, Einschränkungen, selbst auferlegte oder gegebene, Erwartungsängste, die aufgrund von Verletzungen entstanden sind – sie alle zeigen sich im Nacken.

Aus Angst, es könnte ein noch größeres Übel kommen, verharrt man unter Umständen in einer unangenehmen Situation. Der Nacken repräsentiert allgemein den Bereich, in dem Erwartungsängste produziert werden, um sich präventiv vor neuen Verletzungen zu schützen. Bringe mit deinem Handauflegen Läuterung, Licht, Liebe und Leichtigkeit. Wandere entlang der 7 Wirbel, spüre sie, nimm dir Zeit, sie zu spüren, ...

... bevor du deine Hand etwas tiefer auf den oberen Teil der Brustwirbelsäule auflegst. Der Bereich der Brustwirbel bis zur Taille umfasst den Bereich des oberen Rückens. Manchmal entstehen hier Krümmungen nach vorne, wenn man eine besondere Last auf den Schultern trägt. Das kann etwas Altes sein, das sich noch immer zeigt, zum Beispiel das Aufwachsen in einer Familie, die zu große Hoffnungen in eine bzw. einen hatte, Erwartungen, die man nicht tragen konnte. Hier wird es besonders wichtig, die eigenen Grenzen nicht zu überschreiten und wahrlich zu sehen, was man in sich trägt.

Rückenschmerzen bedeuten ganz allgemein, dass man das Gefühl hat, nicht genug gestützt zu werden, vielleicht weil man sich selbst noch nicht genug Stütze ist oder weil man sich als von der Umgebung nicht genug gestützt empfindet.

Der obere Rückenbereich steht für das Tun. Menschen, die hier Schmerzen haben, stellen große Erwartungen an ihre Mitmenschen. Werden diese nicht erfüllt, entsteht bei ihnen schnell das Gefühl, sie müssten alles selber tun. Es fällt ihnen schwer, andere um etwas zu bitten, und wenn diese Bitte abgeschlagen wird, schlägt es sich wiederum schmerzhaft im Rücken nieder. Auch das Gefühl, beobachtet zu werden, als stünde jemand immer im Rücken, nimmt die Freiheit und führt zu Verkrampfung und Schmerz.

Menschen des Tuns empfinden Sicherheit, wenn sie tun, es ist ihr Sicherheitsfaktor. Berühre diesen oberen Teil des Körpers, schicke Zuversicht und auch das Wissen: Man muss nicht weniger tun, nur soll man es mit Freude tun, aus bedingungsloser Liebe, nicht aus Pflichtgefühl oder weil man zuständig ist für das Glück anderer.

Dann gehe langsam weiter zum Bereich der Taille. Im Bereich der Taille vollzieht sich die Teilung in den oberen und unteren Rücken. Hier ist der Übergang vom Tun zum Haben. Der untere Teil des Rückens steht im Zusammenhang mit dem Haben, ob von Gütern, Partnerinnen oder Partnern, Kindern, Arbeit, Diplomen usw. Häufig zeigen hier auftretende Schmerzen die Hoffnung, durch materielle Absicherung Sicherheit im Leben allgemein zu erlangen. Die Überzeugung, dass man Dinge besitzen muss, um sich sicher zu fühlen, ist nicht immer leicht zuzugeben.

Die Lendenwirbel stehen allgemein für Ängste bezogen auf die materielle Sicherheit. Zu akzeptieren und es sich zuzugestehen, dass man die materielle Sicherheit braucht, hat zur Folge, dass man frei wird, bis man sich eines Tages auch ohne sie sicher fühlt. Gestehe dir also vorhandene Abhängigkeit ein und werde frei.

Berühre den Bereich vom 5. Brustwirbel bis hinunter zu den Lenden, den 5 Lendenwirbeln, ...

... und wandere langsam zum Kreuzbein. Schmerzen im Kreuzbein haben oft mit Existenzängsten zu tun. Freiheit und Unabhängigkeit sind Menschen, die hier Schmerzen haben, sehr wichtig und so finden sich bei ihnen häufig Schwierigkeiten, Liebe anzunehmen, weil für sie damit die Sorge verbunden ist, sie erwidern zu müssen. Am leichtesten aufzulösen sind die Schmerzen des Kreuzbeins durch Selbstliebe.

Von hier gehe abschließend zum Steißbein. Das Steißbein bildet die Basis und symbolisiert die grundlegenden Bedürfnisse. Schmerzen im Steißbein können als mangelndes Vertrauen in die Hilfe des Universums gelesen werden. Man wünschte, es würde sich jemand um einen kümmern, möchte aber die Abhängigkeit nicht eingestehen.

Wann immer sich größere Veränderungen im Leben ergeben, können Schmerzen im Kreuzbein und im Steißbein auftreten. Beim Wechsel von Beruf oder Wohnort, im Falle einer Schwangerschaft usw. muss ein neues inneres Gleichgewicht geformt werden – und das kann sich kurzfristig durch Schmerzen in diesem Bereich zeigen. Halte den Bereich des Steißbeins und des Kreuzbeins ...

... und bringe dann langsam deine zweite Hand zum Scheitel, um die ganze Wirbelsäule, von ihrem Anfang bis zu ihrem Ende, zu halten, die Krone und die Basis, den Ort der Übersicht und den der Verbindung zur Mutter Erde, die geistige und die erdende Verbindung.

Schließe ab, indem du von oben hinunterstreifst bis zum Steißbein.

Übung zur Wirbelsäule und der ihr zugehörigen Energiezentren (Partnerin)

Suche dir eine Partnerin: Eine legt sich auf den Bauch. Alternativ kann sie auch sitzen, wenn sie möchte. Die andere arbeitet.

Die Übung widmet sich der Wirbelsäule, ihr Schwerpunkt liegt auf den Energiezentren.

Beginne, indem du sanft entweder deine Hand direkt auf den Scheitel legst oder sie über dem Scheitel hältst und von hier langsam über den Hinterkopf streichst, sodass du ein Gefühl für die Wirbelsäule bekommst.

Verweile ein wenig beim Hinterkopf, um ihn mit beiden Händen zu halten. Spüre den Hinterkopf und nimm ihn tiefer und tiefer in deine Hände auf. Sei dir bewusst, dass du mit dem Kopf das Gehirn, die Gesichtsknochen, das Innenohr hältst, schützt und stärkst.

Wenn du das Gefühl hast, dass du einen Menschen berührst, bei dem nicht endende innere Dialoge laufen, dann versuche, mit deiner Geste Weichheit, Hingabe und Zuversicht hinfließen zu lassen, mit der Sanftheit deiner Hand in gewisser Weise die Angst vor dem Leben zu nehmen.

Atlas und Axis bilden den Ort, an dem metaphysisch gesehen der Übergang vom Spirituellen zum Materiellen ist, wo beides verbunden wird. Um mit der hier beheimateten Energiequelle zu arbeiten oder Schmerzen zu lösen, ist es am besten, den Hinterkopf zu halten.

Schmerzen im Atlasbereich, am Schnitt zwischen Schädel und 1. Wirbel, zeigen häufig einen Mangel an Übersicht. Ein Mensch, der alles mit dem Kopf erfassen möchte oder der, wenn man so möchte, Probleme mit dem Schöpfer hat, kann hier Schwierigkeiten haben. Gib Zuversicht, Licht, Leichtigkeit und Halt in diesen Bereich.

Konzentriere dich dann auf den 2. Wirbel, den sogenannten Axis. Er gibt uns die Möglichkeit, den Kopf in den verschiedensten Variationen zu wenden und zu drehen. Man sagt, dass Schmerzen oder Starrheit in diesem Bereich häufig mit einem Fehlen oder einem Nichtzulassen der eigenen Weisheit verbunden ist. Dem kann ein Nicht-hinsehen-Wollen oder aber ein Überfordern des Sehsinns zugrunde liegen.

Der 2. und 3. Halswirbel ist mit dem Dünndarm, den Meridianen des Dünndarms verbunden und in diesem Bereich spiegeln sich auch Problematiken in der Sexualität wider.

Gehe langsam weiter und führe deine Hand zum 5. und 6. Halswirbel. Diese Wirbel sind mit dem Halszentrum verbunden und als Bereich besonders zu beachten, wenn jemand das Gefühl hat, nicht sagen zu können, was sie bzw. er sagen möchte, wenn jemand einen Kloß im Hals hat oder nicht ausdrücken kann, was innen passiert. Die Berührung dieser beiden Halswirbel unterstützt das Öffnen dieses Bereiches. Von hier wandere langsam weiter ...

... und gehe zum nächsten Zentrum, zum Herzzentrum, auf der Höhe des 2. Brustwirbels liegend. Erlaube hier deiner Liebe zu fließen. Schmerzen auf dieser Ebene der Wirbelsäule treten auf bei Menschen, die ihr Herz verschlossen haben, die freudlos sind. Schicke Wärme und deine Liebe in diesen Bereich.

Wandere langsam zum 8. Brustwirbel, zum Bereich des Solarplexus. Schmerzen in diesem Bereich des Rückens entstehen vor allem dann, wenn man sich viele Sorgen macht, wenn man den Fluss des Lebens nicht zulässt, in gewisser Weise starr beharrt auf dem, wie man meint, dass es sein soll. Bringe die Qualität des Fließens, der Weite, der Hingabe, der Güte in diesen Bereich.

Wandere langsam weiter und lege die Hand auf den 3., 4. und 5. Lendenwirbel, den Bereich des sexuellen Zentrums. Schmerzen in diesem Bereich des Rückens deuten hin auf eine Trägheit im Verdauen, gleichgültig ob materiell oder spirituell.

Oft führen auch Schuldgefühle oder fehlende Geborgenheit zu Schmerzen im Lendenbereich. Bringe Licht durch dein Handauflegen, lege die Qualität der Liebe, der Ganzheit hinein und löse somit die Illusion der Schuld auf.

Wandere langsam zum Kreuzbein und Steißbein, die gemeinsam das Basisenergiezentrum bergen. Schmerzen in diesem Bereich können entstehen, wenn man zu wenig Verbindung zur Mutter Erde hat, wenn man mangelndes Zutrauen oder Angst vor Gewalt hat und somit die Lebensenergie bzw. die Lebenskraft blockiert. Schicke in diesen Bereich Vertrauen, stärke den Mut, auch die Kraft der Spiritualität einzunehmen, um den Fluss von oben nach unten und von unten nach oben zu öffnen und aus der Starrheit herauszutreten, die sich in einem Schmerz in dieser Region zeigen kann. Öffne den Raum zu lieben.

Bringe abschließend die Basis und den Scheitel zusammen. Lasse dein Licht, deine Liebe in deine Hände fließen, werde eine Gebende und eine, der gegeben wird.

Und wenn du soweit bist, dann streife vom Haupt hinunter ab.

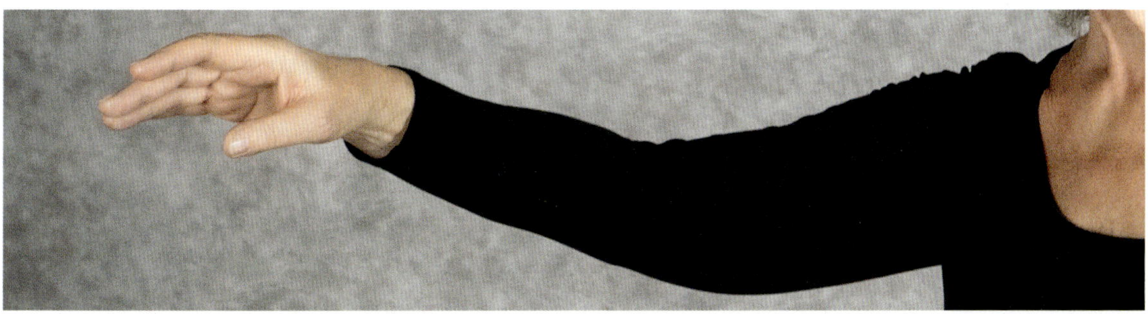

Meditation zur Aufrichtung der Wirbelsäule

Suche dir einen Platz im Raum, an dem du gerne stehst.

Gehe mit dir so um, als ob du ein Energiewesen wärst – Energiewesen in dem Sinne, dass du einen materiellen Körper hast, dass aber innen Energie ist. Diese Energie hat sich zwar noch zusätzlich äußerlich in deinem materiellen Körper manifestiert, deinem Wesen nach aber bist du Energie.

Verteile dein Gewicht ehrlich und gerecht auf beide Beine, halte die Knie weich, verbinde deine Füße gut mit dem Boden, mit der Erde, auf der du stehst, und gehe ein wenig mit dem Steißbein vor. Je öfter du dich schon mit der Erde um die Sonne gedreht hast, desto mehr schiebe mit dem Steißbein vor, aber nicht weiter, als bis es lotmäßig ist. Mache Platz für den Solarplexus, öffne den Raum für das Herz, das heißt, du ziehst die Schultern ein wenig nach hinten, entspannst, hebst dann das Haupt und gehst ein wenig mit dem Kinn hinunter. Jetzt vergiss alles und stell dich hin, wie du möchtest. Das ist wesentlich: Du nimmst auf und dann vergisst du alles, damit du nichts weißt und etwas Neues dazukommen kann.

In der Position, in der du bist, bringe ganz bewusst deine Aufmerksamkeit auf deinen Atem, schließe die Augen und verwende sie und ihre Beweglichkeit, um nach innen zu blicken und einen Raum innen zu öffnen. Bleibe in der Qualität des aktiven Empfangens und warte, bis sich ein Impuls in dem Raum hinter deinem Nabel entwickelt, und dann beginne allmählich, diesem Impuls Ausdruck zu geben, indem du langsam anfängst zu kreisen. Folge nicht einem Befehl des Verstandes, sondern warte auf den Impuls deines Körpers.

Wenn der Impuls da ist und Ausdruck hat im Kreisen deines Beckens, dann kannst du, wenn du möchtest, langsam deine Hände auf den Bauch legen. Du kannst sie aber auch seitlich beim Körper lassen, wenn es dir angenehmer ist. Wenn du die Hände auf den Bauch legst, dann lege die beiden Daumen auf den Nabel und den Rest der Hände darunter.

Bringe deine Aufmerksamkeit wieder auf den Atem oder mit anderen Worten: Reite auf deinem Atem. Bringe Aufmerksamkeit und Atem zusammen, eile deinem Atem nicht voraus noch sei ein Schatten des Atems, bring sie zusammen und lass dich kreisen. Es braucht eine kleine Weile, bis sie sich finden. Das Kostbare, wenn Aufmerksamkeit und Atem eins werden und du auf deinem Atem reitest, ist, dass du lernst, deine Gedanken zu führen, denn Atem und Gedanken sind miteinander verbunden. Die Führung der Gedanken ist eine hohe Kunst. Wenn beide, Aufmerksamkeit und Atem eins werden, schwinden alle anderen Gedanken in einer Art von Nebel.

Und jetzt verwende zwei Pole: die Welt, die über dir ist, und die Welt, die unter dir ist. Diese beiden Pole lass sich in deinem Körper treffen – wo, das mögest du selbst kosten und spüren, also fühlend wahrnehmen. Beginne damit, dass du beim Einatmen in die Welt über dir gehst, beim Ausatmen in die Welt, die unter dir ist. Wenn du einatmest, konzentriere dich auf deinen Scheitel und atme von oben Licht und Klarheit ein, und wenn du ausatmest, hole dir durch die Füße von unten Frieden und Kraft. Hole von oben Licht und von unten Dunkelheit. Spüre, wie du mit dem Einatmen Licht und Klarheit in deinen Körper führst, bis zur Mitte, und mit dem Ausatmen Dunkelheit, Kraft und Frieden, und führe sie beide zusammen. Rege deine Lebensenergie mit diesen beiden Polen an, nimm beide auf, frei von Vergleich, frei von Kategorisierung, nimm sie auf in deiner Lebensenergie. Führe sie in dem Bereich zusammen, in dem du spürst, dass es für dich richtig ist.

Nach einiger Zeit gehe langsam wieder zu deiner dir gewohnten Atmung über, behalte die Aufmerksamkeit bei deinem Atem und beobachte zwei Punkte in deinem Körper, das Steißbein und das dritte Auge, also den Punkt über der Nasenwurzel zwischen den Augenbrauen und das Ende der Wirbelsäule.

Langsam lasse auch den Kreis kleiner und kleiner werden, bis er äußerlich keinen Ausdruck mehr hat und nur mehr innerlich nachschwingt, du ganz in die Ruhe kommst.

Bring deine Aufmerksamkeit auf das Steißbein, halte dein Becken ganz ruhig und stell dir vor, du ziehst die Energie vom Steißbein hoch bis zum dritten Auge. Beginne mit einem Bewegen nur der Wirbelsäule, so, als schlängelte sie hinauf. Lasse sozusagen die Wirbelsäule sich selbst bewegen, vom Steißbein die Kraft hochführend bis zum dritten Auge. Achte darauf, dass du dein Becken ganz ruhig hältst, während du den Oberkörper mitbewegen kannst und sollst, damit du die Kraft wirklich bis hinauf ziehen kannst. Die Bewegung muss nicht groß sein, nur konzentriert hochführen. Wenn du beim dritten Auge angelangt bist, dann öffne die Augen und schüttle ein bisschen die Beine aus.

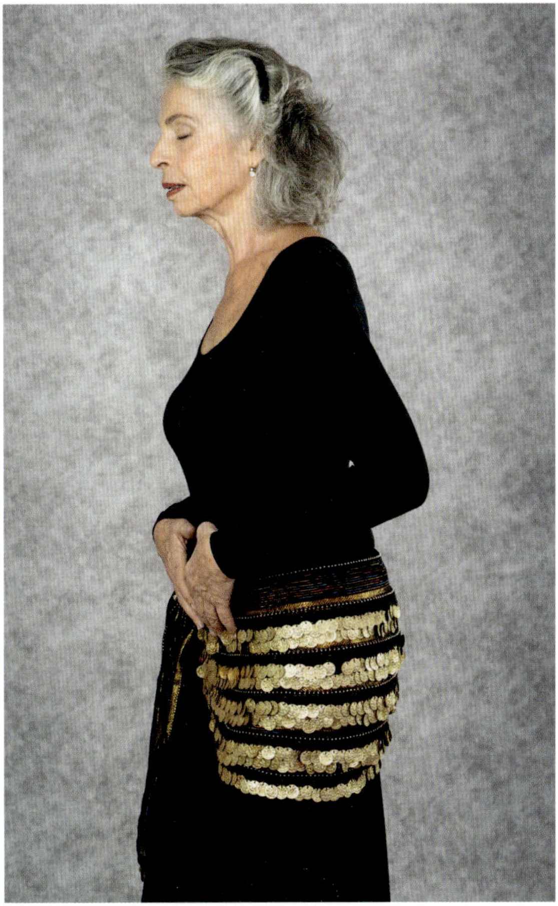

Das Männliche und das Weibliche

„Sieh mich!“, ruft sie. „Ich sehe dich“, antwortet er.
„Dann komm, lass mich dein Herz erobern und dich zu deiner Schönheit führen!“
„Ja“, erwidert er, „und ich beschütze dich dabei!“

In jeden Menschen sind die göttlichen Eigenschaften in Potenzialen gelegt, in individuellen Kombinationen. Sie stehen den Geschlechtern unterschiedlich zur Verfügung, tendenzmäßig sind sie in folgender Weise ausgelegt: Die Eigenschaften, die bei den Frauen ausgeprägt sind, sind Weisheit, Harmonie, Vollkommenheit und Schönheit. In der männlichen Natur stehen die Eigenschaften Wissen, Schöpferkraft, Majestät und Linearität im Vordergrund. Diese Qualitäten beziehen sich auf das Verwalten der Welt, sie sind nach außen gerichtet.

Immer wenn es um Zu-Teilungen geht, ist es wichtig, behutsam zu sein. Wenn auch die äußere Form, der Körper, auf das Innere wirkt und umgekehrt, so soll dies nicht in Kategoriensysteme führen, die als Platzverweiser missbraucht werden.

So heißt es, die linke Seite ist die weibliche und die rechte die männliche Seite. Man nennt sie auch das mütterliche Erbe und das väterliche Erbe. Am Kopf allerdings ist es umgekehrt: Links, die linke Gesichtshälfte, entspricht dem Männlichen, die rechte Gesichtshälfte dem Weiblichen. Der Wechsel beginnt auf der Ebene des Kehlkopfes.

Meditationen

Meditation zur Weiblichkeit

Ganz bewusst verteile dein Gewicht gut auf beide Beine und mache dich bereit zu reisen. Die Hände lege so auf, dass die beiden Daumen auf dem Nabel aufliegen, der Rest der Hand darunter, und mit einem bewussten Ein- und Ausatmen gehe in das ruhige Atmen, warte auf den Impuls und beginne mit dem Kreisen.

Fülle deinen Körper mit dem Atem und in deinen Atem nimm jetzt die Weiblichkeit auf in ihrer Ganzheit, trage sie auf deinem Atem und beginne, diesen Ausdruck, diesen großen Ausdruck der Weiblichkeit mit deinem Atem, mit deinem Körper innerlich zu bewegen. Lasse die Stimmungen, die Bilder, die Farben, die Qualitäten aufkommen, trage die Weiblichkeit auf deinem Atem und bewege sie innerlich in deinem Körper.

Gib ihr Ausdruck in allen Lebensphasen, in deinen Talenten, in deinen Schwächen und Stärken, in deinen Rechten und Verpflichtungen, in deinem Wissen und in deinem Bewusstsein. Spüre die Weiblichkeit in der Stille.

Spüre die Weiblichkeit in dem, was dich umgibt. Wo kannst du im Äußeren die Weiblichkeit lesen? Lies nicht nur mit deinen Augen, lies mit deinen Ohren, mit deinen Händen, mit deiner Seele und mit deinen Füßen, mit deinem Bauch. Nach einiger Zeit komme wieder ganz zu dir, atme bewusst ein und komme in den Stillstand.

Meditation zur Männlichkeit

Wieder verteile dein Gewicht gut auf beide Beine. Diesmal führt die Reise in die Männlichkeit. Lege deine Hände auf die Brustebene und gehe in das Kreisen. Gehe in den Atem und trage diesmal auf deinem Atem die Männlichkeit und erlaube ihr, sich innerlich zu bewegen. Spüre die Qualitäten der Männlichkeit in dir, spüre die Qualitäten der Männlichkeit, öffne die Linie, die männliche Linie. Spüre die Stärken, die Schwächen, die Fähigkeiten, die Rechte und die Verpflichtungen, das Wissen und das Bewusstsein. Spüre die Männlichkeit in der Stille, im neutralen Raum.

Spüre das Männliche, die Männlichkeit, die Qualität des Männlichen in dem, was dich umgibt. Trage das Männliche auf deinem Atem nach außen – und dann komme langsam wieder zu dir, bis du allmählich mit einem bewussten Ein- und Ausatmen zum Stillstand kommst.

Meditation zur linken und zur rechten Seite

Verteile dein Gewicht gut auf deine Füße, auf den Ballen hinter dem großen Zeh, den Ballen hinter dem kleinen Zeh. In der Mitte der Ferse finde einen Punkt und von dem aus verteile sozusagen das Gewicht. Die Knie sind weich, das Becken ist entspannt und wird, kaum sichtbar, ein wenig mit dem Steißbein nach vorn geführt. Der Nabel wird ein wenig zur Wirbelsäule geführt. Dann: Solarplexusbereich öffnen, Brust öffnen, Schultern entspannen, Haupt heben und ein klein wenig mit dem Kinn hinuntergehen. Du kannst entweder selbst das Kinn führen oder einfach mit dem Finger vom Beginn der Stirn hinunter einen Strich über die Nase ziehen: Dann stellt sich der Kopf automatisch richtig ein.

Lege jetzt die Daumen auf den Nabel auf, den Rest der Hand darunter, atme ganz bewusst ein und aus, bleib für einen Moment in der Stille und beginne, wenn der Impuls von innen kommt, langsam mit dem Kreisen.

Erlaube deinem Atem, ruhig zu werden und sich immer mehr und mehr im Körper auszubreiten. Fülle deinen Körper mit deinem Atem, schicke die Qualität der Ruhe, der Stille, des Friedens mit deinem Atem, durch deinen Atem in die Räume deines Körpers.

Entspanne den Kiefer, glätte deine Stirn, erweiche deine Augenhöhlen und dann spanne bitte den Beckenbodenmuskel an und vom Beckenbodenmuskel wandere mit dieser Kraft, die sich dadurch ergibt – langsam, wie mit einem Aufzug –, hinauf bis zu deinem Scheitel. Von deinem Scheitel aus umrande deinen Kopf, als ob du mit deinem Bewusstsein deinen Kopf mit deinen Armen, mit deinen Händen umrandest. Behalte den Atem ruhig, sodass du dich neutral beobachten kannst.

Spüre die rechte Seite, symbolisierend das Weibliche, die mütterliche Linie, und spüre die linke Seite, symbolisierend das Männliche, die väterliche Linie. Als äußere Beobachtungsqualität nimm deine Haare: Spüre, auf welcher Seite deine Haare dichter sind. Atme immer wieder ruhig und beobachte neutral, in diesem Moment, ohne den Schleier der eingewebten Erfahrungen und Erlebnisse, sondern beobachte, was jetzt hier ist. Spüre, wo sie dichter sind, wo sie fülliger sind, wo du das Gefühl hast, dass sie mehr in deinem Haupt verankert sind.

Dann wandere langsam zu deinen Ohren: das rechte Ohr, die mütterliche Linie, das linke Ohr, die väterliche Linie. Atme ruhig und gelassen, verbreite mit deinem Atem Ruhe. Mit welchem Ohr nimmst du mehr Distanz auf und mit welchem Ohr die Lautstärke? Auch hier bleibe im Jetzt, nur dieser Moment soll dir zeigen. Achte, auf welches Ohr du dich mehr verlässt, welches dir dienlicher ist, welches du mehr einsetzt.

Vom Ohr wandere zur Nase: Setze dich auf die Spitze deiner Nase und von hier aus beobachte deine Mysterien. Welche Winde kommen durch die linke Seite und welche durch die rechte? Atme immer wieder ruhig ...

... und gehe langsam von der Nase zu den Zähnen: Spüre, welche deiner beiden Seiten mehr zum Einsatz kommt. Kaust du mehr auf der rechten oder mehr auf der linken Seite? Erlaube deinen Zähnen, dir ihr Wissen zu zeigen. Wechselst du ab?

Und von den Zähnen gehe zum Kiefer: Ist er in Balance oder hältst du eine Seite stärker als die andere? Atme immer wieder ruhig, behalte die Tür des Wissens, des Verstehenwollens offen, mit der Qualität, mit der du eine Landschaft beobachtest.

Vom Kiefer gehe langsam hinunter zum Kehlkopf bzw. zur Schilddrüse: Sieh dir diesen Schmetterling an, die Flügel dieses Schmetterlings, der durch seine Bewegung den Wechsel ausführt im Körper. Dort kommt es zu einer Wendung. Der Kehlkopf, der Schmetterling, wird oft als Symbol der Wahrhaftigkeit bezeichnet. Spüre die Flügel, wie sie schlagen und durch ihre Bewegung den Wechsel verursachen. Verwende den Atem, um diesen Bereich zu spüren.

Von dort aus fließe einmal die linke Seite und die rechte Seite langsam hinunter bis zu den Füßen, die linke Seite des Körpers für das Mütterliche, Weibliche, und die rechte für das Väterliche, Männliche. Spüre es bis zu den Füßen und bleibe mit deinem Bewusstsein auf der Ebene der Füße. Wie ist die Balance?

Wo liegt mehr Stärke oder Vertrauen? Welche Seite formt mehr Halt? Welcher deiner Füße ist mehr auf dem Boden, auf dem du stehst, verankert, welcher deiner Füße ist entspannter, welcher kräftiger, welcher mehr nach innen oder nach außen gewendet? Beobachte und halte mit deinem Atem die Ruhe, um neutral zu sehen, was da ist.

Von den Füßen wandere langsam deine Säulen wieder hinauf und führe deine Aufmerksamkeit zu deinen Nieren, dem Ort der geschenkten Lebensenergie, der angeborenen Lebensenergie. Spüre die linke und die rechte Niere, die linke mütterliche und die rechte väterliche. Atme ruhig, mit einem neutralen Bewusstsein, sodass du mit diesem Bewusstsein hineinfließen kannst in die gegebenen Veranlagungen und offen bist für die äußeren Umstände, die sich auch hier zeigen. Und in dieser bewussten, neutralen „Jetzt-Beobachtung" öffne auch den Bereich der Beziehung.

Alle Körperflüssigkeiten werden durch die Niere angeregt, sie ist unser größter Flüssigkeitsfilter. Sie ist für das Gleichgewicht der Körperflüssigkeiten zuständig. Öffne den Beziehungsbereich des Männlichen und des Weiblichen auf der Ebene deiner Nieren und labe dich an den kreisenden Bewegungen und an deinem ruhigen Atem. Um Erinnerungen zu öffnen, ist es wichtig, die Nieren anzuregen, denn es sind schwache Nieren, die zu Vergesslichkeit führen.

Verwende deinen Atem, um bewusst von den Nieren zur Lunge zu kommen. Unsere Lebensenergie wird gestärkt, aufgefüllt durch die Lunge. Man kann sagen, die Lunge ist unser Luftmagen, zuständig für unsere Grundnahrung, den Atem. Nichts stärkt das Gewebe der Lunge so sehr wie positives Denken. Entspannte, ruhige, geistige Aktivität ist die beste Stärkung der Lunge. Atme ruhig ein und aus und werde dir des rechten und des linken Lungenflügels bewusst. Die beiden Hauptorgane der Transformation sind die Lunge und das Herz. Über die Lunge und das Herz können wir alle anderen Organe erreichen. Die Bewegungen von Herz und Lunge beeinflussen alle Bewegungen der übrigen Organe. Sei dir bei deiner Atmung der drei Lappen auf der rechten Seite bewusst, der zwei Lappen auf der linken und des Herzens. Es ist im Brustbereich, wo wir den Mangel an Liebe spüren, und daher ist auch in diesem Bereich der Ort der Trauer, der Wut.

Von der Lunge gehe bitte wieder zum Kehlkopf, zum Schmetterling der Schilddrüse, von der Schilddrüse langsam zur Fontanelle, zum Scheitel, spanne erneut den Beckenbodenmuskel an, entspanne ihn, bleibe im Kreisen, bis du langsam zurück in den Halt kommst.

Wenn du so weit bist, dann öffne deine Augen und schüttle die Beine ein bisschen aus.

Übung zur linken und zur rechten Seite mit einer Partnerin

Finde eine Partnerin und sucht euch einen Platz im Raum, an dem ihr gerne stehen möchtet: Eine stellt sich hinter die andere und begleitet.

Gleiche dein Gewicht gut auf die Füße aus, auf beide Seiten, und bringe deine Aufmerksamkeit auf dein Becken. Es gibt eine direkte Verbindung zwischen Steißbein und Kiefer, das heißt, wo immer sich der Kiefer hinwendet, dort wendet sich auch das Steißbein hin. Das kannst du leicht erspüren: Wenn du zum Beispiel mit dem Kiefer vorgehst, geht auch dein Steißbein vor. Du kannst also mit dem Kiefer sehr wohl das Becken nach vorne führen oder nach hinten und auf diese Weise korrigieren, balancieren.

Schließe einmal die Augen, um diese Verbindung mehr zu spüren. Die Schultern entspanne, mache Platz für Solarplexus und Herz, das Haupt halte gerade, das Kinn senke ein wenig und dann beginne mit einem ganz sanften, ruhigen Kreisen, wann immer der Impuls von innen kommt. Erlaube deinem Atem, sich auszubreiten in deinem Körper. Im Kreisen des Beckens sei dir der Einteilung in Kopf und Körper im Hinblick auf das Männliche und das Weibliche bewusst: Auf der Kopfebene liegt auf der linken Seite das Väterliche, auf der rechten das Mütterliche, in der Kehlkopfregion wechselt es dann und fließt in umgekehrter Weise in die Schultern: Rechts das Väterliche, das Männliche, und links das Weibliche.

Als Begleitende versuche, dich auf deine Partnerin, die vor dir steht, einzustimmen, auf ihren Rhythmus. Verbinde dich mit ihr und lege dann langsam deine rechte Hand auf ihrem Rücken auf, auf der Ebene ihrer Lunge. Nimm deine rechte Hand und lege sie auf der linken Seite ihres Rückens auf.

Begleite sie in der Bewegung und dann beginne ein Spiel des Widerstandes. Gib Widerstand, indem du stärker drückst und spürst, wie sie reagiert. Die Frau, die vorne ist, nimmt diesen Widerstand auf. Wenn du den Widerstand spürst, dann verändere deinen Atem dahingehend, dass du zur Zungenwurzel einatmest und in dein Herz hinein ausatmest, und spüre, wie du mit diesem Widerstand umgehst, der auf deiner linken Seite auf der Ebene der Lunge entsteht.

Als Begleitende lass deine Intuition deine Hand führen, – lass da zwei Körper sein, die miteinander kooperieren, sich ergänzen, und begleite deine Partnerin so, dass sie hier Erkenntnis gewinnen kann über den Körper, über die auftretenden Widerstände. Wenn du das Gefühl hast, dass da eine Harmonie ist, dass deine Partnerin gut mit diesen Widerständen, die manchmal sanft sind, manchmal in die Enge führen, umgehen kann, dann schließe ab, indem du die Hand nur auflegst, harmonisch mit ihr in der Bewegung. Und wenn der Moment da ist, nimm die Hand wieder weg, ...

... um dann die linke Hand langsam näherzubringen und auf ihrer rechten Seite, wieder auf der Ebene der Lunge, aufzulegen. Auch hier spüre intuitiv, wie es passend ist zu begleiten, wann du mehr Widerstand gibst, mehr Druck gibst. Begleite so, dass deine Partnerin sich Erkenntnisse holen kann. Und wieder atme zur Zungenwurzel ein und in das Herz aus.

Wenn du als Begleitende das Gefühl hast, dass da viel Widerstand ist, dann kannst du in die Wasseratmung oder reinigende Atmung gehen: einatmen durch die Nase, ausatmen durch den Mund. Auch du selbst kannst wechseln, wenn du das Gefühl hast, dass es passend für dich ist. Wenn du als Begleitende Harmonie empfindest, wenn es zu einem Wechselspiel wird zwischen dir, deiner Hand und deiner Partnerin, dann halte dieses harmonische Wechselspiel für einen Moment, bevor du die Hand wieder wegnimmst.

Und dann lege beide Hände auf: die linke Hand auf die linke Seite und die rechte Hand auf die rechte Seite. Nähere dich langsam und lege deine beiden Hände auf. Jetzt nimm beide Bewegungen mit einem ruhigen Atem auf – auch hier erkenne als Begleitende intuitiv, wie fest der Halt bzw. der Widerstand sein soll – und wechsle von der Zungenwurzel- und Herzatmung in eine Konzentration auf das Herz. Du kannst dabei einen Ton machen, den Ton, der für dich passt. Er kann auch ganz leise, für dich intim sein oder lauter.

Halte den Raum des Herzens offen. Auch hier kannst du, wenn du das Gefühl hast, dass es passt und dir hilft, in die reinigende Wasseratmung gehen, Nase ein – Mund aus. Verwende jene Atmung, die dir auf der Reise in die Erkenntnis deiner selbst hilft.

Wenn der Moment für dich und für deine Partnerin passt, dann nimm ganz achtsam die Hände weg und leg sie beide auf die Nieren, auf die Region der Nieren. Stell dich als Begleitende so hin, wie es für dich angenehm ist, sodass du einen guten Halt hast. Begleite das Kreisen, begleite die Bewegungen deiner Partnerin und dann gehe in das Spiel der beiden Hände: einmal hier mehr Widerstand, einmal dort weicher und umgekehrt. Gehe wieder in die Zungenwurzelatmung, atme in die Zungenwurzel ein und in das Herz aus. Einmal links mehr Druck, einmal rechts, einmal auf beiden Seiten gleich viel. Begleite so, dass du deiner Partnerin den größtmöglichen Raum bietest zum Erkennen. Du hältst einen Raum offen, begleitest, bist da für sie und wenn du das Gefühl hast, dass es zu einem Spiel geworden ist, zu einem Geben und Nehmen, dann entferne langsam wieder die Hände. Erlaube ihr, für ein paar Momente für sich zu kreisen, bis der Zeitpunkt kommt, wo das Kreisen wieder anhält.

Die Zungenwurzelatmung ist eine Konzentrationsatmung, eine ausgerichtete Atmung. Sie besteht in einem Einatmen zur Zungenwurzel und einem Ausatmen in das Herz. Du kannst durch die Nase einatmen, die Absicht richte zur Zungenwurzel, als ob du der Zunge entlang nach hinten ein- und dann in das Herz ausatmest.

Diese Art der Atmung hilft dir in der Konzentration und im Ausgerichtetsein der Gedanken. Wenn du zum Beispiel mit einem bestimmten Körperbereich arbeitest, so kannst du sie verwenden, um in diesen Bereich einzudringen. Oder im Alltag, wenn du zu viele Gedanken hast: „Da muss ich hingehen“, „Da habe ich den Zahlschein“ usw. und du dich auf etwas konzentrieren musst, so hilft dir diese Atmung dabei.

Spirituelles Heilen

Alles steht mit allem in Verbindung: Geborenwerden und Sterben, Gesundsein und Kranksein, Freude und Trauer. Heilung führt nicht notwendigerweise zu einer Verlängerung des Lebens, aber unsere Existenz ist auch nicht auf die Zeit zwischen Geburt und Tod beschränkt. Löse die Trennungen und werde heil, werde ganz, werde ein Geschenk des Lebens.

Einführend sollen an dieser Stelle ein paar Gedanken zu der Frage erläutert werden, was Heilen aus spiritueller Sicht bedeutet.

Rhythmus und Ton

In der spirituellen Tradition werden Körper und Geist, somit der Mensch, in Form von Ton und Rhythmus beschrieben. Der Ton symbolisiert die Lebensenergie, das, was man zum Beispiel im Yoga „Prana" nennt und in der Sufi-Tradition als „QUDRA" bezeichnet. Qudra bedeutet „Kapazität", „Energie".

Der Rhythmus wird auf der Ebene des Körpers durch die Blutzirkulation symbolisiert, einen der wesentlichen Aspekte des Rhythmus stellen die Gedanken dar. Rhythmus und Ton bilden die Basis und jeder Schock, jedes Trauma bringt eine Unruhe in den Rhythmus.

Ein weiterer Grundgedanke ist, dass der Mensch über einen Körper und über eine Seele verfügt. Das, was die beiden zusammenhält, kann mit dem Begriff „Magnetismus" oder „magnetische Energie" bezeichnet werden. Solange der Magnetismus stark genug ist, kann der Körper die Seele halten, wird er schwach, muss die Seele den Körper verlassen, und es entsteht der Tod.

Die Verbindung öffnen

Heute werden viele Krankheiten abhängig von Viren oder Bakterien erklärt. In früheren Heiltraditionen wurde zwischen einer sichtbaren Welt und einer unsichtbaren Welt unterschieden und jede Krankheit mit einem Geist, verstanden als ein nicht sichtbares Wesen, verbunden. Je nach Tradition sprach man von einem Geist oder Dämon oder, wie im Sufismus, vom Dschinn und dieses Verständnis, dass alle Krankheiten durch einen solchen verursacht wären, öffnete eine Verbindung zwischen der Krankheit im Körper und einer höheren Ebene. Versuchte man einen Menschen zu heilen, öffnete man diese Welt.

Auf der sichtbaren Ebene arbeitete man außerdem mit Räucherwerk. Es sollte die Öffnung nach oben wie auch die Verbindung mit dem Unten unterstützen und wurde krankheitsspezifisch eingesetzt. Je nachdem, mit welchem Teil man arbeitete, verwendete man ein anderes Räucherwerk.

Was aber bedeutet dieses Konzept, dass nicht nur Bakterien, sondern zudem ein Geist die Krankheit in den Körper bringt, für die Sichtweise der Heilerin bzw. des Heilers? Alle spirituellen Schulen, die

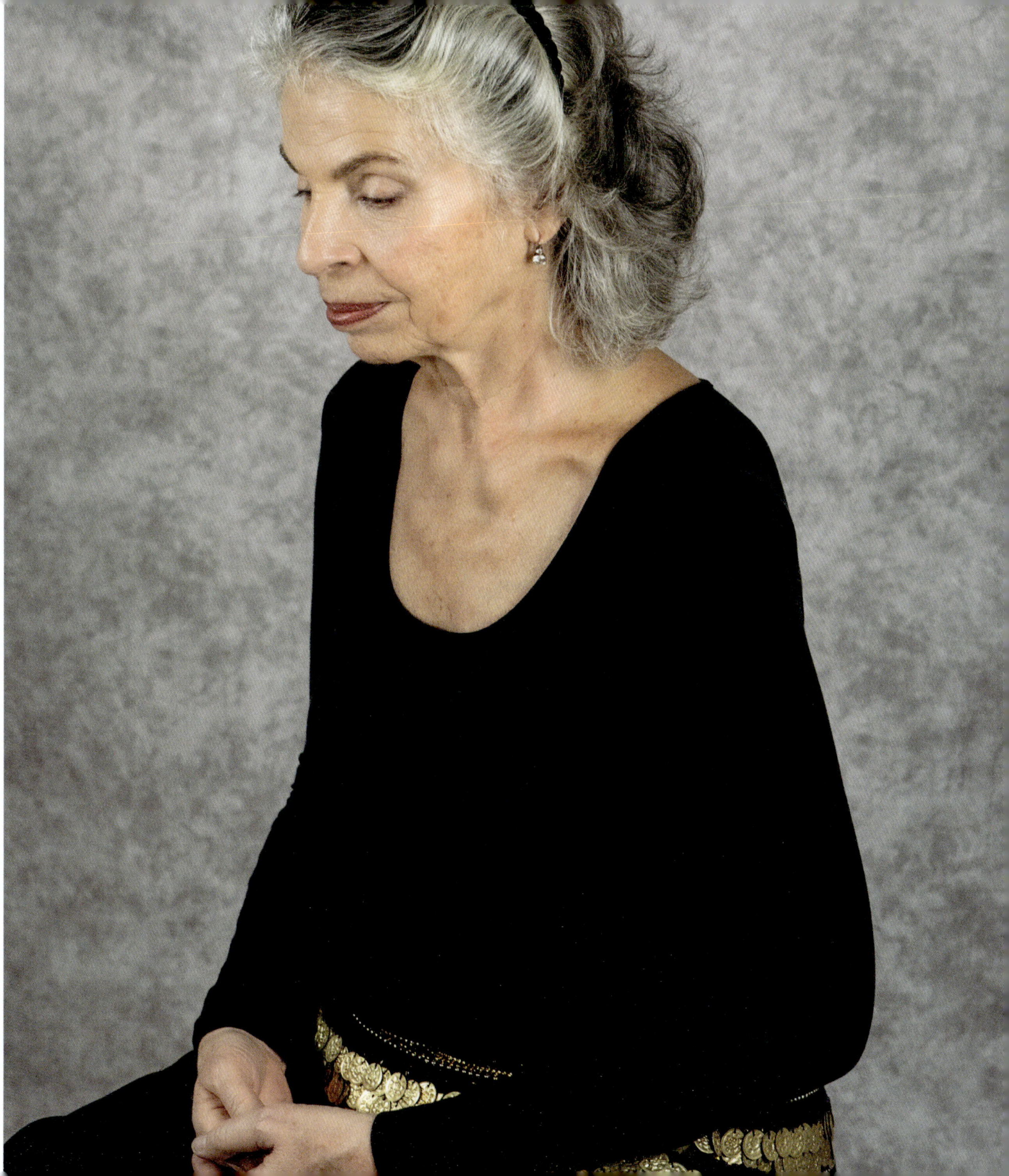

mit Heilung zu tun haben, lehren, dass du dich aus der Sache herausheben und über die Fakten hinaus in eine Welt versetzen sollst, die hinter den Dingen liegt. Erst wenn du dieses „Über“ bzw. das „Dahinter“ gesehen hast, sollst du dir die Fakten ansehen, das ist die Grundeinstellung. Fülle deine Augen mit dem Licht des Göttlichen, um dann auf die Fakten zu schauen und sie in der Vision klar zu sehen. Oder anders ausgedrückt: Gehe hinauf in das göttliche Königreich, um dann wahrhaftig die Realität zu sehen.

In früheren Heiltraditionen wurde der Patientin bzw. dem Patient nicht gesagt, welche Krankheit sie oder er hat. Die Gefahr, wenn – wie heute üblich – jede Krankheit mit einem Namen bezeichnet wird, ist, dass du durch diesen Namen fixiert bist und so die Krankheit nährst. Denn der Körper dient dem Geist und hat nicht die Fähigkeit, sich von ihm zu trennen. Der Körper hat die Mittel, der Geist die Kraft. Dein Körper ist Diener deiner Gedanken, deines Geistes, wenn du auch umgekehrt sehr wohl mittels Konzentration deinen Geist aus dem Körper herausnehmen und auf diese Weise Schmerzempfinden deutlich reduzieren kannst. Im Wesentlichen sind es Angst und Selbstmitleid, die einen Schmerz unterstützen. Ohne sie bleiben nur etwa fünf Prozent des Schmerzes.

Diagnosen bewirken häufig, dass wir uns auf sie konzentrieren. Wenn du aber in die Heilung gehen willst, musst du deine Konzentration auf die Heilung richten, nicht auf die Wunde, den Schmerz. Es bedarf einer vollkommenen Konzentration auf die Heilung, nur in dieser Konzentration kannst du heilen. Wenn du dich auf die Krankheit konzentrierst, nährst du sie, und so ist es auch mit deinem Geist.

Es ist für uns Menschen schwierig, einen einzigen Gedanken zu verfolgen, nicht aber für einen Gedanken, uns zu verfolgen. Das heißt, wir nähren ihn mit unserem Geist und deshalb ist es wesentlich, worauf du dich konzentrierst.

Sorgen, Angst, Unruhe, Schmerz – sie alle machen müde. Wenn du nun umhergehst und sagst: „Ich bin krank“ und noch zusätzlich mit deinen Gedanken ständig bekräftigst, dass du müde bist, dann machen diese Gedanken, dann macht die Energie dieser Gedanken dich noch viel müder. Und wenn du dich darauf konzentrierst, dann holt sich der Geist Gründe dafür – seien es jetzt die vielen Menschen, die ständig etwas von dir wollen usw. –, er holt sich Argumente, um diese Gedanken zu nähren.

Wenn du einen Schmerz hast, versuche, ihn nicht zusätzlich zu nähren, denn die Nährung eines Schmerzes durch die Gedanken vergrößert ihn. Wenn du aber diese geistige Kraft verwendest, um auf eine höhere Ebene zu gehen und auch zu verstehen, dass die göttliche Allmacht da ist und du mit ihr kommunizieren kannst, dann kannst du wahrlich erkennen.

Wenn manche spirituelle Lehrerinnen und Lehrer sagen, es gäbe keine Bakterien, keine Viren, keine Krankheit, der Mensch sei gesund, so wollen sie im Grunde damit sagen: „Erhebe dich darüber und dann sieh hinunter, denn dann hast du die Möglichkeit, die Dinge anders zu sehen, sie anders zu verbinden und nicht die Krankheit zu nähren.“

Absicht und Konzentration

Das Wichtigste von all dem, was eine Heilerin bzw. ein Heiler tut, liegt in der Absicht zu helfen begründet. Diese Absicht, diese Energie zeichnet eine Heilerin bzw. einen Heiler aus und sie hilft dir beim Sprung auf eine höhere Ebene. Durch sie bekommst du die Energie eines anderen Menschen dazu.

Manchmal sind es ganz einfache, kleine Sachen, die beim Ausbalancieren des Rhythmus helfen. Das Singen, der Tanz, die Massage, das Berühren: Sie alle können wieder Harmonie bringen. Wenn ein Kind Schmerzen hat, so wirkt die Berührung einer Mutter, der Gesang ihrer Stimme oft heilender als jedes Medikament, und in dieser Absicht, wie sie eine Mutter gegenüber ihrem kranken Kind aufbringt, muss eine Heilerin bzw. ein Heiler dem- bzw. derjenigen, die da ist, zugewandt sein. Es muss jemand sein, der diese Reinheit der Gedanken wahrlich in sich trägt.

Außerdem notwendig ist die Fähigkeit der Konzentration: Ohne sie kannst du nicht heilen. Die Konzentration im eigenen Körper bzw. die Konzentration der Kraft in deinen Händen und die Konzentration des Geistes sind Grundbedingung. Denn wenn du dich auf Heilen, auf Helfen und Unterstützen konzentrierst, dann musst du diese immaterielle Energie führen können. Hierzu wiederum musst du dich in einen größeren Kontext hineinbegeben.

Das Heilen ist ein Andocken an eine höhere Energie. Du bist ein Werkzeug und je mehr du zur Seite treten und sie durch dich fließen lassen kannst, desto klarer ist das göttliche Licht, das durch dich strömt.

Die größte Konzentration des Geistes entsteht, wenn du dich verbindest im Mitgefühl und so die Konzentration des Herzens und des Geistes zusammenbringst. Mitgefühl bedeutet zu wissen: Es ist nicht so, dass der nur da steht und ich nur da stehe, sondern es ist genauso umgekehrt.

Wenn du gibst, dann kannst du geben, ohne selbst geschwächt zu werden, denn du schöpfst nicht von dir, sondern von etwas, das größer ist als du. Das ist auch der Grund, warum viele Heilerinnen und Heiler nicht etwas Konkretes verlangen, sondern sie sagen: „Gib, was du möchtest." In dieser Geste spiegelt sich das Verständnis wider, dass sie im Grunde genommen nur zur Verfügung stehen.

Heilen als Begleiten

Heilen bedeutet im Grunde genommen begleiten. Eine Heilerin bzw. ein Heiler kann dich begleiten, sie bzw. er kann dich inspirieren, dich unterstützen, aber das Heilen selbst liegt letzten Endes bei dir. Der Grundgedanke ist, dass du deine eigene Heilerin bzw. dein eigener Heiler bist, dass du also diese Verantwortung bereits übernommen hast.

Niemand kennt dich so gut wie du dich selbst. Je besser du dich kennst, je genauer du dich beobachtest und je mehr Wissen du über dich hast, desto besser können die, bei denen du Rat und Hilfe suchst, dir helfen.

Arbeit mit Licht

Das Schwierigste in der Arbeit mit Licht ist der Zweifel. Der Zweifel ist der größte Schleier. Auch wenn du eine begabte Zweiflerin bist, versuche zu sagen: „Heute lasse ich es einmal beiseite." Lasse diesen Umhang elegant abfallen und lasse einmal diese Begabung los.

Übungen mit Partnerin

Stärkung der Eierstöcke

Suche dir eine Partnerin: Eine Frau legt sich hin, die andere begleitet.

Führe deine Hand auf die Ebene der Eierstöcke – und in dem Bewusstsein, dass die Eierstöcke die Schaffenskraft symbolisieren, halte hier deine Hand über dem Körper, ohne ihn zu berühren.

Wenn du intensiver spüren willst, was da ist, dann streife im Bereich der Eierstöcke ab, bevor du beginnst. Abstreifen bedeutet, einige Male von oben nach unten zu streifen, mit einer Hand, einen Streifen neben dem anderen. Durch das Abstreifen kannst du klarere Informationen bekommen.

Dann halte die Hand ruhig und lass deine Schaffenskraft, die in dir lebt, durch deine Hand fließen und docke an die Schaffenskraft der Frau an, die du begleitest. Lass fließen, was kommt, was dir deine Hand sagt, was sie dir an Wissen gibt. Docke mit deiner Schaffenskraft an ihre an.

Lass deine Intuition sich öffnen und als Nächstes sende mit deinem Geist ein Licht. Warte, welche Farbe zu dir kommt, von welcher Farbe dir gesagt wird, dass sie für diese Frau in diesem Moment richtig ist.

Und wenn du so weit bist, dann schließe die Übung langsam ab.

Stärkung der Nieren

Finde eine Partnerin: Setzt oder stellt euch einander gegenüber.

Diese Übung kannst du immer einsetzen. Sie besteht darin, ein bestimmtes Organ, in diesem Fall die Nieren, durch dein eigenes Organ zu stärken. Du verwendest die Energie, die in deiner Niere ist, um eine andere Niere zu stärken. Auch wenn du selbst schwache Nieren hast, kannst du die Nieren einer anderen Person stärken und somit auch auf deine eigenen Nieren heilend wirken.

Beginne, indem du bewusst in dich hinein und durch den Mund ausatmest, sodass du ganz da bist: ein tiefes Einatmen durch die Nase und ein tiefes Ausatmen durch den Mund. Obwohl sie so einfach ist, hilft dir diese Atmung, Bilder, Projektionen zur Seite zu geben und klar zu sein.

Als Nächstes atmest du ein und gehst mit deinem Atem zu dem jeweiligen Organ, in dem Fall zur Niere, und atmest für einen kurzen Moment in deine Niere. Jedes Organ hat eine eigene Schwingung und auf diese Weise nimmst du die Schwingung auf. Das Einzige, was du dazu brauchst, ist die Absicht, die Schwingung aufzunehmen und dich einzubetten in diese Schwingung. Die Absicht allein hilft dir, in diese Schwingung zu gehen.

Wann immer man etwas verändern möchte, gibt es zwei Qualitäten, die wesentlich sind: das Tun und das Nichttun. Nur in der Kombination dieser beiden Qualitäten kann man wahrlich etwas verändern. Manche nennen es auch „Tun und Lieben". Deswegen sagt man, je mehr man lieben kann, je bedingungsloser man lieben kann, desto besser kann man heilen.

Gehe also mit deiner Aufmerksamkeit, mit deinem Geiste, mit der Intention, sie aufzunehmen, in die Schwingung deiner Niere, nimm sie auf durch deinen Geist und dann nimm diese Schwingung und führe sie in die Niere deiner Partnerin. Du nimmst deine Schwingung und führst sie in die Niere deiner Partnerin. Nachdem du die Absicht, die Intention für dich formuliert hast – und darin liegt das Tun –, musst du nur offen sein, in die Qualität des Nichttuns zu gehen.

Wenn ihr möchtet, könnt ihr gleichzeitig arbeiten oder nacheinander, damit ihr es besser spürt.

Du kannst die Augen offen oder geschlossen halten, was dir mehr hilft. Für manche ist es leichter mit offenen Augen, für manche mit geschlossenen.

Die Wirkung ist sofort spürbar. Die Intention ist Energie auffüllen, das Stärken der Nieren deiner Partnerin. Dadurch, dass du mit dem Geist und mit Licht arbeitest, brauchst du nicht lange. Es dauert immer nur eine kurze Zeit, bis es ankommt. Wenn du sendest, spürst du sofort, welche Niere mehr Energie braucht. Die Energie geht unmittelbar dorthin, wo mehr gebraucht wird und ohne dass deine Partnerin dir etwas sagt.

Anregung verschiedener Drüsen

Finde eine Partnerin: Eine legt sich hin, auf den Rücken, die andere begleitet.

Diese Übung ist den Drüsen gewidmet, den Hauptdrüsen des Körpers, vom Kopf hinunterwandernd. Du kannst die Hand entweder auflegen oder über den jeweiligen Körperteil halten. Die Erhöhung der Sensibilität und die Erwärmung der Hände kannst du am schnellsten erreichen, indem du sie auf der Ebene deiner Ohren schüttelst.

Dann atme, sei ganz bewusst bei dir, sammle dich selbst und öffne die Absicht, dass du deine Partnerin im Stärken, Unterstützen und liebevollen Anregen der Drüsen begleiten möchtest, immer den Menschen in seiner Ganzheit im Herzen behaltend. Auch wenn du dich auf Teile konzentrierst, trage die Kostbarkeit dieser Ganzheit immer im Herzen. Diese Absicht lässt auch die Person, die du begleitest, sich als Ganzes empfinden, sodass sie es als Ganzes erleben kann und sich nicht selbst jeweils nur mit einem Teil identifiziert.

Beginne mit der ersten Drüse, der Zirbeldrüse, entweder durch Auflegen der Hand auf den Scheitel oder Darüberlegen. Indem du die Absicht formulierst, mit der Zirbeldrüse zu arbeiten, geht deine Kraft, deine Aufmerksamkeit, automatisch dorthin, auch wenn du deine Hand nicht ganz an die richtige Stelle gibst. Aufmerksamkeit, Licht – sie gehen dorthin, wo die Absicht sie hinführt.

Sei dir des Energiezentrums in der Mitte deines Handtellers bewusst, verbinde deine Hand mit dem Zentrum deines Herzens und lasse das Licht durch dich fließen, deine Partnerin unterstützend, liebevoll kräftigend.

Die Zirbeldrüse empfängt das Licht am leichtesten, sie ist die „Hauptlichtantenne“. Wenn du dich mit dem Licht des Universums nähren, es mit deinem verbinden möchtest, dann sind es die Zirbeldrüse und der Schädelbasispunkt, durch die du Licht in Nahrung verwandeln kannst, und zwar durch die Atmung. Beim Schädelbasispunkt liegt die Entscheidung, ob du die Nahrung, die du aufnimmst – ob materielle oder immaterielle Nahrung –, für deine geistige Natur oder für deine materielle verwendest. Der Ort der Trennung ist beim Kleinhirn.

Gehe dann zur nächsten Drüse, zur sogenannten Hirnanhangsdrüse auf der Ebene des dritten Auges. Schicke Läuterung, Sensibilisierung, liebevolle Anregung in diesen Bereich.

Hier liegt das Energiezentrum von Inspiration und Intuition, das selbst heilend wirkt, sodass man von diesem Punkt, von dieser Drüse aus die unteren Drüsen und ihren Wirkungsbereich beeinflussen kann.

Um hier noch zusätzliche Inspiration und Anregung zu bringen, kannst du dich auf dein eigenes drittes Auge konzentrieren, indem du einatmest und beim Ausatmen die Augen nach hinten stülpst und dann durch das dritte Auge durchblickst.

Gehe nun zur Schilddrüse im Bereich der Kehle. Sie steht für Wahrhaftigkeit und Kommunikation und sie ist für die Stimmungen verantwortlich. Führe klärendes Licht hin, führe es auch in die Sprache. Lasse es ein zärtliches Licht sein, gehe achtsam damit um wie bei einem Schmetterling. Bringe Ausgewogenheit in die Kommunikation, in die Sprache, eine Balance zwischen der großen Kunst des Zuhörens und der großen Kunst, Macht und Schönheit der Worte.

Gehe weiter zur Thymusdrüse, unter dem Brustbein liegend. Die Thymusdrüse ist wichtig für das Immunsystem. Sie ist mit dem Herzen verbunden und bestimmt, wie sehr wir lieben und uns öffnen können. Das Immunsystem ist die Nahtstelle zwischen Körper und Geist. Es steckt ein tiefer Humor darin, dass die Thymusdrüse, die mit dem Immunsystem verbunden ist, gleichzeitig auch mit dem Herzen verbunden ist.

Das Immunsystem ist ein Abwehrsystem. Abwehren heißt nicht hereinlassen, der Gegenpol dazu ist Liebe. Liebe ist ein Akt des Hereinlassens. Man könnte sagen, überall, wo wir Grenzen aufstellen, lieben wir nicht, überall, wo wir hereinlassen, lieben wir.

Von der Thymusdrüse gehe zu den Nebennierendrüsen. Halte die Hand auf der Ebene des Solarplexus und von hier lasse das Licht ausstrahlen, nach links und rechts. Sende Entspannung, Loslassen, liebevolle Achtsamkeit, denn in den Nebennierendrüsen zeigt sich der Stress. Sie sind das Zentrum von Ausdauer und Willenskraft. Löse dich von den Reizen der Vergangenheit und denen der Zukunft und bette dich, zwischen beiden ausgewogen, ein im Hier und Jetzt.

Als Letztes gehe zu den Keimdrüsen im Bereich unter dem Nabel. Hier liegen Lust, Lebensfreude, Lebensenergie, Kreativität. Rege sie an mit der positiven Leidenschaft für das Leben, läutere, kräftige, unterstütze sie so, dass du ihnen dabei hilfst, ihre Kreativität zu leben.

Schließe ab, indem du mit deiner Hand vom Scheitel langsam hinuntergehst, einen Streifen neben den anderen setzend. Es ist ein Abstreifen über dem Körper mit der Absicht, noch einmal alle Drüsen anzuregen.

Wenn du fertig bist, nimm deine Hand weg und gib deiner Partnerin die Möglichkeit, für ein paar Momente nachzuspüren.

Anregung verschiedener Zentren

Suche dir eine Partnerin: Eine legt sich auf den Rücken, die andere begleitet.

Um die Hände anzuregen, lasse sie zuerst auf der Ebene deiner Ohren schwingen. Bringe dann deine Konzentration auf die Hände. Sei dir der Energiezentren, die in deinen Handtellern ruhen, bewusst und atme tief in den Kopf hinein und in dein Herz, in das Delta deines Herzens, und vom Herzen lasse das Licht, diese Liebe, die in dir pulsiert, in deine Hände fließen, in diese Sonne, die in deinen Handtellern ruht, und erlaube dieser Sonne, ihre Strahlen in deine Finger fließen zu lassen. Verleihe deinen Fingern die Sensibilität, um wie Antennen zu arbeiten, hochsensible Energieantennen. Dann erhöhe die Sensibilität, indem du den Mittelfinger und den Zeigefinger zusammengibst, ...

... und lege daraufhin diese beiden Finger auf das körperliche Herz deiner Partnerin. Arbeite immer mit einer Hand. Spüre den Bereich zwischen deinem dritten Auge und dem Herzen, öffne mit deinem Atem immer wieder diese Linie. Lass es ein Pulsieren sein, das du in deine Hände fließen lässt, in diese beiden Finger. Löse die Dimension von Zeit und Raum und gehe an die Quelle, gehe zum Herzen, gehe zur Liebe und lass sie durch deine Finger fließen. Lass die Liebe in das Herz deiner Partnerin fließen, in die Blutzirkulation. Spüre ihren Puls, ihren Rhythmus und lass dich von ihrem Rhythmus in ihren Körper führen, ohne Wollen, sondern im Raum der Liebe und des Atems. Lass dich führen, hin zum dritten Auge und zum Herzen. Steh zur Verfügung, bleib im Fühlen und nimm dich heraus aus Zeit und Raum. Sei offen für das, was hier ist, ohne Vorurteil. Lerne zu lesen. Es ist die Liebe, die dir hilft, dich zu konzentrieren. Sie fließt mit der Farbe des Mitgefühls und hält deine Konzentration.

Bleib im Fluss und in dieser Qualität hebe deine Finger vom Herzen und lege sie an den Schädelbasispunkt, in das Grübchen am Hinterkopf. Führe langsam deine Hand dorthin, tue es in einer Art, in der es angenehm ist für deine Partnerin, und lege wieder Zeige- und Mittelfinger auf, als ob du sie durch diese beiden Finger als Ganzes trägst, als ob sie mit deiner Kraft levitieren könnte. Atme ruhig in das dritte Auge und in dein Herz. Nimm dich heraus aus Raum und Zeit und gehe in die Liebe. Wenn die Nahrung gereinigt, das Grobe vom Feinen getrennt ist und das Feine im Blut verteilt wird, kann es sich mit den höheren Energien verbinden, mit den Substanzen in der Luft, die wir einatmen. Hier, an diesem Punkt können wir in unsere geistige Natur die Nahrungsenergie fließen lassen. Verbinde dich klar mit der Liebe, öffne den Raum, sodass die Nahrung, die deine Partnerin zu sich nimmt, nicht in Launen und Aufregungen geht, nicht in Verhaftetsein, sondern dass sie für eine höhere Ebene verwendet wird. Atme klar in dein drittes Auge und in das Herz, halte diese Linie offen durch dein Ein- und Ausatmen. Hebe deine Partnerin in die geistige Welt, in die innere, wahre Natur.

Wenn du bereit bist und du das Gefühl hast, dass es passt, dann führe deine Hand zum dritten Auge, zur Hirnanhangsdrüse. Wieder lege Zeige- und Mittelfinger konzentriert auf diesen Punkt. Stelle dich zur Verfügung mit deiner Liebe, um ihre Intuition und Inspiration anzuregen und das Mysterium zu erkennen.

Gehe als Abschluss zu den Keimdrüsen im Bereich unter dem Nabel. Hier, etwa drei Finger unter dem Nabel, lege wieder diese beiden Finger auf. Lass Lebensenergie, Kreativität und Lebensfreude fließen.

Und wenn du so weit bist, dann streife zum nochmaligen Bekräftigen vom Scheitel hinunter bis zu den Keimdrüsen, einen Streifen neben den anderen setzend. Halte die drei oberen Punkte und den vierten Punkt in deinem Abstreifen bewusst, um alles zu bestätigen, und dann erlaube ihr, für ein paar Momente nachzufühlen.

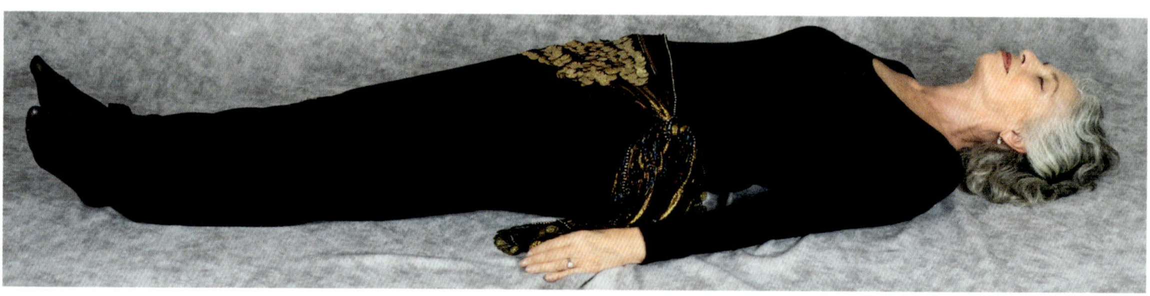

Einbettung in das männliche und das weibliche Prinzip

Suche dir eine Partnerin: Eine Frau legt sich auf den Rücken, die andere arbeitet.

Lege deine beiden Hände auf die Knie deiner Partnerin. Am leichtesten ist es, wenn du zwischen ihren Beinen sitzt. Die liegende Frau legt ihre Hände auf die Ebene des Herzens in der Mitte ihrer Brust.

Öffne mit deinem Bewusstsein ein Dreieck, die Spitze beim Herzen und die Basis bei den Knien, und erlaube dieser Verbindung zu entstehen. Halte dieses Dreieck in deinem Bewusstsein und atme ganz klar in es hinein, jeweils einmal im Element Erde, Wasser, Feuer und Luft. Erde – Nase ein/Nase aus, Wasser – Nase ein/Mund aus, Feuer – Mund ein/Nase aus und Luft – Mund ein/Mund aus. Dieses Basisdreieck steht für die männliche Qualität. Nähre und bette diesen Pol in die Elemente.

Öffne dann dein Bewusstsein für das fünfte Element, das Element Äther oder Liebe, das die Essenz der anderen vier Elemente formt und das in allen Elementen lebt, und stelle dir um dieses Dreieck einen Kreis des Lichtes vor, des weißen Lichtes, und atme in diesen Kreis mit dem Atem des Äthers, einem feinen Ein- und Ausatmen durch die Nase, die männliche Qualität in die Ganzheit legend. Spüre, wie durch deinen Atem die Liebe in die Elemente fließt, und wie sie deine Partnerin einbettet und nährt. Nähre voll und satt und wenn du das Gefühl hast, dass sie gut eingebettet ist in dem Kreis um sie, dann wandere zu den Schultern.

Lege deine Hände auf die Schultern und als Liegende lasse deine Hände vom Herzen zum Nabel wandern. Sei dir bewusst des Raumes hinter und unter dem Nabel und stelle wieder eine Verbindung her, öffne das Dreieck des weiblichen Prinzips und wieder nähre es mit den vier Elementen. Bette es ein in die Basis der materiellen Existenz, erlaube durch deinen Atem Mangel und Fülle, sich auszugleichen, und tue dies mit dem Wissen, dass alles da ist, dass die Frau, die du begleitest, alle Fähigkeiten, alle Kapazitäten, alle Kraft hat, die sie für ihr Leben braucht. Rege sie an, unterstütze sie im Ausgleich, begleite sie in das Reich der Poesie.

Dann forme einen Lichtkreis, alle Elemente vereinend, verbindend durch das Element Äther, einem feinen Ein- und Ausatmen durch die Nase. Bette sie im Prinzip der Weiblichkeit und, genährt durch die Elemente, in die Ganzheit des Lichtkreises ein. Halte diesen Kreis mit deinem Atem, labe sie mit deinem Atem, erinnere sie mit deinem Atem an ihr Glück.

Wann immer du fertig bist, erlaube deiner Intuition, deine Partnerin dort zu berühren, zu massieren, wo du glaubst, dass es ihr guttut.

Schließe ab, indem du sie im passenden Moment bittest, sich auf den Bauch zu legen, Brust an Brust zum Boden, zur Erde, sodass du noch die andere Seite berühren kannst – so wie du es intuitiv fühlst.

Trauer nehmen

Suche dir eine Partnerin und setzt euch einander gegenüber.

Die Konzentration liegt auf der Ebene der Lunge. In der Lunge zeigt sich die Qualität der Trauer. Bei dieser Übung arbeitet abwechselnd, nicht gleichzeitig.

Denke an ein Ereignis in deinem Leben, das für dich mit Trauer verbunden war. Es kann von großer oder kleinerer Bedeutung sein, wie immer du möchtest.

Als Arbeitende beginne mit dem einmaligen Atem, einem tiefen Ein- und Ausatmen, um klarer zu sehen, und dann streife mit einer Hand sanft vom Kopf über den Oberkörper, einen Streifen neben den anderen setzend, ohne die Partnerin zu berühren.

Erlaube ihr, ganz in die Qualität der Trauer hineinzugehen, und konzentriere dich auf ihre Lungen, mit der liebevollen Absicht, ihre Trauer zu verkleinern, das heißt, du gehst hin und nimmst ihr die Trauer, so, als ob du sie herausziehen würdest.

Bleibe bei einer Hand, denn eine Hand hat eine höhere Konzentration in der Arbeit. Halte dir deine Absicht bewusst, die Trauer kleiner werden zu lassen, ihren Raum zu verkleinern.

Du kannst deine Partnerin, während du arbeitest, auch fragen, ob sie eine Veränderung spürt. Zu wissen, ob du wirklich an die Trauer herangekommen bist, hilft auch dir in deiner Arbeit.

Der Gedanke der Trauer, den sie hervorgebracht hat, sollte immer kleiner werden, bis er verschwindet, sodass sie ihn nicht mehr hat – und auch nicht mehr die Qualität der Trauer. Die Arbeit mit Licht ist eine sehr schnelle Arbeit.

Traumatisierung auflösen

Finde eine Partnerin: Eine legt sich auf den Rücken, die andere begleitet.

Die Übung erfordert ein wenig Flexibilität von der Frau, die begleitet. Als Liegende nimm eine bequeme Position ein, die Hände lege neben den Körper, die Finger halte ausgestreckt und die Hände mit den Handtellern nach unten. Wenn es dir unangenehm ist, kannst du sie gerne wenden, für die Arbeitende ist es leichter, wenn du die Hände so auflegst.

Beginne mit der Ausführung der Bewegung beim Mittelfinger, gleichgültig, ob auf der rechten oder der linken Seite, wie du möchtest. Das heißt, deine erste Berührung ist am Mittelfinger, von hier wanderst du den Arm entlang hinauf, zur Kehle hin, in einer Schleife um den Kopf, wieder an der Kehle vorbei und den anderen Arm entlang hinunter zum Mittelfinger. Bei der Kehle gehst du in den Wechsel der Seiten, wenn du also links begonnen hast, wechselst du hier zur rechten Seite des Kopfes, um in die Schleife zu gehen. Wenn du beim Mittelfinger der anderen Seite angelangt bist, dann wandere genauso wieder zurück und dann gehe zu den Füßen.

Die nächste Wanderung beginnt unten beim großen Zeh, das Bein entlang und auf der Ebene des Nabels hinaufwandernd, über den Kopf und beim anderen Bein wieder hinunter zum großen Zeh.

Während des Tuns halte eine Atmung, und zwar ein Ein- und Ausatmen durch die Nase, wobei du wählen kannst, ob du beim Ausatmen in die Kehle atmest und in dieses „Kehl-Bronchien-Atmen“ gehst.

Grundsätzlich wird die Bewegung in direkter Berührung ausgeführt, wenn es euch lieber ist, kannst du aber auch nur über den Körper streifen. Spüre, wie es passend ist für dich und für deine Partnerin, und auch, ob du bei direkter Berührung nur die Fingerspitzen oder die ganze Hand auflegen möchtest.

Lass dir Zeit, spüre, wandere achtsam, fließend. Wenn du einen Menschen berührst, berührst du ein anderes Universum.

Wenn du fertig bist, dann halte, ohne den Körper zu berühren, eine Hand auf der Ebene des dritten Auges und eine Hand auf der Ebene des Nabels. Verbinde diese beiden, indem du die Absicht für dich formulierst, sie zu verbinden: läuternd, klärend, Licht bringend.

Wenn du möchtest, kannst du weißes Licht senden. Öffne dein Herz, lege die Absicht der Läuterung, der Klärung, des weißen Lichtes in deinen Geist und lasse dann los.

Entscheide selbst, wann du abschließen möchtest, und wenn du fertig bist, dann nimm die Hand der Frau, die du begleitet hast, und führe sie zu deinen Lippen, um sie zu küssen.

Diese Übung aus der Sufi-Tradition wird verwendet, wenn man einem Menschen eine Traumatisierung erleichtern, sie auflösen möchte. Es ist, als ob die Bewegung in ihrer ganzen Einfachheit etwas in der Seele berührt und wieder öffnet.

Sie kann auch bei körperlicher Krankheit eingesetzt werden, ihre Wirkung aber liegt mehr jenseits des Materiellen, im Bereich des Speichersystems.

Es bedarf keiner Vorbereitung außer einem tiefen Ein- und Ausatmen, sodass du bei dir bist und du in den Fluss kommst.

Der Atem

Atem ist Verbundenheit und Individualität in einem.
Der Atem ist unser Anker im Moment und das Tor zu unserem höheren Bewusstsein.
Der Atem ist der Barometer unserer Emotionen und die ausdrückliche Lebensbejahung im Körper.
Der Atem bildet die Brücke zwischen mir und der Gesamtheit und ruft mit jedem Atemzug: Wir sind eins!

Die größte Möglichkeit, um dich zu nähren, um Harmonie in den Körper zu bringen, liegt in der Qualität des Atems. Mit dem Atem kannst du immer wieder Schocks, Traumata usw. ausbalancieren.

Zusätzlich zum Atem wird in spirituellen Traditionen die Meditation verwendet.

Sie soll helfen, eine Balance zwischen Geist und Körper, zwischen Aktivität und Ruhe zu finden. Die Ausgewogenheit zwischen Geist und Körper ist eines der wesentlichen Dinge, um in Gesundheit zu leben. Atem und Konzentration bilden die Basis hierfür.

Atmungsorgane, Atmungsvorgang und Atmungsarten

Wesentlich für den Atmungsvorgang ist das Zusammenwirken von Brustmuskulatur, Zwerchfell und Bauchmuskulatur. Die inneren Organe des Bauches werden beim Einatmen nach unten hinten gedrückt, aufgrund der Begrenzung durch Wirbelsäule und Becken weichen sie nach vorne aus.

Vor diesem Hintergrund sind drei Atmungsarten zu unterscheiden:

Brustatmung (auch costale Atmung, Flachatmung).

Nur der Brustraum ist aktiv an der Atmung beteiligt, Zwerchfell und Bauch bewegen sich kaum.

Bauchatmung (auch Zwerchfellatmung, diaphragmale Atmung, abdominale Atmung).

Nur Zwerchfell und Bauch werden aktiv eingesetzt, der Brustraum bewegt sich kaum.

Brust-Bauch-Atmung (auch costodiaphragmale Atmung, costoabdominale Atmung, Flanken-Zwerchfell-Atmung).

Brustraum, Zwerchfell, Bauch, Flanken und Rücken nehmen voll am Atemgeschehen teil.

Körperachse vertikal

Dauer ca. 2 Minuten.

Aufrecht stehen, Oberkörper nach links drehen, Bauchmuskeln anspannen, anschließend ein paar Worte sprechen oder singen.

Aufrecht stehen, Oberkörper nach rechts drehen, Bauchmuskeln anspannen, anschließend ein paar Worte sprechen oder singen.

Klingt die Stimme locker oder gedrückt?

Übung mehrmals wiederholen.

Körperachse horizontal

Dauer ca. 2 Minuten.

Auf einem Stuhl sitzen, Oberkörper und Kopf so tief wie möglich nach unten beugen – wenn möglich, bis die Hände den Boden berühren –, dann spontan ausatmen (Ausatmungsreserve voll ausschöpfen), dann wieder voll einatmen, Bauchmuskulatur anspannen, anschließend ein paar Worte sprechen oder singen.

Klingt die Stimme locker oder gedrückt?

Übung mehrmals wiederholen.

Beide Übungen helfen, die Zwischenrippenräume – also die jeweils zwischen zwei Rippen liegenden Räume – zu entwickeln.

Alle Atemübungen haben das Ziel, die für die Einatmung zuständigen Muskeln (Inspirationsmuskeln) unabhängig von den an der Ausatmung beteiligten Muskeln zu führen.

Die Ausatmung erfolgt normalerweise passiv durch Erschlaffen der Inspirationsmuskeln, die bei der Einatmung die Brustkorberweiterung ermöglichen. Erst bei verstärkter Atmung kommen die sogenannten Exspirationsmuskeln zum Einsatz. Wie auch die Inspirationsmuskeln gehören sie – im Gegensatz zum Zwerchfell – den Atem*hilfs*muskeln an und befinden sich, übereinanderliegend, jeweils in den Zwischenrippenräumen. Die Exspirationsmuskeln bilden die inneren, die Inspirationsmuskeln die äußeren Zwischenrippenmuskeln.

Den Grad der Entspanntheit registriert das Ohr. Atemübungen ermöglichen, innerhalb kurzer Zeit ein völlig neues Empfinden für die innere Entspannung bzw. Spannung zu entwickeln.

Richtiges Einatmen bewirkt richtiges Ausatmen.

Körperübungen innen und außen!

Nimm für jede der folgenden Übungen die Grundposition ein:

- Füße schulterbreit
- Knie weich
- Becken leicht nach vorne kippen
- Aufrecht stehen

1. Hände auf die Taille: kreisende Bewegung des Oberkörpers, abwechselnd einmal nach links und einmal nach rechts.

Wirkt auf das Verdauungssystem, die Wirbelsäule, den Oberkörper und die Hüften.

2. Hände auf die Taille: Beckenkreisen.

Wirkt auf das Nervensystem und reguliert die Energie im Körper, vor allem im Bauchbereich.

3. Arme nach vorn, Handflächen aufstellen, drücken/entspannen.

Arme nach oben, Handflächen aufstellen, drücken/entspannen.

Arme seitlich, horizontal, Handflächen aufstellen, drücken/entspannen.

Arme neben dem Körper, Handflächen aufstellen, drücken/entspannen.

Wirkt auf die Haut, die Nieren und die Harnblase, aktiviert die Entgiftung.

4. Arme horizontal zu den Seiten ausstrecken (Ausgangsposition), Drehung des Oberkörpers nach links, mit der Drehung in die Knie gehen und die rechte Hand auf die linke Schulter bringen und die Schulter umfassen, in die Ausgangsposition zurückkommen und von dort den Oberkörper zur rechten Seite drehen, mit der Drehung wiederum in die Knie gehen und diesmal die linke Hand auf die rechte Schulter bringen und die Schulter umfassen.

Wirkt auf das Verdauungssystem und das Immunsystem, stärkt Rücken und Nacken, aktiviert und harmonisiert das Herz.

5. Schwingen der Arme um den Körper, abwechselnd nach links und nach rechts.

Wirkt auf die Wirbelsäule, entspannt den Unterleib und aktiviert das Herz, wirkt ferner beruhigend auf das Nervensystem.

6. Drehen gegen den Uhrzeigersinn.

Wirkt auf das Nervensystem und den Hormonhaushalt, kräftigt das Gleichgewicht, körperlich und psychisch.

In allen spirituellen, das Bewusstsein fördernden Lehren wird der Atem als Werkzeug verwendet, um sich zu sensibilisieren, sich zu verbinden und zur Mitte zu finden. Den Atem zu spüren und nach innen zu horchen, um zu erkennen, was in uns wachgerufen wird, steigert unsere Fähigkeit, berührbar zu sein, und bringt uns mit unserem tiefen Wesen in Kontakt.

Der Atem der Vergebung

Diese Übung dient dazu, das Gefühl der Liebe für einen Menschen, für viele Menschen oder auch für eine bestimmte Idee zu entwickeln. Man kann sie alleine oder mit jemandem gemeinsam, einander gegenübersitzend, ausführen.

Sitze und halte den Rücken gerade, die Augen halb geöffnet, sanft im Ausdruck. Die Bewegung, die du ausführst, ist ganz einfach: Du beginnst, indem du deine Hände in den Schoß legst, die Arme dann öffnest, als ob du einen großen Baum umarmst, deine beiden Hände, die Handflächen zu dir gewandt, geöffnet haltend, ohne Anspannung. Dann beugst du dich einatmend vor, ausatmend kehrst du in eine aufrechte Haltung zurück, mit der Stirn zum Himmel blickend. Bleibe kurz in dieser Position und halte den Mund dabei leicht geöffnet und durch ihn atme länger ein als aus. Wenn du so beim Einatmen den Brustkorb nach vorne führst, stelle dir vor, dein Körper öffnet sich und fließt in den Raum.

Abbildungen zum Bewegungsablauf findest du auf der nächsten Seite.

Diese Meditation wirkt auf die Nieren und auf alle Körperflüssigkeiten.

Du kannst in dieser Bewegung ganz allgemein deinen Kontakt nach außen berühren oder deinen Geist liebevoll für eine spezielle Beziehung oder Partnerschaft öffnen. Zwischendurch kannst du dich, die Hände im Schoß liegend, jederzeit ausruhen, in deiner Stille sein, bei dir sein, bevor du deine Arme wieder öffnest und in die Bewegung gehst.

Diese Übung erzeugt einen aktiven Strom elektromagnetischer Kraft, der durch den geistigen Kanal fließt. Die Herzgegend wird dabei besonders durchdrungen und die Blutzirkulation wird erhöht. Die so entstehenden Schwingungen strahlen aus und führen unmittelbar zu einer Steigerung des Gefühls der Liebe und Harmonie. Allgemein wird bei dieser Übung die Lebenskraft aktiviert.

Bewegungen, die die Niere berühren, aktivieren die angeborene Lebensenergie.

Meditation der Vergebung mit Partnerin

Suche dir eine Partnerin: Setzt euch einander gegenüber, nicht zu nahe, sondern etwa im Abstand eines Meters, den Rücken haltet gerade.

Eine der wesentlichsten Einstellungen im Leben ist die Einstellung der Vergebung. Grundlage bildet das Verständnis des Lebens, dass es etwas wie Schuld oder Scham nicht gibt. Was immer auf dich zukommt, nimm es auf als eine Möglichkeit der Erfahrung. Wenn du es mit diesem Wort aufnimmst, bist du frei und kannst trinken von allem, was auf dich zukommt und mit dem du zu tun hast.

Es gibt keinen Menschen auf dieser Welt, der nicht Schmerz oder Leid oder schwierige Situationen durchgemacht hat – Situationen, die das Gefühl auslösten, man wäre nicht korrekt gewesen oder hätte anders handeln sollen. Sich zu lösen und in die Qualität der Liebe hineinzugehen, vor allem auch der Eigenliebe, ist eine wesentliche Aufgabe auf dem Weg zu sich selbst.

Bevor du beginnst, sei dir deiner selbst ganz bewusst und dann nimm, nicht ziellos, sondern ganz klar, die Bewegung auf. Öffne deine Arme so, als ob du einen großen Baum umarmst, und beuge dich in dieser Haltung, während du einatmest, mit dem Brustbereich vor und ausatmend komme zurück, den Kopf in den Nacken legend und mit der Stirn zum Himmel blickend. Beginne einmal ganz offen mit dir, dann gemeinsam im Fluss mit deiner Partnerin: gleichzeitig vorbeugen – einatmen, zurückkommen – ausatmen. Ob du dabei ganz im Rhythmus mit deiner Partnerin bist oder nicht, spielt keine Rolle.

Erlaube dir auch Pausen. Wenn du das Gefühl hast, du musst eine Weile bei dir sein, dann kannst du gerne deine Hände in den Schoß legen und einfach bei deiner Atmung bleiben.

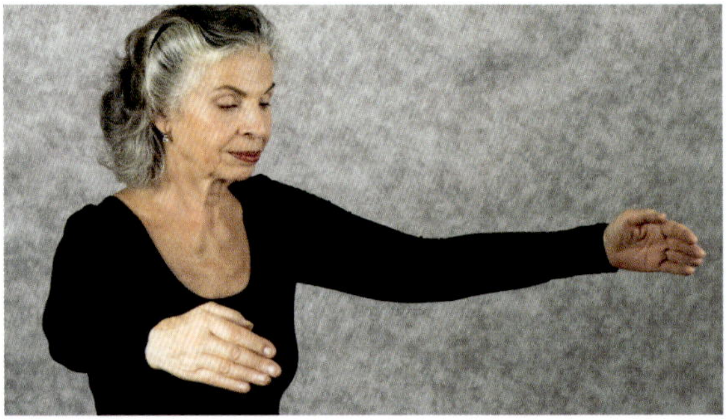

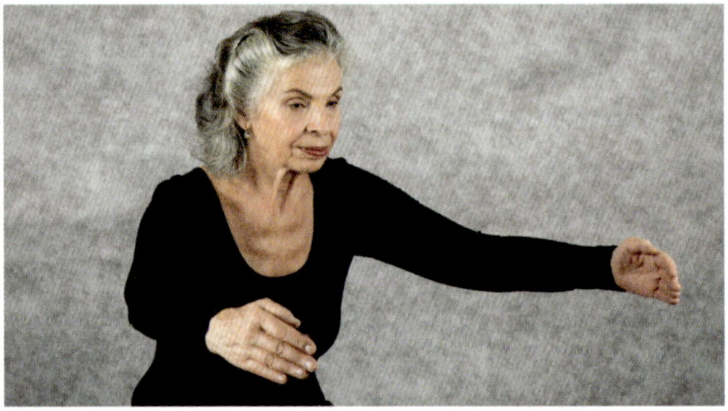

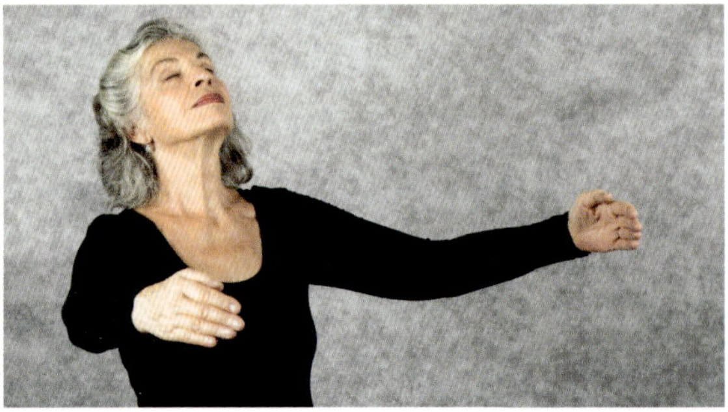

Vergebung bedeutet auch, Verantwortung zu übernehmen, weil verantwortlich sein heißt, zu erkennen – erkennen, dass dir die Wahl, in die bedingungslose Liebe zu gehen oder in die trennende Qualität der Angst, immer offensteht. Akzeptieren, respektieren, loslassen. Dich lieben und dir verzeihen – erlaube dir zu trinken, aus der Erfahrung zu trinken. Akzeptiere dich so, wie du gerade bist, weil du weißt, dass auch dieser Zustand vergänglich ist, und gib dem Verzeihen in dir einen Ausdruck.

Öffne das Tor der Liebe zu dir, sodass du klar in deiner Mitte bist, frei von äußeren Reaktionen. Du kannst dir ganz konkret eine Situation, einen Menschen, ein Volk, eine Gruppe auswählen. Öffne die Quelle der Liebe für dich. Lass die Lebensenergie namens Liebe durch dich fließen und spüre, wo sie nur schwer fließen kann, wo sie blockiert ist, wo sie anhält. Nutze die Zeit gut, die dir gegeben ist. Öffne den Raum der Ewigkeit, der in dir pulsiert. Aus der Ewigkeit bist du als Tropfen, manifestiert in Raum und Zeit, erschienen. Wende dich DEM zu, DER dir die Zeit gegeben hat. Und wenn du so weit bist, dann leg deine Hände wieder in den Schoß.

Komm deiner Partnerin näher, wenn möglich, ohne die Augen zu öffnen. Bleibe im Spüren und lass deine Liebe, deine Nachsicht, dein Verstehen, dein Loslassen in deine Hände fließen und berühre deine Partnerin symbolisch für dich und all das, wo du Vergebung schenken möchtest. Berühre ihr Gesicht. Lege die Kraft deines Herzens in deine Hände. Liebe, liebe dich und verzeihe. Öffne die Türen in dir, sodass die Lebensenergie in Liebe fließen kann, weich und warm und süß wie Honig. Lass die Liebe fließen durch dich, so sehr, dass du sagen kannst: „Ich könnte in diesem Moment gehen.“ Und wenn du bereit bist, dann schließe äußerlich, aber nicht innerlich ab.

Die hier beschriebene Atemmeditation ist eine sehr alte Übung, die in der Sufi-Tradition weitergegeben wird, um die Qualität der Vergebung körperlich zu spüren und vom Körperlichen ins Geistige überzugehen. Im Mittelpunkt steht der Brustbereich, denn er ist unser größter Heilungsbereich. Wenn ein Kind hinfällt, öffnen wir reflexartig die Arme.

Bewegung und Art des Atems nehmen gemeinsam Einfluss auf die Körperflüssigkeit einerseits und den Bereich der Brust andererseits.

Der Atem der Verschmelzung „Das Berühren der Einheit“

Ruhiges, sanftes, langes und langsames Atmen.

Die Atmung erfolgt durch die Nase, das Ausatmen ist dreimal länger als das Einatmen.

Bewirkt eine Beruhigung aller Körperteile, eine balancierte Anpassung an die Umwelt, eine Verringerung der egozentrischen Täuschung.

Der Atem der Mitte „Der ruhende Wind“

Die Atmung ist etwas tiefer.

Die Atmung erfolgt durch die Nase, das Ausatmen ist dreimal länger als das Einatmen.

Bewirkt eine friedvolle, harmonische Beziehung mit der aktiven, sich bewegenden Umwelt, während das Selbst im Mittelpunkt bleibt.

Der Atem des Herzens „Die Sinne im Herzen“

Der Atem ist sanft, lang und langsam.

Die Atmung erfolgt durch die Nase, das Ein- und Ausatmen sind fast gleich lang, dazwischen ist kein Anhalten.

Bewirkt eine Harmonisierung des Herzschlags und führt zu einem gleichmäßigen Kreislauf des Blutes und aller Körperflüssigkeiten.

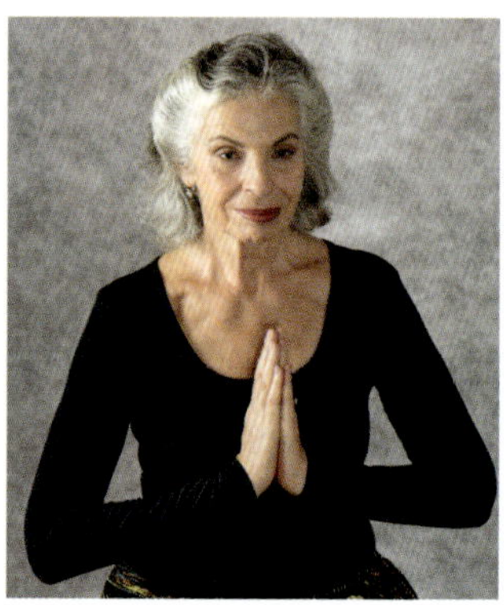

Das Gebet der Einheit

Sitze und blicke in eine unendliche Entfernung, die Atmung ist natürlich. Hebe deine geöffneten Handflächen vom Schoß hoch und bringe sie in Herzhöhe zusammen.

Gib dich der Vorstellung hin, dass unser Wesen eins ist mit der Natur und dem gesamten Universum, der Vorstellung der Einheit aller Dinge.

Betrachte kein bestimmtes Objekt, nimm alle Geräusche widerstandslos auf, ohne weiter darauf zu achten. Akzeptiere alles, was du fühlst, ohne deine Aufmerksamkeit darauf zu lenken. Lasse dein Bewusstsein im grenzenlosen Meer der endlosen Ruhe aufgehen.

Nimm dein Leben ganz im Jetzt wahr. Atme es im Jetzt in seiner Ganzheit ein, in seinen Tiefen und Höhen, in seinem Schmerz und in seiner Freude. Atme ruhig im Jetzt, präsent, wach und ganz existierend.

Führe die Handflächen deiner Hände aneinander, bring sie nach vorn und auseinander: Sammle dich im Moment und klatsche einmal, um blockierende Schwingungen und Gedanken aufzulösen, um die trennende Dualität von Gut und Übel, von Richtig und Falsch im Einssein aufzugeben.

Dann forme mit deinen Händen ein Dreieck, führe es zum Boden und in der Geste der Selbstlosigkeit lasse deine Stirn darauf ruhen.

Die Meditation des Friedens

Setze dich hin in Richtung Süden, Richtung Licht.

Sitze und beginne mit einem friedlichen und natürlichen Atem, der lange und langsam verläuft. Die Ausatmung soll drei- bis fünfmal länger als die Einatmung dauern. Behalte deine Aufmerksamkeit so lange bei deinem Atem, bis du den Rhythmus verinnerlicht hast, dann lass ihn sein.

Halte die Augen halb geschlossen, blicke am Boden in eine Entfernung von drei bis fünf Metern, ohne einen bestimmten Punkt ins Auge zu fassen. Entspanne den Mund. Beginne, deine Gedanken und Bilder zu vermindern. Falls beunruhigende Gedanken oder Bilder auftauchen, so verwandle diese langsam in friedliche, denn friedliche Gedanken und Bilder sind leichter loszulassen.

Wenn du den Zustand friedlicher Ruhe und Ausgeglichenheit erreicht hast, entwickle in dir das Bild, dass du nichts bist als eine Einheit mit dem unendlichen Universum, dass es keine Grenzen und Einschränkungen gibt zwischen dir und dem Universum, nur das Endlose.

Bleibe fünf bis zehn Minuten in diesem Zustand: hören, aber nicht hören, sehen, aber nicht sehen ... Während dieser Zeit sei durch keine äußere Kraft bewegbar oder erschütterbar, bleibe ungestört. Danach öffne langsam die halbgeschlossenen Augen und hebe dein Haupt. Kehre zu deiner natürlichen Atmung zurück.

Die Meditation der Unendlichkeit

Sitze mit gerader Wirbelsäule und halte alle anderen Körperteile entspannt. Lege deine Hände auf die Oberschenkel, die Handflächen nach oben gewandt, die Fingerspitzen zum Himmel strebend. Wenn du möchtest, lass die Spitzen deiner Daumen die Spitzen deiner Zeigefinger berühren.

Wende dein Gesicht ein wenig, nicht ganz, zum Himmel hin und schaue mit sanften, halb geschlossenen Augen weit in die Ferne, in den unendlichen Raum.

Atme langsam durch die Nase ein, durch den leicht geöffneten Mund aus, die Einatmung ist länger als die Ausatmung. Führe beim Einatmen deine Aufmerksamkeit zu deinem Nabel und beim Ausatmen zu deiner Stirn.

Spanne dich zwischen diese beiden Achtsamkeitspunkte, den Nabel- und den Stirnbereich, und spüre, wie dein Brustbereich sich weitet. Atme ruhig, gelassen, tief und doch ganz präsent. Gehe in den Zustand des Nichtdenkens ein und fühle deinen Körper von innen. Koste den Zustand der Präsenz und spüre, wie du Teil des unendlichen Raumes bist.

Wenn dich Gedanken stören, dann wandere in dein Herz und wiederhole mit lautloser Stimme die göttliche Eigenschaft „Yā Wāsi‘“ (siehe das Buch „Hauch der Ewigkeit. Die 99 heilenden Namen der EINEN Liebe“ [3]) das bedeutet „Unendlichkeit“. Lass diese Qualität wie eine Quelle aus deinem Herzen sprudeln.

Führe diese Meditation ungefähr 10 bis 15 Minuten aus, dann kehre zu deiner dir gewohnten Atmung zurück und senke dein Haupt.

Die Meditation des Sehens „basar – basīra“

Sitze mit gerader Wirbelsäule, entspanne alle deine Körperteile und deinen Geist. Atme friedlich durch die Nase.

Wenn du einen friedlichen, gleichmütigen Zustand erreicht hast, dann hebe deine Hand, halte sie, die Handfläche zur Seite gewandt, in Höhe deiner Augen, führe deinen Zeigefinger und deinen Daumen zusammen und betrachte intensiv die entstandene Form.

Fixiere diese Form und bewege dann deine Hand plötzlich, durch eine schnelle Armbewegung in den Bereich außerhalb deiner Sichtweite. Halte jedoch deinen Blick weiterhin auf dem Punkt, wo deine Hand war und der jetzt „leer“ ist. Betrachte für ein paar Momente diesen Punkt im Raum.

Dann bringe deine Hand wieder in die zuerst beschriebene Position, halte sie dort wiederum für ein paar Momente und dann lass sie wieder außerhalb deiner Sichtweite vergehen. Blicke weiter auf den jetzt „leeren“ Punkt. Wiederhole dies fünfmal.

Übe diese Sichtweise eine Zeit lang und dann beginne, auf dieselbe Weise sich bewegende Wesen zu betrachten: ein fallendes Blatt, einen springenden Hasen, einen gehenden Menschen. Schaue, ohne zu fixieren, sieh das Gesamtbild an. Die Illusion des Getrenntseins wird sich allmählich wie ein Schleier heben.

Bewirkt das Erkennen von Schwingungen, Strahlen und Auren von sichtbaren und unsichtbaren Wesen.

Die heilende Berührung

Lege beide Handflächen im oberen Bereich deines Brustkorbs auf, atme zwei- bis dreimal tief ein und aus.

Lege beide Handflächen im unteren Bereich deines Brustkorbs auf (etwa auf Busenhöhe), atme zwei- bis dreimal tief ein und aus.

Lege beide Handflächen auf den Magen, atme zwei- bis dreimal tief ein und aus.

Lege beide Handflächen auf den Unterleib, atme zwei- bis dreimal tief ein und aus.

Lege deine Handflächen im oberen Brustkorbbereich seitlich auf den Rumpf, zu jeder Seite eine, atme zwei- bis dreimal tief ein und aus.

Lege deine Handflächen auf Höhe der Magengegend seitlich auf den Rumpf, zu jeder Seite eine, atme zwei- bis dreimal tief ein und aus.

Lege deine Handflächen auf die Taille, zu jeder Seite eine, atme zwei- bis dreimal tief ein und aus.

Lege deine beiden Handflächen auf den Bereich über den Nieren, atme zwei- bis dreimal tief ein und aus.

In einem zweiten Durchgang stimuliere dieselben Bereiche mit Klopfbewegungen.

Diese Übung aktiviert die Funktion aller wesentlichen Organe und Drüsen (Atmungs-, Kreislauf-, Verdauungs- und Ausscheidungsfunktionen) und regt den Kreislauf des Blutes sowie den Stoffwechsel an.

Die Seinsübung

Halte beide Hände, die rechte Hand über der linken, auf der Ebene deines Herzens liegend. Hier ist der Ausgangspunkt und hierher kehre zurück.

Zulassen

Löse die Hände vom Herzen
Handflächen nach oben Richtung Himmel halten
einatmen

Loslassen

Handflächen nach unten Richtung Boden halten
ausatmen

Sein lassen

Hände ruhen wieder auf dem Herzen
ein – aus

Nachdem du einige Zeit diese Bewegung ausgeführt hast, stehe ruhig, halte die Arme neben dem Körper, die Handteller nach oben gewandt, und atme ruhig. Die Übung kann sitzend, stehend oder gehend ausgeübt werden.

Das Gehen

Gehe und nimm dabei den Himmel und die Erde sowie die Energien, die dich umgeben, mit auf – nutze diese bestehende Kraft. Das Zentrum deines Körpers schwebt im Raum, halte die Hüften, die Oberschenkel, die Beine und die Füße leicht und locker. Die Ausatmung sollte beim Gehen immer länger sein als die Einatmung, dies verhilft zu einer fließenden Bewegung. Gehe aus dem Bauch heraus.

Bei schnellerem Gehen soll das Zentrum der Bewegung im Herzbereich liegen. Verlagere dein Körpergewicht einmal auf die eine Seite, dann, nach etwa 100 Schritten, verlagere es auf die andere Seite. Beim schnellen Gehen wechsle alle 30 Schritte.

Lasse intuitiv sich einstellende Haltungs- und Bewegungszustände zu und behalte sie bei, auch wenn deine Aufmerksamkeit auf Haltung und Bewegung wie oben beschrieben gelenkt ist.

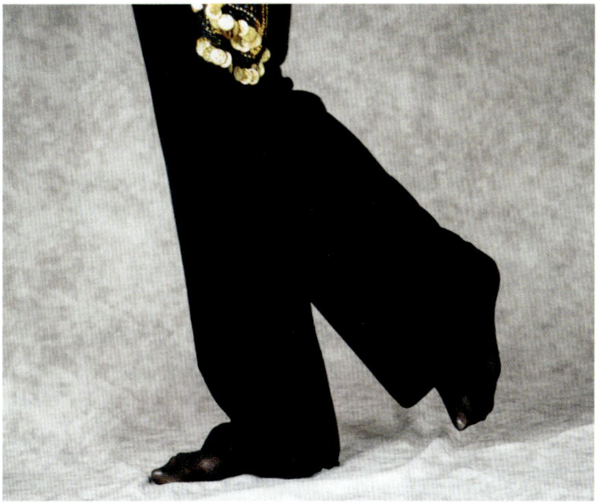

Die innere Musik

Führe deine Daumen tief in die Ohren und halte sie so, dass kein Geräusch mehr von außen hereindringen kann. Die anderen Finger lass sanft auf deiner Stirn ruhen. Atme ruhig, sanft, langsam und tief, atme zwei- bis dreimal länger aus als ein.

Höre die Töne, die innen, tief im inneren Ohr, entstehen. Höre alle Töne, die Trommeln, das Meeresrauschen, die Harfen, die Flöten: Sie alle bilden deine innere Musik, die Musik, die ein Teil des großartigen Orchesters ist. Alles ist Musik, alles ist Schwingung, ohne Anfang und ohne Ende.

Das innere Licht

Atme ruhig, sanft und weich, atme zwei- bis dreimal länger aus als ein. Hebe den Arm und lege deinen Zeigefinger auf die Stelle, wo du dein sogenanntes drittes Auge spürst. Als Hilfestellung, um den Punkt zu finden, kann dir folgende Übung dienen: Wenn du die Augen schließt und sie „hochhebst" zum Punkt zwischen den Augenbrauen, dann warte, bis deine Augen angezogen werden und in Aufmerksamkeit stillhalten. Das ist der richtige Punkt.

Deinen Daumen lege auf die äußere Ecke des einen Auges und deinen Mittelfinger lege auf die äußere Ecke des anderen Auges. Dann beginne sanft in Richtung der inneren Ecken deiner Augen zu drücken. Erhöhe langsam den Druck, allmählich beginnt ein inneres Licht zu erscheinen, das aus dem Zentrum in alle Richtungen ausstrahlt, spiralen- oder kreisförmig. Sei dir bewusst, dass alles aus dem göttlichen Licht entsteht, dass die Schöpfung des Universums mit dem Licht begann.

Löse dann sanft den ausgeübten Druck, senke deine Hand und verweile mit geschlossenen Augen, bis das Licht vergeht.

Diese Übung stimuliert den Bereich des Mittelhirns und erweitert das Bewusstsein um die Erschaffung aller Dinge.

Die Atmung des Feuers

Bringe deine Aufmerksamkeit in dein Becken, in den unteren Teil deines Bauches. Atme ruhig und entspannt.

Stell dir vor, du sammelst Holz in deinem Herd und nun möchtest du dort das Feuer anfachen. Atme ein und beim Ausatmen drücke mit deinem Atem auf den Kehlkopf und von dort bis hinunter in den Unterleib. Begleite den Atem mit einem Schnurren.

Diese Art des Atems aktiviert die Energie und die Kraft im Unterleib. Sie verleiht Lebenskraft und verhilft zu sprudelnder Energie.

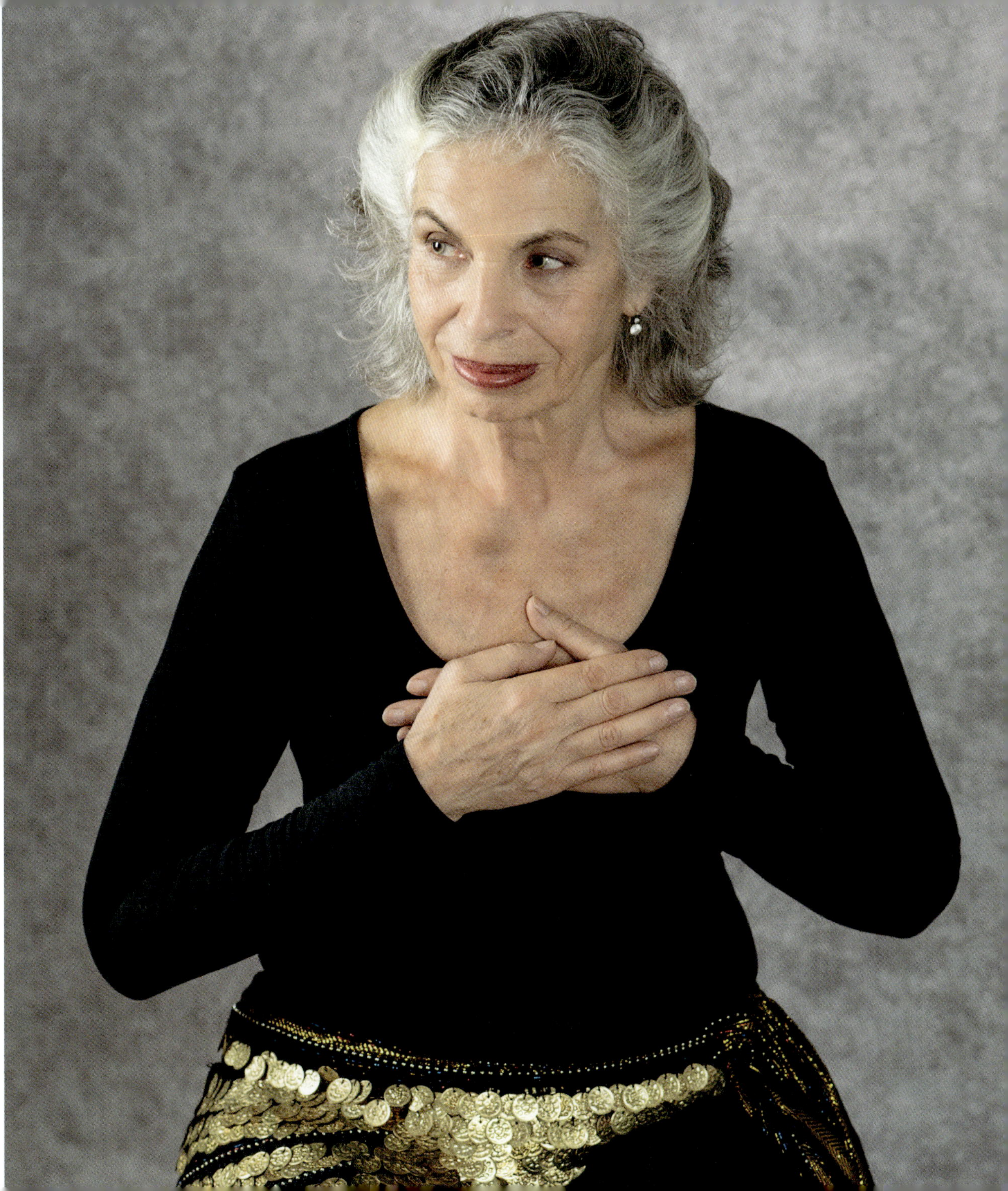

Die Verbindung des weiblichen und des männlichen Prinzips in der Einheit

Bewege dich frei im Raum. Mit jedem Einatmen öffne deine Arme, zur Umarmung bereit, und mit jedem Ausatmen bringe deine Hände zusammen, die Handflächen aneinander, und führe sie – wie ein schlagendes Schwert – von oben nach unten, zielstrebig und klar.

Einatmen – durch den Atem Raum geben – weibliches Prinzip.

Ausatmen – Richtung, Ziel geben, nach außen – männliches Prinzip.

Die Übung kann auch ruhig stehend oder sitzend ausgeübt werden.

Meditation zur Verbindung des Männlichen und des Weiblichen

Verteile dein Gewicht gut auf beide Beine. Atme ganz bewusst ein und aus und bevor du in eine Haltung gehst, die dir Freude macht, nimm bitte eine Haltung ein, die du normalerweise nicht einnehmen würdest, welche Haltung auch immer. Nach einiger Zeit gehe langsam wieder in eine Haltung, die deine Schönheit zeigt.

Wende dich noch einmal deinen Füßen zu: Gleiche beide Seiten gut aus, die Knie weich, führe das Becken ein wenig mit dem Steißbein nach vorne, den Nabel ganz zart, sehnsuchtsvoll, zur Wirbelsäule hin, gib Solarplexus und Herz Raum, entspanne die Schultern, hebe das Haupt hoch und gehe dann, ganz zart, einen kleinen Moment mit dem Kinn hinunter.

In dieser Haltung atme ganz bewusst ein und aus und beginne, eröffne mit dem Kreisen des Beckens. Erlaube deinem Atem, tief in deinen Körper zu fließen. Mit jedem Kreisen öffne sozusagen die Schleusen des Körpers und lasse deinen Atem dich ausweiten.

Werde dir der linken und der rechten Seite deines Körpers bewusst, dem weiblichen Erbe auf der einen, dem männlichen auf der anderen Seite.

Durch das Kreisen nimm beide Seiten ein und nähere dich immer mehr deinem Mittelpunkt. Suche diesen Mittelpunkt in dem Bereich hinter dem Nabel. Wann immer du bereit bist, lege beide Hände auf den Nabel und bevor wir mit der Bewegung – beim Einatmen die große umarmende Bewegung und beim Ausatmen das zielstrebige Schwert – beginnen, atme ganz bewusst ein und aus. Atme ganz bewusst ein und aus, bevor du den richtigen Moment für dich findest, um mit diesen symbolischen Bewegungen des Männlichen und des Weiblichen zu beginnen. Entscheide selbst, wie weit deine Arme sich öffnen – manchmal wird ihre Öffnung größer, manchmal kleiner sein. Entscheide auch selbst, wo du mit den Händen beginnst, ob du auf der Höhe des Kopfes beginnst und hinuntergehst, auf der Kehlkopfebene oder auf der Brustebene. Spüre selbst, variiere vielleicht auch, um selbst zu spüren. Wenn du möchtest, kannst du auch den Mund verwenden, um auszuatmen. Wann immer du eine Pause brauchst, lege deine Hände wieder auf den Nabel und spüre nach. Gib beiden Qualitäten, beiden Prinzipien in dir Raum. Vertraue, öffne das Vertrauen, öffne den Raum für das Weibliche in dir und für das Männliche.

Verwende die Arme, die Bewegung dafür, um diese beiden Prinzipien in dir anklingen zu lassen und zu öffnen. Versuche vielleicht auch, den beiden Qualitäten verschiedene Tempi zu geben, das Langsame, Aufweichende und vielleicht zwischendurch das Schnelle. Experimentiere.

Wenn du die Arme öffnest, welches Bild ergibt sich? Ist es die Erde, die sich vor deiner Brust oder in dir dreht? Und wenn die Klarheit des Durchschreitenden, wenn die Zielstrebigkeit kommt, welches Bild kommt da?

Koste die Qualitäten deiner Linie, koste die Qualitäten deiner weiblichen und deiner männlichen Linie. Koste nur die Qualitäten, ohne ihnen eine Form zu geben, ohne konkret jemanden vor dir zu haben.

Und wenn du das Weibliche öffnest, kannst du noch eine zweite Form dazunehmen, wenn du das Gefühl hast, dass die das Weibliche in dir noch mehr ausdrückt. Auch beim Männlichen, nimm noch eine zweite Form dazu – sei es das Schütteln des Kopfes, das Aufstampfen des Fußes, die Bewegung der Schultern. Und bringe sie beide in Harmonie zusammen, lasse sie sich ergänzen, ineinanderschmelzen. Trinke aus beiden Quellen.

Mach die Bewegung, ohne zu beurteilen, ohne zu verurteilen, ohne positiv und negativ – lasse sie einfach fließen.

Und dann finde eine Form, die für dich persönlich beides beinhaltet, das Männliche und das Weibliche. Finde deine Form, die beides, das Männliche und das Weibliche, beinhaltet und dann weite diese männliche UND weibliche Harmonie, die du gefunden hast, über die ganze Erde aus. Bringe sie in alle Räume, in alle Zeiten. Umkreise sozusagen mit dieser männlich-weiblichen Zusammenführung deiner Bewegungen in deinem Geiste alle Kontinente, die ganze Erde. Lass deinen Geist das Zusammenbringen des Männlichen und des Weiblichen, des Sich-Ergänzenden, Ineinanderfließenden überall in dieser Welt hintragen. Öffne deinen Geist für die Zwischenräume, die beides trennen, und gehe in sie hinein und verbinde.

Wann immer du spürst, dass du bereit bist, komm langsam wieder in die Stille und langsam wieder zu deinem Ausgangspunkt zurück. Und wenn du wieder ganz still stehst, dann schicke noch einmal bewusst deinen Geist um die ganze Erde, in dieser Balance des Männlichen und des Weiblichen. Ganz bewusst atme dann ein und aus und öffne langsam die Augen.

Übung zur Verbindung des Männlichen und des Weiblichen

Bildet zwei Gruppen und sammelt euch, die einen in der einen Hälfte des Raumes, die anderen in der anderen Hälfte des Raumes. Die eine Gruppe repräsentiert das weibliche Prinzip, die andere das männliche.

Das weibliche Prinzip repräsentierend hebst du mit dem Einatmen die Arme in einer großen, umarmenden Bewegung, das männliche Prinzip repräsentierend führst du die Arme, die Handflächen aneinanderliegend, in einer vertikalen Bewegung von oben nach unten. Die einen geben nur beim Einatmen eine Form und beim Ausatmen nicht, die anderen geben beim Einatmen keine Form, sondern nur beim Ausatmen. Und während ihr die Bewegungen ausführt, nähert euch einander an. Ihr könnt euch bewegen, wie ihr möchtet, und dann geht mit jemandem in Kooperation. Nach einigen Minuten des Kostens wechselt.

Das Kreisen um die Mitte

Verteile dein Gewicht gleichmäßig auf beide Beine. Halte die Knie weich und kreise mit dem Becken. Atme ruhig und gelassen.

Atme ein und hebe die Stirn zum Himmel, atme aus.

Atme ein und führe das Kinn zur Brust, atme aus.

Atme ein und wende den Kopf nach links, atme aus.

Atme ein und wende den Kopf nach rechts, atme aus.

Atme ein und führe den Kopf zur Mitte, atme aus.

Die sechs Richtungen

Diese Meditation ist weit verbreitet – sie stammt aus der Sufi-Tradition und wird in vielen Schulen und von vielen Lehrerinnen und Lehrern praktiziert.

Schließe die Augen und lasse die Hände auf der Ebene deines Herzens ruhen. Aus dieser Quelle kommt die Bewegung und zu ihr kehrt sie zurück.

Setze dich in dein Herz, sammle dich, bewohne deinen Körper. Atme ein und beginne die Bewegung mit dem Ausatmen, um mit dem Einatmen in die Ausgangsposition zurückzukommen. Das ist der Rhythmus.

1. Bringe das rechte Bein und den rechten Arm nach vorne und in die Mitte zurück. Bringe das linke Bein und den linken Arm nach vorne und in die Mitte zurück.
2. Bringe das rechte Bein und den rechten Arm zur rechten Seite und wende dabei Fußspitze und Oberkörper zur rechten Seite, komme in die Mitte zurück.
3. Bringe das linke Bein und den linken Arm zur linken Seite und wende dabei Fußspitze und Oberkörper zur linken Seite, komme in die Mitte zurück.
4. Bringe das rechte Bein und den rechten Arm nach hinten und wende dabei deinen Oberkörper ein wenig zur Seite, komme in die Mitte zurück. Bringe das linke Bein und den linken Arm nach hinten und wende dabei deinen Oberkörper ein wenig zur Seite, komme in die Mitte zurück.

5. Führe den rechten Arm nach unten, komme in die Mitte zurück. Führe den linken Arm nach unten, komme in die Mitte zurück.
6. Führe den rechten Arm nach oben und in die Mitte zurück. Führe den linken Arm nach oben und in die Mitte zurück.

Öffne das Tor des Vertrauens zu dir und lege deine Hände wieder auf die Ebene deines Herzens.

Begrüße den Tag.

Diese Übung dient zur Einbettung im Äußeren und Inneren. Das Einnehmen der Richtungen öffnet die Qualität des Raumes. Sich mit dem Herzen zu verbinden, nach innen wie nach außen, ermöglicht die Einbettung.

Aktive Meditation „Schütteln (lassen)"

Auch diese Meditation ist eingebettet in die Sufi-Tradition und wird von zahlreichen Schulen mit sanften Abwandlungen unterrichtet.

Stehe weich und locker auf deinen Füßen, atme ganz bewusst ein und aus, schließe die Augen und lasse deinen Körper langsam mit dem Rhythmus der Musik ins Schütteln kommen. Es ist kein erzwungenes Schütteln, es ist ein Zulassen, ein lockeres Schütteln mit der Musik.

Du lässt das Schütteln zu und indem du es zulässt – es zuerst einmal anregst und dann zulässt –, kann es immer tiefer gehen. So als ob du immer näher zu deinem tieferen Wesen kommen möchtest durch das Schütteln, bis dein tieferes Wesen ins Fließen kommt. Dann geschieht dieses Schütteln ganz von selbst, weil es aus deinem Inneren kommt. Ein Fluss im Inneren bricht auf und beginnt – im Schütteln – zu fließen.

Und wenn du das Gefühl hast, du wirst geschüttelt, dann nimm dieses Schütteln auf und lasse es in Tanzbewegungen übergehen. Nimm es auf und lasse es in Bewegungen übergehen – ob in ein Kreisen, in den Achter, den Hüftschwung oder irgendeine andere Tanzbewegung.

Nach einiger Zeit atme bewusst ein und halte still. Halte still und atme ein und atme aus und betrachte, beobachte Innen und Außen. Betrachte, was da ist, innen, außen, rechts und links, und – um noch einmal eine Spur tiefer in die Betrachtung zu gehen – setze dich für einen Moment hin. Betrachte aus dieser Position das Innen und das Außen.

Bring dann deine Aufmerksamkeit auf deinen Nabel. Lass einfach nur deine Aufmerksamkeit auf dem Nabel ruhen, genauso als bliebest du nur bei einem Gedanken, so bleibe mit deiner Aufmerksamkeit auf diesem Punkt.

Dann atme intensiv ein in den Kopf und aus in den Bauch und öffne langsam die Augen.

Der Atem der Verwandlung

Der Atem ist stets unmittelbar mit dem psychischen Zustand verbunden, in dem man gerade ist. Ändere deinen Atemrhythmus und du änderst deinen Gemützustand.

Beginne stehend, sitzend oder liegend, indem du tief ausatmest. Mache dich so leer, wie du kannst, stoße die Luft förmlich hinaus. Dann ziehe den Bauch ein und halte kurz den Atem an – atme nicht! Und dann lasse deinen Körper einatmen. Hole tief Luft, so tief, wie du kannst. Und dann halte wieder an. Jetzt atme tief aus.

Atme ganz aus und ganz ein. Behalte beide, das Einatmen und das Ausatmen, im Rhythmus. Wenn du also vier Takte lang ausatmest, dann atme auch vier Takte lang ein. Der Rhythmus ist der folgende: ausatmen – Bauch einziehen, anhalten des Atems, einatmen – Bauch ausdehnen, anhalten des Atems.

Diese Methode wird eingesetzt, um den Geist, die Gedanken, zu beschwichtigen. Sie wird auch angewendet, um einen eingefahrenen Zustand, einen Gemützustand, zu verwandeln.

Der Atem der Ganzheit

Sitze aufrecht und bequem. Die Augen halte halb geöffnet. Blicke in eine Entfernung von etwa drei Metern, auf dem Boden, ohne den Blick auf etwas zu fixieren. Atme tief durch die Nase ein und führe deinen Atem bis zum unteren Darmbereich. Halte für ein paar Momente den Atem an, sodass der Darm nach vorne ausgedehnt bleibt. Dann atme mit einem langen, langsamen Atemzug aus.

Dieser Atem harmonisiert und aktiviert den gesamten Stoffwechsel.

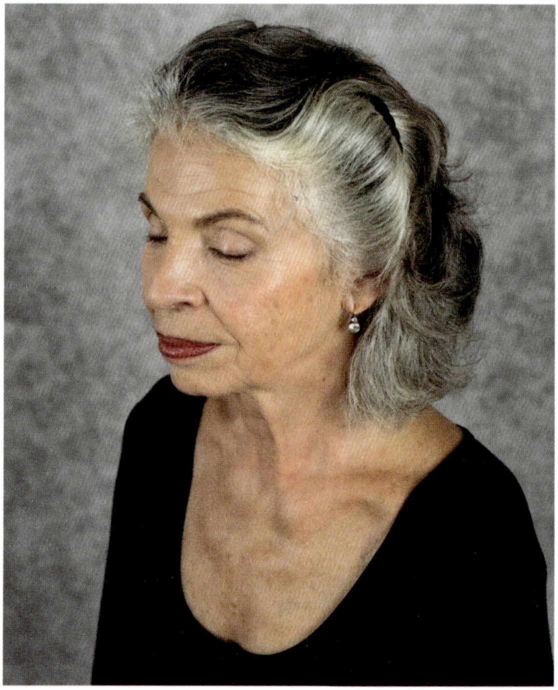

Der Atem der Elemente

Die Elementeatmung stellt eine Grundatemtechnik dar, um immer wieder eine Balance in deinen Körper zu bringen.

Sie führt von der Erdatmung über die Wasser- und Feueratmung zur Luftatmung und schließt mit der Ätheratmung. Die Erde erhebt sich zum Wasser, das Wasser erhebt sich zum Feuer, das Feuer erhebt sich zur Luft und die Luft erhebt sich zum Äther. Es ist ein Hochheben, das mit dieser Atmung gemacht wird, und zugleich ein Einbetten in die Grundelemente, die um dich und ebenso auch in deinem Körper sind.

Entspannung und Konzentration: Sie sollen sich im Atem der Elemente vereinen. Führe deine Achtsamkeit auf den Atem und durchwandere die Elemente, eines nach dem anderen.

Erdatmung: Nase ein – Nase aus

Verbinde mit der Erdatmung die Qualitäten Stabilität, Realitätssinn, Verantwortung.

Stelle dir einen starken Baum vor oder einen großen Berg.

Was formt das Fundament meines Lebens?

Gibt es ein Fundament in meinem Leben, auf das ich bauen kann?

Wasseratmung: Nase ein – Mund aus

Wasser hat die Tendenz, abwärtszufließen. Verbinde mit der Wasseratmung die Qualitäten Beweglichkeit, Freundschaft, Liebe, Spiritualität.

Stelle dir die Gewässer dieser Erde vor: die Wasserfälle, Bäche und Flüsse, die Meere und Ozeane.

Wie beweglich bin ich?

Wie sehr gebe ich meinen Gefühlen Raum?

Feueratmung: Mund ein – Nase aus

Feuer hat die Tendenz, aufwärtszusteigen und auszustrahlen. Verbinde mit der Feueratmung die Qualitäten Tat, Entscheidungskraft, Begeisterung, positive Leidenschaften.

Stelle dir ein loderndes Feuer vor, seine Strahlkraft, die Wärme und das Licht, das es gibt.

Wo brauche ich in meinem Leben mehr Feuer und wo weniger?

Habe ich meine feurigen Eigenschaften unter Kontrolle oder werde ich von ihnen beherrscht?

Luftatmung: Mund ein – Mund aus

Luft ist formlos und durchdringt alles. Verbinde mit der Luftatmung die Qualitäten Freiheit, Leichtigkeit, Verstand, Kommunikation.

Stelle dir einen blauen Himmel mit sich bewegenden Wolken vor.

Wo braucht mein Leben noch etwas mehr Luft und wo bin ich vielleicht zu luftig?

Was hilft mir dabei, leichter zu leben?

Ätheratmung: Nase ein – Nase aus; ein ganz feines, subtiles Atmen

Das Element Äther stellt die Essenz der Elemente dar, ist allgegenwärtig und alldurchdringend. Es ist Inspiration, es ist Schwingung, Musik, Klang, Ton.

Du kannst die Elementeatmung einmal am Tag machen, jedes Element vier Atemzüge lang, dazwischen jeweils ruhig atmend. Das viermalige Wiederholen jeder Atmung entspricht dem Rhythmus der Natur, der sich stets zwischen den Zahlen Eins und Vier bewegt: Zwei zu vier, eins zu drei, drei zu vier, das sind die Zusammensetzungen der Natur. Deswegen sagt man, sich in vier bewussten Atemzügen klar mit dem jeweiligen Element zu verbinden, ist ausreichend.

Wenn du das Gefühl hast, dass du ein Element mehr brauchst, dass du zum Beispiel mehr Feuer in deinem Leben brauchst, dann kannst du hier mehr atmen. Wenn du aber schon viel Feuer hast und zu lange bei diesem Element bleibst, entsteht ein Gefühl, als ob du aus der Balance bist.

Meditation zu den Elementen und ihren Qualitäten

Verteile dein Gewicht gerecht auf beide Beine, breite deine Füße gut auf dem Boden aus. Dann schließe die Augen, die Hände kannst du gerne auf den Bauch auflegen und wann immer du bereit bist, beginne langsam und sanft mit dem Kreisen. Atme bewusst ein und aus, um in die Qualität der Entspannung und der Konzentration zu kommen.

Beginne mit dem Element Erde, es ist ein bewusstes, klares, erdiges Ein- und Ausatmen durch die Nase. Bei dem Element Erde kannst du dir einen starken Baum, einen großen Berg oder auch ein stattliches Haus vorstellen. Das Element Erde trägt in sich die Qualität der Stabilität, des Realitätssinns und der Verantwortung. Was ist das Fundament meines Lebens? Gibt es ein Fundament in meinem Leben, auf das ich bauen kann, und was bedeutet dies für mein Leben?

Belebe deine Zellen mit der Erdatmung und erreiche über deinen Körper auch die psychischen Ebenen. Spüre, wie die Erdenergie das Element Erde in deinem Körper berührt und wie es angeregt wird durch diese Atmung. Lasse die Kräfte dieses Elementes durch dich fließen. Tauche selbst ein in die Erde, forme dich selbst zu einem Felsen oder einem Berg, zu einem Hügel, und atme den Duft der Erde ein. Verbeuge dich innerlich vor dem Element Erde, das in dir pulsiert, ...

... und langsam gehe zum nächsten Element über, dem Element Wasser mit der Atmung durch die Nase ein und durch den Mund aus. Stelle dir bei diesem Element einen Wasserfall, einen Fluss, das Meer in den Gezeiten vor. Die Qualitäten, die mit diesem Element verbunden sind, sind die Qualitäten der Beweglichkeit, der Beziehungen, der Freundschaften, der Liebe und der Spiritualität. Berühre deine Zellen mit dem Atem dieses Elementes. Wie kann mein Leben fließender, beweglicher werden? Wie kann mein innerer Fluss die Baumstämme übernehmen, die Felsen umspielen, die Gefühle dorthin führen, wo sie nährend und stärkend sind? Wie kann ich Strudel aufnehmen und im Fluss meines tiefsten Wesens bleiben?

Wenn die Bewegungen deiner Arme, deines Körpers dir helfen, wenn sie dich tiefer in die Atmung dieses Elementes, in die Qualitäten dieses Elementes führen, dann bewege dich bitte, wie du möchtest. Atme im Fluss, führe in diesem Atemfluss die Äste, die Blätter an die Ufer, umspiele die Felsen. Lass das Wasser immer wieder von deinem Scheitel bis zu deinen Fußsohlen fließen, dich reinigen, dich durchströmen und immer wieder den Puls deines tiefsten Wesens spüren. Wenn du möchtest, kannst du dir ein Gefühl, eine Emotion nehmen, als Baumstamm formen und dorthin bringen, zu dem Ufer, wo sie anderen Wesen zur Verfügung stehen kann. Lerne durch den Wasseratem, dich immer wieder ganz und frei zu machen. Dann verbeuge dich wieder vor diesem Element, das in dir lebt, ...

... und gehe zum Feuer. Das Feuerelement ist Einatmen durch den Mund, Ausatmen durch die Nase. Visualisiere in dir eine kleine Flamme, die sich langsam zu einem Feuer entwickelt, ein wärmendes, kräftiges Feuer. Verbinde mit dem Element Feuer die Qualitäten Entscheidungskraft, Begeisterung, Tat und positive Leidenschaften. Es ist eine aufsteigende Kraft, Energie gebend. Wo brauche ich in meinem Leben mehr Feuer und wo weniger? Den Ausgleich zwischen Mangel und Fülle lerne ich mit dem Element Feuer zu finden und auszugleichen.

Führe die Feueratmung in alle Zellen. Belebe sie und lasse sie dich bis in die Fingerspitzen anregen, beleben. Die Feueratmung kann dir helfen, dich von Fremdenergien zu befreien und körperliche Beschwerden zu lindern. Kein Element zeigt so klar die nährende und die zerstörende Qualität, die es in sich hat, wie das Feuerelement.

Bringe zuletzt deine Aufmerksamkeit auf den Solarplexus und lasse mit dem Feueratem die Sonne des Solarplexus aufgehen bis in dein Herz. Dann verbeuge dich innerlich vor diesem Element und bevor du vom Feuerelement zum Luftelement gehst, atme für ein paar Momente in der Erdatmung.

Gehe dann über zur Luftatmung: ein- und ausatmen durch den Mund, ein sanftes, langsames, behutsames Atmen. Die Qualitäten dieser Atmung, dieses Elementes sind die Begriffe Freiheit, Leichtigkeit, Kommunikation und Verstand. Wenn du die Luftatmung durchführst, dann konzentriere dich auf die Region des Nabels und halte den Kanal offen bis zum dritten Auge. Wo brauche ich in meinem Leben mehr Raum, mehr Luft? Wo brauche ich mehr Leichtigkeit in meinem Leben?

Stell dir vor, wie du selbst erschaffen wurdest und wie dir das Leben eingehaucht wurde. Stell dir beim Einatmen vor, wie du selbst erschaffen wurdest, und beim Ausatmen verströme, lass es sich auflösen im Universum. Mache dich durch die Luftatmung geistig frei, sodass dir immer wieder neues Leben geschenkt wird. Führe durch diese Atmung deinen Geist dorthin, wo du ihn gerne hinführen möchtest. Stelle dir irgendwo auf der Welt einen Ort vor, einen Berg, einen Baum, einen Menschen und lenke deinen Geist dorthin. Werde selbst zu einem Schilfrohr.

Und dann gehe in die Verbeugung vor dem Element Luft, das in dir lebt, ...

... und gehe zum letzten Element, dem Element Äther oder dem Element, in dem alle anderen wiederzufinden sind. Die Atmung des Elementes Äther ist ein feines Ein- und Ausatmen durch die Nase. Es stellt die Essenz aller Elemente dar, ist allgegenwärtig und alldurchdringend. Es kann als Schwingung erkannt werden, erfahren werden als Klang, als Inspiration. Es ist das inspirierende, heilende Element, es ist die Liebe, die alles durchdringt. Es ist das Sich-sein-Lassen. Es ist der tiefe Untergrundfluss des Nichttuns und Immer-da-Seins. Es ist das Sein, das im Seienden Ausdruck hat.

Dann halte langsam an und bleibe noch für einen Moment in dieser feinen, sehr feinen Ätheratmung. Lasse die Gedanken teilnahmslos auf dich zukommen und konzentriere dich nur auf den Atem. Der Ätheratem ist Licht, ist Gebet, ist Gnade, ist Liebe.

Und langsam komme erneut in die tiefere Atmung und bewege wieder deinen Körper.

Meditation zu den Elementen und ihren Zentren im Körper

Such dir einen Platz im Raum, an dem du gerne stehst. Verteile das Gewicht gut auf beide Beine, halte die Knie weich, das Becken lasse fallen und dann bringe es mit dem Steißbein lotmäßig in Form, mache Platz für Solarplexus und Herz, entspanne die Schultern, das Haupt halte nach vorne blickend, ganz zart geneigt, sodass du das Gefühl hast, dass das Kinn parallel zum Boden ist.

Die Hände kannst du neben dem Körper halten oder auf den Bauch auflegen, so wie es dir in diesem Moment gefällt, und dann beginne langsam mit dem Kreisen und erlaube deinem Atem, deinen Körper zu bewohnen, zu erobern, in alle Teile hineinzufließen. In jedem Kreisen öffne mehr und mehr die Türen für deinen Atem. Lasse dich von deinem Atem führen und verführen.

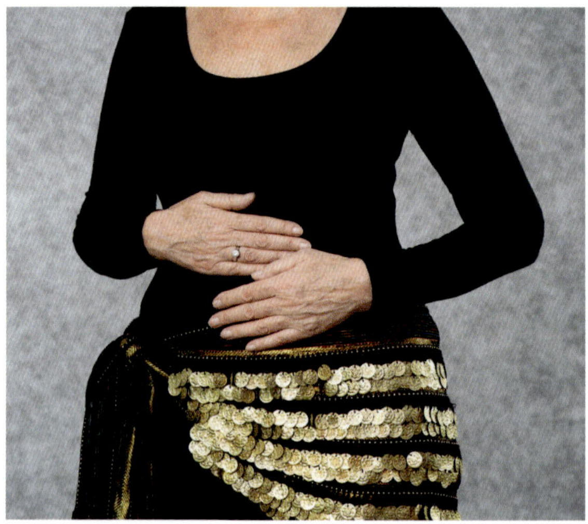

Die Augen tragen die Qualität der Bewegung in sich. Erlaube dieser Bewegung, ihren Weg nach innen zu gehen, und schweife mit deinem Blick durch deinen Körper, sodass das Lesen und das Atmen dich auf deiner Reise begleiten. Erlaube deinem Atem und deinen Augen, dich zu bewohnen, und lasse sie dich an einen Ort bringen, an dem du dich wohlfühlst, an dem du dich geborgen fühlst, an dem du Ruhe und Stille findest. Lasse dich von deinem Atem und deinen nach innen gewendeten Augen an diesen Ort führen – ob es eine Landschaft ist oder ein Raum, der Form annimmt – und verweile an diesem Ort. Höre die Stille dieses Ortes, höre in sie hinein, und lasse aus dieser Stille die Musik, den Ton, den Rhythmus dieses Ortes entstehen, deinen Ton, deinen Rhythmus, deine Musik.

Erlaube deinem Becken, sich in diesem Rhythmus zu bewegen, zu kreisen, langsam oder schnell, wie immer es in diesem Moment für dich passt. Schaue dir an, wie dieser Ort, an den du geführt worden bist, aussieht. Erlaube den Formen, den Gestalten, den Farben, die da entstehen, dir Aufschluss über dich selbst zu geben, Erkenntnis zu bringen über das, was du in dir trägst. Hole dir den Ton aus deiner Lebensenergie und hole dir den Rhythmus aus deinem Puls, aus deinem Blut.

Von diesem Bild gehe aus, lasse es da sein, ohne es festzuhalten, halte nur den Raum offen und beginne mit der ersten Atmung, der Erdatmung, die dich in dein Becken setzt, dich mit deinem Becken tiefer vertraut macht, in ihm verankert, dich kräftigt. Beginne mit der Erdatmung, einem tiefen, erdigen Ein- und Ausatmen durch die Nase. Wiederhole diese Atmung viermal in deinem Rhythmus, ruhig und in der Tiefe, wie es jetzt für dich passt. Bewohne deinen ganzen Körper mit dieser Atmung und nimm als Ausgangspunkt und Ziel dein Becken. Rufe alle Erdteile in dir, rege sie alle an mit dieser Atmung, sodass sie dir zur Verfügung stehen, geistig und körperlich. Dann gehe wieder in deine dir gewohnte Atmung, lasse die Erdatmung nachhallen und nimm sie als Basis, ...

... um weiterzugehen auf die Ebene des Solarplexus. Hier atme mit der Wasseratmung, wiederum viermal, Wasser als Basis allen Lebens: einatmen durch die Nase und ausatmen durch den Mund. Rege das Wasser in dir an mit dieser Atmung, spüre die Wasserteile in deinem Körper und damit alle Gewässer dieser Erde. Spüre, wie du durch die Wasseratmung in Einklang mit dem inneren Wasser bist und mit den Gewässern um dich herum, den Wasserfällen, den Ozeanen, den Flüssen, den Seen und dem Regen. Trinke durch die Wasseratmung vom Wasser deines Leibes. Wiederhole sie viermal und gehe dann wieder zu deiner dir gewohnten Atmung, lasse die Wasseratmung nachklingen und die darunter liegende Erdatmung.

Wandere auf die Ebene des Herzens und hebe das Wasser zur Ebene des Feuers. Hebe die Erde zur Ebene des Wassers und das Wasser zur Ebene des Feuers. Ruhe im Zentrum deines Herzens und atme mit dem Feuer der Liebe, mit der Leidenschaft des Feuers viermal, vom Herzen ausgehend, in deinen Körper, einatmend durch den Mund, ausatmend durch die Nase. Entfache das Feuer und lasse es deinen Körper anregen, reinigen und mit dem Herzen verbinden. Wachse mit der Feueratmung jenseits der Grenzen, sodass aus Feuer Licht wird. Erlaube, dass durch die Feueratmung die Erd- und Wasseratmung sich verbinden und auf die Ebene des Feuers erheben. Nach viermaliger Wiederholung gehe wieder zu deiner dir gewohnten Atmung und spüre nach. Spüre die Ebene des Feuers und spüre dann Erde, Wasser und Feuer miteinander verbunden.

Gehe nun auf die Ebene des Kopfes und richte hier deine Aufmerksamkeit insbesondere auf den Bereich von der Stirn bis zum Hinterkopf, den Bereich des Elementes Luft. Beginne ein viermaliges Ein- und Ausatmen durch den Mund, deinen Geist anregend und die Illusion der Trennung auflösend. Erlaube den Elementen Erde, Wasser und Feuer mitzuschwingen, sich zu erheben auf die Ebene des Elementes Luft. Lasse dieses Element dich umspielen, Ausdruck in Stürmen und auch in sanften Windböen finden oder in der Brise der Sehnsucht und erlaube noch einmal allen Elementen aufzusteigen bis zum Element Luft. Fülle deinen Körper mit allen vier Elementen, spüre die Kraft, die Schwingung jedes Elementes und seiner besonderen Qualitäten und erlaube ihnen, eine Balance in dir auszulösen, ein zartes Verschieben, Füllen, Verteilen.

Gehe dann zum letzten Element, dem Element Äther. Das Element Äther formt die Essenz aller Elemente, die Atmung des Äthers ist ein feines, subtiles Ein- und Ausatmen durch die Nase, ganz zart. Beginne damit, dass du dir einen Kreis oberhalb des Schädels, über deinem Scheitel, vorstellst und mit dem Ein- und Ausatmen eine Spirale, die nach oben geht bis in die Sphären über dir und die wieder herunterkommt, dich umhüllend bis zur Erde. Forme diese Schwingung um dich und erlaube dem Element Äther, in alle anderen Elemente einzufließen. Labe alle Elemente mit dem Element Äther, verbinde sie, öffne den Raum in dir und um dich für deine Intuition, für deinen Ton und deinen Rhythmus. Behalte die anderen vier Elemente bewusst bei dir, während du mit dem Äther atmest, und gleichzeitig lasse sie sein. Gehe dann wieder zu deiner dir gewohnten Atmung und lasse alles nachklingen.

Wenn du möchtest, kannst du noch einen Schritt weitergehen, stehend oder auch sitzend. Bringe deine Aufmerksamkeit auf deine Hände, ausgehend von den Handtellern zu den Fingern und den Fingerkuppen. Du kannst die Hände mit nach oben gewandten Handflächen halten oder sie zusammengeben oder dort hinlegen, wo es dir am angenehmsten ist, um mit den Händen zu spüren und mit ihnen zu arbeiten. Dich vorbereitend atme in deiner dir gewohnten Atmung, führe die Hände mit deinem Mitgefühl für dich, für deine Fähigkeiten, für das Potenzial, das in dir lebt und dir gegeben worden ist, für diese ganz einmalige, einzigartige Mischung, die du bist. Gehe noch einmal die fünf Elemente durch und diesmal lass die Atmung in die Hände fließen, in deine Finger und in die Fingerkuppen. Für jedes Element atme viermal die jeweilige Atmung, mit der Konzentration deines Geistes darauf, dass dieses Element in deinen Händen angeregt wird.

Beginne mit dem Element Erde und mit der Konzentration auf die Hände: viermal ein- und ausatmen, ein tiefes, erdiges Atmen durch die Nase. Erlaube dem Element Erde, deine Hände zu berühren, zu erfassen und die Qualität dieses Elementes in ihnen anzuregen. Dann gehe wieder zu deiner dir gewohnten Atmung.

Auf der Basis des Elementes Erde atme jetzt die Atmung des Elementes Wasser und rege dieses Element in deinen Händen bis zu den Fingern und Fingerkuppen an: einatmen durch die Nase, ausatmen durch den Mund, viermal. Wieder kehre dann zu deiner dir gewohnten Atmung zurück.

Öffne als Nächstes das Element Feuer in deinen Händen mit viermaligem Einatmen durch den Mund und Ausatmen durch die Nase. Gehe immer von den Handtellern über die Finger zu den Fingerkuppen. Gehe dann wieder zu deiner natürlichen Atmung ...

... und öffne als Letztes den Raum für die Luftatmung in deinen Händen: ein- und ausatmen durch den Mund, viermal.

Halte alle vier Elemente in deinen Händen und umhülle abschließend deine Hände mit dem Element Äther. Erlaube dem Licht in deinen Händen, aus den Kuppen auszufließen, umhülle sie und dringe ein in die Hände mit dem Element Äther: ein feines Ein- und Ausatmen durch die Nase, viermal. Verbinde alle Elemente, die Qualitäten, die Schönheiten.

Du kannst dann deine Hände zusammenbringen, auf dein Gesicht legen, auf dein Herz, wo immer du möchtest, um zu spüren.

Und langsam schließe ab.

Das Öffnen des Kanals

Nimm eine Position ein, in der du etwa 25 Minuten bequem sitzen kannst. Halte die Wirbelsäule gerade. Atme ruhig ein und aus und sammle dich.

Führe deine Aufmerksamkeit zu deiner Mitte, dem Bereich hinter deinem Nabel, und erweitere, öffne diesen Raum zu einem Strahl, einem Kanal, nach oben und unten.

Dann beginne mit dem Atmen. Beginne, ausgehend von der Bauchebene über die Ebene des Solarplexus zur Herzebene und hinauf zur Scheitelebene, in folgender Weise zu atmen, jeweils etwa fünf Minuten:

im Bauch	Nase ein – Mund aus
im Solarplexus	Mund ein – Nase aus
im Herzen	Mund ein – Mund aus
im Scheitel	Nase ein – Nase aus

Beende die Reise, indem du zu deinem dir gewohnten Atemrhythmus zurückkehrst (Nase ein – Nase aus), und verweile etwa fünf Minuten in dieser Position, dir deiner Mitte bewusst.

Diese Atemtechnik zur Öffnung des Kanals bewirkt ein offenes Fließen zwischen dem Nervensystem im Bauch und dem Gehirn.

Meditation zur Öffnung des Kanals

Setze dich hin und nimm eine bequeme Position ein, wobei du dich gerne anlehnen kannst. Das Einzige, was wichtig ist, ist, dass deine Wirbelsäule gerade ist. Atme ruhig ein und aus und verwende dieses Atmen, um dich zu sammeln, so als ob du deinen ganzen Körper, deine ganze Ausstrahlung um deine Wirbelsäule sammelst. Sprich zuerst die Absicht des Sammelns, des Zusammenbringens aus und gehe dann in die Atmung.

Bringe dann langsam deine Aufmerksamkeit zu dem Bereich hinter dem Nabel. Bleibe in der ruhigen Atmung und öffne mit deinem Atem und deiner Hinwendung zu diesem Bereich langsam und achtsam den Raum hinter dem Nabel. Führe deinen Geist mit der Absicht, der Intention des Raumöffnens dorthin.

In dem so entstandenen Raum lasse weißes Licht sich ausweiten und wie einen Strahl, wie einen Kanal nach oben ausstrahlen, bis zu deinem nächsten Hohlraum, bis zu deinem Kopf. Bleibe in dem Raum hinter deinem Nabel und verändere deinen Atem dahingehend, dass du durch die Nase einatmest und durch den Mund ausatmest. Das kannst du drei-, viermal machen. Fülle diesen Raum mit deinem Atem und dann komme wieder zu deiner dir gewohnten Atmung zurück ...

... und nimm die Qualität dieses Raumes, führe sie entlang dieses Strahls hinauf und setze sie auf die Ebene des Solarplexus. Hebe die Qualität dieses Raumes, der sich im Bauchraum geöffnet hat, und führe sie auf die Ebene des Solarplexus. Öffne jetzt zusätzlich einen zweiten Raum auf der Solarplexusebene, der den ersten umhüllt und einnimmt, und wiederum atme drei- bis viermal, diesmal ein Einatmen durch den Mund und ein Ausatmen durch die Nase, um wieder diesen Raum zu vergrößern, zu halten und mit Licht, mit weißem Licht, zu füllen. Dann gehe wieder zu der dir gewohnten Atmung ...

... und wandere weiter, die beiden Räume mitnehmend, auf die Ebene des Herzens: den Raum auf der Ebene des Herzens öffnend, überstülpend über die anderen beiden Räume, mit Licht füllend, mit der Mund-Mund-Atmung – ein und aus durch den Mund. Stülpe den Herzraum über den Raum des Bauches und den Raum des Solarplexus und erweitere ihn noch einmal. Atme das Wissen dieses Raumes mit deiner dir gewohnten Atmung ein ...

... und gehe jetzt auf die Ebene deines Kopfes. Nimm das Wissen der drei Räume und wandere mit diesem Wissen hinauf auf die Kopfebene. Atme sanft durch die Nase ein und aus und öffne einen Raum. Nimm die Essenz, das Wissen aus den anderen Räumen mit und öffne auf der Ebene des Kopfes einen neuen Raum, indem du dieses Wissen hineinlegst und den Raum mit Licht füllst, durch ein feines Ein- und Ausatmen durch die Nase.

Dann nimm diesen Lichtraum des Kopfes und lasse ihn langsam entlang dieses Kanals, dieses Strahls hinunterfließen in deinen Bauch und verankere diesen Kopfraum durch die Atmung Nase ein – Mund aus im Bauch. Dann gehe wieder zu deiner dir gewohnten Atmung über und erlaube dir die Ruhe, um zu spüren, was da ist, in deinem Bauch. Atme ruhig ein und aus und sieh dir den Bauchraum, in dem auch der lichtvolle Kopfraum enthalten ist, unter dem Prinzip von Geben und Nehmen an, vom Halten und Loslassen.

Bleib in der dir gewohnten Atmung und wandere jetzt noch einmal den Strahl hinauf zu deinem Kopf. Wenn du beim Kopf bist, dann stelle dir vor, du stülpst deine Augen nach hinten, so als ob du dich in dein Kleinhirn setzt. Setze dich in den hinteren Teil deines Gehirns, im hinteren Teil des Kopfes, und öffne so den Raum für Eindrücke, für Bilder. Verwende sozusagen dein „Bildhirn" und dann lenke es dorthin, wo du gerne hinsehen möchtest: auf Episoden in deiner Kindheit, auf einen speziellen Menschen, auf eine Landschaft. Öffne den Bildschirm vor dir und lenke diesen Bildschirm dorthin, wohin du möchtest. Dieses „Empfindungshirn" ist offen für Eindrücke; es ist leichter, lichter als das Vorderhirn.

Am leichtesten zum Üben ist es, die Aufmerksamkeit in die Kindheit zu lenken, zum Beispiel in die Zeit, als du gelernt hast zu gehen oder als du den ersten Käfer entdeckt hast. Auch Bilder aus der Lebensmitte können aufsteigen, wenn du dich auf das Kleinhirn konzentrierst.

Fordere dich auf, Dinge zu fühlen, die nicht in Worte gefasst werden können. Halte den Fokus auf diesen Gefühlen und sie führen dich in die „spürende Erfahrung", ins tiefe Selbst, wo du die Samen und Tendenzen der Dinge spürst.

Indem du deine rechte Hand auf die linke Schulter legst und die linke Hand ausstreckst, kannst du diese Bilder, die da sind, die nicht in Worten beschreibbaren Gefühle sogar fassen. Es ist ein ganz anderes Spüren, ein relativ einfaches Hineingehen in andere Dimensionen. Dort kannst du, wenn du Bilder von deiner Kindheit hast, dich mit deiner Hand berühren, deine Konturen spüren und deine Wange streicheln – und etwas in dir wird ganz tief berührt. Wenn du in diese andere Dimension „hineinberührt" hast und wieder zurückkehrst, dann bedanke dich innerlich dafür. Komme zu deinem dir gewohnten Atem, atme bewusst in deinen Körper hinein.

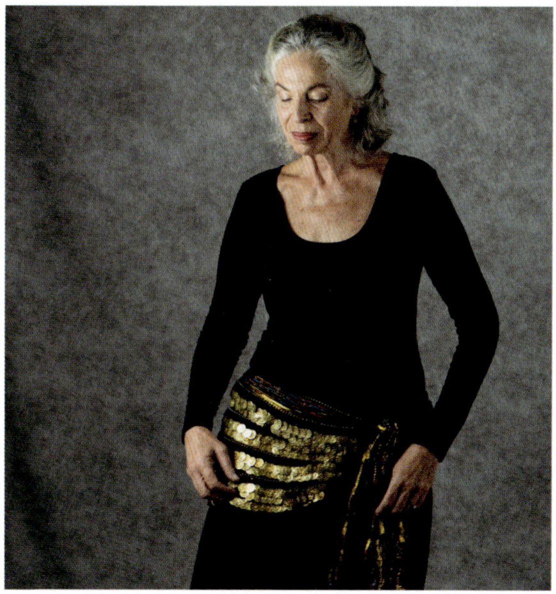

Die zwei Zentren Nabel und Herz

Man sagt, spirituelle Arbeit sei ein kurzer Weg. Es ist die kurze Spanne zwischen Nabel und Herz.
Diese beiden zu vereinen führt uns zu unserer in uns pulsierenden Vollkommenheit.
Es ist die Einung zwischen den Wünschen und Trieben unseres sich gerne in der Trennung sehenden Ichs
und dem allumfassenden menschlichen Anliegen des Herzens.
Es ist die Einung zwischen dem Individuum, das wir sind, und der Einbettung in die Ganzheit des Seins.
Erweitere deinen Geist, dehne ihn aus über die selbstauferlegten Grenzen
und finde Frieden und Glück im Tumult der Welt.

Stell dir zwei Dreiecke vor, die sich über deinen Rumpf erstrecken. Das eine ruht auf der Ebene des Schambeins und hat seine Spitze im Nabel. Das andere ruht auf der Ebene deines Herzens und hat seine Spitze im dritten Auge. Nabel und Herz sind unsere beiden Hauptzentren. Der Nabel symbolisiert das Machtzentrum, das Herz das Liebeszentrum. Mit dem Machtzentrum ist auf der einen Seite Genuss, auf der anderen Seite Sicherheit, mit dem Liebeszentrum auf der einen Seite Kommunikation, auf der anderen Seite Intuition verbunden.

Wenn man sagt, man geht einen Weg des Bewusstseins, so bedeutet das, diese beiden zu verbinden. Nur wenn Nabel und Herz, Macht- und Liebeszentrum verbunden sind, kannst du das Potenzial, das dir – in deiner ganz individuellen Kombination – gegeben worden ist, menschenwürdig leben.

Wir leben in einer Kultur, in der Macht, Sicherheit und Genuss immer wieder angepriesen werden. Für diese drei scheint alles erlaubt, gleichgültig, ob auf der sozialen oder auf der politischen Ebene. Sie sind Qualitäten, Bedürfnisse, die zwar im Menschen vorhanden sind, aber nicht als „menschliche Qualitäten" bezeichnet werden. Die menschlichen Qualitäten sind auf der Ebene des Herzens beheimatet.

Etwas, was da ist, eine „Veranlagung", kannst du nur über das Verbinden verwandeln. Nur wenn du die dem Machtzentrum zugehörigen Qualitäten mit deiner Menschenwürde verbindest, kannst du wahrlich das, was dein Herz bereithält, voll und menschlich verwenden.

Meditation zur Mitte

Verteile dein Gewicht gut auf beide Beine. Achte auf die drei Punkte, öffne deine Knie für das Empfangen, lege Hingabe in dein Becken, lege Lebenskraft in dein Steißbein, lege Vertrauen in deine Aufrichtigkeit, lege Weisheit in die Haltung deines Hauptes und zeige Achtsamkeit in dem sanften Senken deines Kinns. Überführe dein Becken in eine sanfte

Bewegung und langsam öffne den Kreis weit. Beim Kreisen deines Beckens werde dir der Rotation, der Revolution, der Schwerkraft und der Fliehkraft bewusst.

Atme in deine Mitte. In deine Mitte zu atmen bedeutet vor allem, in den kleinen Weg zu atmen, der so lang ist wie vom ausgestreckten kleinen Finger zum ausgestreckten Daumen, sprich in den Weg zwischen Nabel und Herz. Genauso lang ist der Weg unserer Entwicklung. Jeder Mensch, der einen Weg zu sich geht, geht genau diese Spanne. Das heißt, jeder spirituelle Weg ist so lang wie die Spanne zwischen dem ausgestreckten kleinen Finger und dem Daumen oder, mit anderen Worten, so lang wie vom Machtzentrum zum Liebeszentrum. Du kannst es gerne ausprobieren und deine Finger ausstrecken: Der kleine Finger berührt sozusagen den äußeren Rand des Nabels und der obere das Herz. Sei dir also deiner Mitte bewusst und fülle diesen Weg mit deinem Atem, während du unterhalb Kreise formst mit deinem Becken.

Die Meditation

Der Mensch ist Individuum und unteilbar Ganzes zugleich –
ein Klang sowie die Symphonie selbst.

Rufe mich, oh Himmel, und gib mir die Reinheit, diesen Ruf zu hören,
gib mir den Willen und das Vertrauen, ihm zu folgen,
und die Liebe und Freiheit, ihm in meinen Handlungen Ausdruck zu schenken.

Ganzheitlich umfassendes Atmen führt einen Menschen in jenen Raum, wo er ungeteilt, ganz ist. Denn im Kern unseres Wesens wurzelt die Heilung. Atem und Meditation ermöglichen, über den eigenen individuellen Weg zur Ganzheit zu finden.

Der natürliche Zustand eines Menschen ist Reichtum. Die meisten Menschen aber wissen nicht, was ihnen bereits gegeben wurde, weil das Leben so oft durch Äußerlichkeiten bestimmt ist. Die Erfahrung der „verborgenen Innenwelten“ wird uns allen in seltenen Momenten zuteil: im Zustand der Liebe, in Extremsituationen oder in der Meditation. Hier kann der Mensch die Fülle des Da-Seins erleben.

Es ist nur ein Schritt in die Ewigkeit, doch diesen sollten wir bewusst setzen. Dafür wurde uns der freie Wille gegeben. Er bedeutet die Freiheit, in jedem Moment zu entscheiden, was uns im Leben wichtig ist.

Wenn du das Göttliche an die erste Stelle setzt, dann wirst du das Göttliche finden. Die Meditation ist eine der besten Möglichkeiten, die Tür zum Göttlichen zu öffnen. Jeder Mensch besitzt diese Türen, er ist sich ihrer jedoch nur selten bewusst. Die Tür zu öffnen schenkt dir die Fähigkeit, in ruhiger und offener Haltung zu leben und mit offenem Herzen das Gegebene zu erkennen.

Im Augenblick der Stille liegt die Ewigkeit.

Meditation ist ein Zustand jenseits des Denkens, jenseits des Verstandes und kann auch nicht mit oder durch diesen erreicht werden. Meditation ist, ähnlich wie die Liebe, ein Seinszustand und kann nicht „getan" werden. Das wiederum heißt jedoch nicht, dass wir nichts tun können. Wir können einen fruchtbaren Boden bereiten, auf dem dieses kostbare Geschenk wachsen, gedeihen und erblühen kann. Der Zustand der Meditation ist ein Geschenk „von oben", ein Gottesgeschenk, es kann in dir wachsen wie auch deine Bewusstheit.

Jeder Mensch kann meditieren, in jeder beliebigen Position und während jeder Tätigkeit, denn es ist sein natürlicher Zustand. In diesem Zustand haben wir das Licht der Welt erblickt. In den Zustand der Meditation eingebettet strahlen die Augen der Kinder den göttlichen Glanz ihrer Herkunft aus. Das Kind lebt ganz in seiner „inneren Welt". Mit der Entwicklung des Verstandes und vor dem Hintergrund der so sehr an Leistung orientierten gesellschaftlichen Rahmenbedingungen verliert der Mensch jedoch nach und nach die Fähigkeit des Kindes und damit den Kontakt zu den „Wurzeln des Seins" sowie zu den „Ursprüngen der Existenz". Sein, Da-Sein wird zum schlichten Dasein. Um diesen Kontakt wieder herstellen zu können, müssen wir bewusst werden – und das ist, was uns vom Kind unterscheidet, das Kind nämlich ist unbewusst in seinem meditativen Zustand.

Bewusstheit und Bewusstsein haben nichts mit dem Verstand zu tun. Der einfachste und schnellste Weg, das Bewusstsein zu erweitern, ist der Weg der Meditation, denn wir alle kennen ihn schon. Alle Meisterinnen und Meister sind – in der einen oder anderen Form – diesen Weg gegangen, um dann die jeweilige Methode weiterzugeben. Es gibt sehr viele unterschiedliche Meditationstechniken und mindestens eine passt – nach dem Prinzip von Schlüssel und Schlüsselloch – für jede und jeden von uns.

Meditationstechniken

Meditation und Konzentration bedeuten:
Ich verabschiede die Sinne, verwende meine Sinne von außen nach innen kehrend.
Den äußeren Sinnen nachzugehen wäre dasselbe, wie einen Gedanken zu verfolgen.
Nur wenn ich die fünf Sinne, die nach außen gewandt sind, nach innen kehre,
kann ich die Qualität der Wahrnehmung nach innen wenden.
Innerlich sind die Sinne verbunden mit der Seele und sie sind hier unbeschränkt.
Nach außen sind sie beschränkt. Die äußeren Sinne sind beschränkend in Raum und Zeit.
Die äußeren Sinne hineinzuwenden, zu verbinden mit der Seele und das Tor zur Unendlichkeit zu öffnen,
das ist Meditation.

Grundsätzlich soll mittels Meditation eine Entspannung bewirkt werden. Häufig ist Meditation mit einer hohen geistigen Konzentration verbunden, ihr Ziel ist die Selbstfindung, das Finden der eigenen Mitte.

Das arabische Wort für Meditation ist „murāqaba“ und es kommt von der Wurzel r-q-b „beobachten, aufmerksam betrachten, warten, bewusst abwarten, wachen, respektieren, Rücksicht nehmen“.

Es gibt verschiedene Richtungen der Meditation, zum Beispiel Meditationen, die an Objekte gebunden sind, über die meditiert werden soll. Das Objekt kann eine Blume oder eine brennende Kerze sein, ebenso ist das Betrachten bzw. Fixieren einer Schrift oder einer geometrischen Figur möglich. Es gibt auch Meditationstechniken, in denen die Rezitation (Wiederholung) von Mantren, zum Beispiel der göttlichen Namen, verwendet wird (siehe hierzu das Buch „Der Hauch der Ewigkeit. Die 99 heilenden Namen der EINEN Liebe“ von Rosina-Fawzia Al-Rawi, [3]2014). Die Konzentration auf Vorstellungen, Gedanken, Fragen des Seins, Sinnfragen ist eine weitere Meditationstechnik.

Der Verstand kommt leichter zur Ruhe, wenn Körper und Psyche sich bereits in einem Zustand von Entspannung und Ruhe befinden. Daher beschreiben die unterschiedlichen Traditionen in der Regel zahlreiche körperliche Entspannungsübungen, mit denen die bzw. der Übende sich auf die höheren Stufen vorbereiten soll.

Meditation verleiht uns die Fähigkeit, uns den vielen verschiedenen Situationen gewachsen zu fühlen, die uns im Leben begegnen. Sie schenkt uns ein Gefühl von erweitertem Können, indem die in uns liegenden Kräfte mit zunehmender Praxis immer deutlicher spürbar und für uns zugänglich werden. Auf diese Weise nährt sie in uns die Großzügigkeit und lehrt uns, die Ganzheit im Herzen zu bewahren. Nicht zuletzt ermöglicht Meditation uns, auch im Alltag genauer zu sehen sowie klarer und, damit verbunden, wirkungsvoller zu sein in unserem Handeln.

Viele Male praktiziert und „in Fleisch und Blut übergegangen“ kannst du die für dich passende Meditation jederzeit einsetzen und dich an ihrer Wirkung nähren – ob beruhigend oder aktivierend, Energie aufbauend, entspannend. Sie kann dir als Vorbereitung auf einen wichtigen Termin hilfreich sein, dich in einer schwierigen Auseinandersetzung stützen, dich deine Flugangst zunehmend beobachtend wahrnehmen, weniger vereinnahmen lassen, bis sie sich eines Tages ganz auflösen kann.

Das Stillwerden aber bedarf der Übung. Anfangs ist es leichter, zu innerer Stille zu gelangen, wenn auch im Äußeren Stille ist. Der Rückzug aus dem eigenen Alltagsleben hilft, sich anstatt auf viele Dinge ganz auf sich zu konzentrieren, die Sinne nach innen zu wenden, nur eines, aber dieses ganz zu tun und in ebendieser Hingabe *zu sein*.

Neben einer ruhigen Umgebung wähle eine bequeme Körperhaltung. Achte darauf, keine Muskelgruppe zu verspannen, nicht mehr Spannung zu erzeugen, als es notwendig ist, damit dein Körper dich gut halten kann. Das letztlich Wesentliche ist dein inneres Zustimmen, dass du dich einlässt, hinein-, über dein Inneres einzugehen.

Herzmeditationen

Mit dem Herzen ist nicht das Stück Fleisch, das im linken Teil des Brustkorbs liegt, gemeint,
sondern ein feinstoffliches, göttliches und spirituelles Organ,
das mit dem physischen Herzen unmittelbar verbunden ist.
Dieses Feinstoffliche ist das wahre Wesen des Menschen.
Es ist dieses im Menschen, das wahrnimmt, lernt, weiß und wahrlich erkennt.

Das Herz ist das torlose Tor zur Realität. Die Herzmeditationen dienen dazu, den Kopf im Herzen zu verlieren. Sie sollen dir helfen, aus dem Kopf und in dein Herz zu fallen.

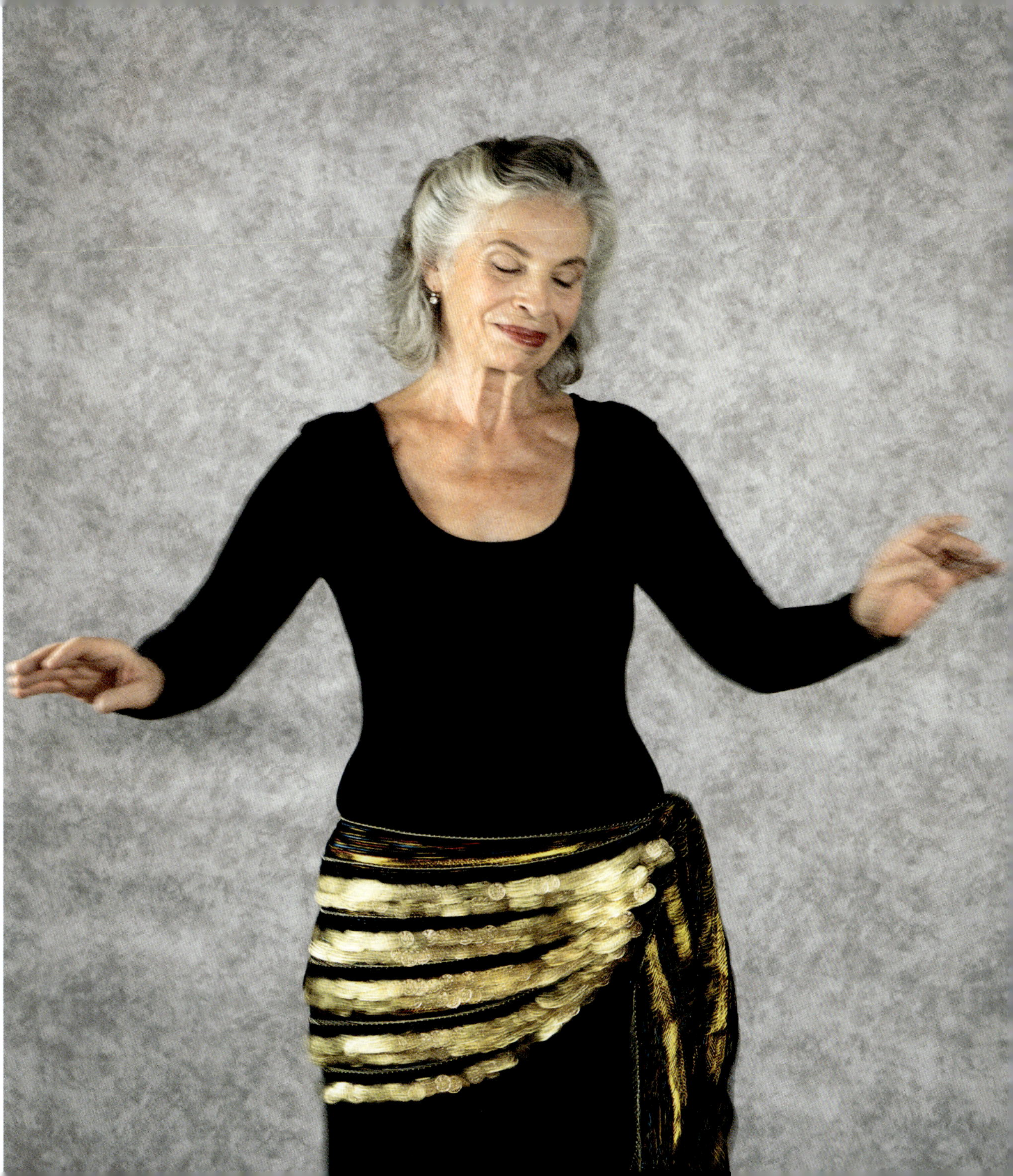

Meditation zum Rhythmus des Friedens

Lege dich bequem hin, auf den Rücken, am besten auf den Boden. Schließe die Augen und spüre deinen Körper.

Wir beginnen mit einem Extrem, um das andere Extrem zu erreichen, denn das eine Extrem schlägt am Ende immer in das andere über. So wie immer ist es auch hier die Spannung, die zur Entspannung führt.

Bringe deine Aufmerksamkeit zu deinen Beinen und fühle, ob du irgendwo Spannung spürst. Beginne mit dem linken Bein: Wenn du dort Spannung spürst, dann intensiviere sie, indem du das Bein hebst, die Zehen zu dir führst, die Spannung stärkst. Spanne so fest an, wie du kannst, und dann, plötzlich – löse sie, lasse dein Bein wieder fallen und du wirst spüren, wie Entspannung sich ausbreitet.

In derselben Weise wende dich deinem rechten Bein zu, um dann deinen ganzen Körper zu durchforschen und all jene Stellen auszumachen, wo Spannung ist. Wann immer du Spannung spürst, verstärke sie, um dann in die Entspannung überzugehen.

In den Gesichtsmuskeln liegen neunzig Prozent der körperlichen Spannungen. Nimm dir also hier besonders viel Zeit. Führe eine intensive Spannung im Gesicht herbei, indem du es einmal so klein wie möglich machst und alles zusammenziehst, einmal weit auseinander. Öffne die Augen weit, überstrecke den Kopf, mache die Zunge lang, verziehe dein Gesicht so fest, wie du kannst, und entspanne es dann. Wiederhole dies ein paar Mal und du wirst spüren, wie dein ganzer Körper, wie alle Gliedmaßen sich entspannen.

Wenn du diese Entspannung erreicht hast, dann vergiss deinen Körper, denn deinen Körper zu vergessen wird die letzte Anspannung von dir nehmen.

Bring deine Aufmerksamkeit zu deinen Achselhöhlen und von dort wandere langsam zu deinem Herzen hin. Vergiss alles und fühle nur die Herzgegend und atme ruhig den Rhythmus des Friedens. Denn wenn der Körper sich entspannt und der Atem in der Herzgegend ruht, kommt der Frieden. Das Herz wird still und harmonisch. Immer wenn man sich friedlich fühlt, kommt es vom Herzen. Immer wenn man an Liebe denkt, in allen Völkern der Welt und gleichgültig welchen Glaubens, denkt man an das Herz. Und immer wenn man liebt, ist man entspannt und von einem gewissen Frieden erfüllt. Lasse deine Liebe einfach, liebevoll, einfühlsam, mitfühlend und frei sein. Das Herz ist die natürliche Quelle der Liebe und des Friedens. Es ist das kostbarste Juwel, die Quelle, die immer da ist. Du brauchst dich nur auf etwas, das immer da ist, einzustimmen.s

Wenn das Herz sich langsam öffnet und der Duft des Friedens dich umgibt, entspannt sich der Bauch und die Welt des Unterbewusstseins wandert langsam vom Bauch hinauf zum Solarplexus und vom Solarplexus geht die Sonne auf im Herzen. Das Herz kann alles aufnehmen. Öffne in deinem Geist den Himmel und lasse Gedanken wie Wolken sein; und bleibe bei deinem Herzen.

Meditation zum Rhythmus des Austauschs mit einer Partnerin

Die Wärme eines Menschen kommt immer aus dem Herzen, nie aus dem Kopf. Der Kopf denkt ständig nach, wie er mehr bekommen kann, das Herz fühlt, wie es mehr geben kann. Die Wärme ist Geben, Geben von Kraft, von Aufmerksamkeit, von Leben.

Suche dir einen Gegenstand – einen Ring, eine Kette, ein Tuch, einen Stein – und lege ihn in deine Hand. Finde eine Partnerin: Setzt euch gegenüber, von Angesicht zu Angesicht. Stell dir vor, deine Hand und der Gegenstand, der darin liegt, sind dein Herz, – dein Herz, das sich ausstreckt, um die Frau, die dir gegenübersitzt, zu berühren, um die Erde zu berühren, um das Leben zu berühren. Lass die Berührung mit deinem Herzen verbunden sein.

Mit dem Rhythmus der Musik beginne, den Gegenstand wandern zu lassen. Du gibst deinen Teil und bekommst den Gegenstand der anderen Frau, ihren Teil, ihr Herz. Lausche auf die Musik mit deinem Herzen, nicht mit deinem Kopf. Sei kopflos. Lasse deine Ohren mit deinem Herzen verbunden sein, lasse die Musik sich mit deinem Herzen verbinden und auch den Gegenstand, den du weiterreichst. Lasse alle deine Sinne mit deinem Herzen verbunden sein. Nimm alles mit deinem Herzen auf und lasse es sich dort auflösen. Führe jeden deiner Sinne tief in dein Herz, sammle sie dort, zentriere sie dort. Sammle dich in deinem Herzen. Wenn du in deinem Herzen gesammelt bist, wenn du nicht mehr vom Verstand her funktionierst, dann öffnet sich das Tor zu deinem Bauch und du fließt in das Unterbewusstsein, hinein in deinen Ursprung.

Bleibe im Rhythmus des Austauschs mit deiner Partnerin, eingebettet im Geben und Bekommen, verbunden mit dem Leben und doch ganz bei dir.

Meditation zur Transformation

Lege dich bequem hin, auf den Rücken, und entspanne dich. Beginne diese Herzensmeditation, indem du ganz ruhig atmest.

Wenn du einatmest, stell dir vor, dass du alles Unglück aller Menschen, das Leid aller Lebewesen auf dieser Welt einatmest. Alles Unglück, alle Not, alle Höllen dieser Welt, alle Qual und alles Leid der Vergangenheit, der Gegenwart und der Zukunft, atme alles ein und dann lasse dein Herz es aufnehmen.

Beim Ausatmen atme alle Freude, all dein Mitgefühl, alle Güte und alles Gute, das du hast, aus. Atme aus und breite diesen Atem über die ganze Schöpfung. Trinke alles Leid, nimm es in dir auf – und dann lasse all deinen Segen hinausströmen. Das ist das Reich des Mitgefühls.

Dein Herz ist dein großer Transformator, das Herz ist das Juwel, das Energien verwandeln kann. Das Herz hat diese magische Kraft, kann dieses Wunder vollbringen und lässt dich deine in dir lebende göttliche Kraft erkennen. Vertraue ...

Meditation zum Atemwind

Nimm – auf dem Rücken liegend – eine bequeme Position ein. Schließe die Augen, spüre deinen Körper, wie er auf dem Boden aufliegt, und dann, sanft und zärtlich, öffne deinen Körper, sodass dein Atem wie ein Wind, ein leichter, süßlicher Sommerwind, durch deinen Körper wehen kann, alle deine Räume betreten kann, erfüllen kann, beleben kann.

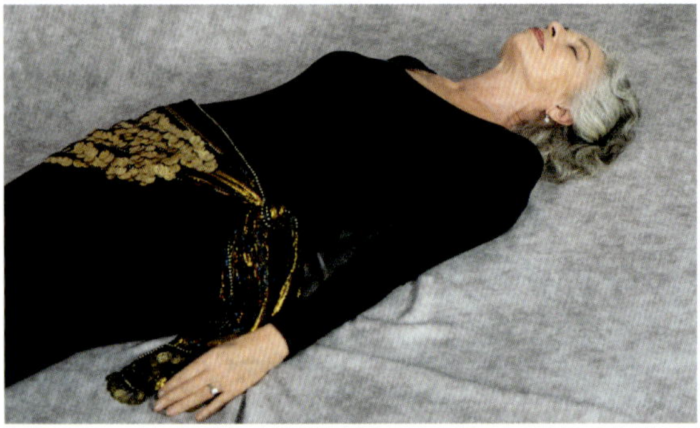

Öffne in dir die Weiten der Steppen, die Größe der Ozeane, die Höhen der Berge und erlaube deinem Atem, die Gipfel der Bäume und die Köpfe der Wiesengräser zu berühren. Erlaube deinem Atem, deinem Wind, sich über alle Landschaften, die sich vor dir öffnen, auszubreiten, in sie hineinzufließen.

Immer wieder, wenn es für dich passt, unterstütze diesen Wind, diesen Atem, gib ihm Anstoß und Weite, indem du nur ein- oder zweimal die Luftatmung verwendest: Eeinatmen und ausatmen durch den Mund, als ob du deinen Wind noch weiter, in weitere Ferne, in weitere Räume in dir senden möchtest, in das Reich der Mystik, in die Millionen von Jahren, die vor dir waren und die nach dir kommen werden und die in dir den Brennpunkt finden, in die oberen Sphären und in die unteren.

Breite die Arme aus und wehe mit deinem Atem in alle Bereiche, in alle Welten und Dimensionen, in die dein Geist dich führt, oder setze dich auf einen fliegenden Teppich. Lasse deine Arme einmal zu Flügeln werden und lasse dich, wo immer du auch hinkommst, von dem Licht in dir und um dich begleiten, nähren und – von jedweder Unruhe, Sorge und Angst befreit – in alle Dimensionen führen. Werde selbst ein Lichtwesen, das überall willkommen geheißen wird, ein Lichtwesen jenseits von Form.

Lasse dann deinen Atem deinen Nabel umspielen und dein drittes Auge. Fülle beide Bereiche mit Licht und führe das Wissen dieser beiden Bereiche auf der Ebene deines Herzens zusammen. Nähre dein Herz mit dem einen und dem anderen Zentrum und erlaube deinem Herzen, sich zu wenden, zu drehen, zu tanzen, genährt vom oberen und vom unteren Licht. Bewege dein Herz und lasse es erwachen und tanzen, frei von Kummer und Schwere, trunken in Liebe. Erwecke dein Herz.

Bevor du abschließt, spüre noch einmal alle drei Zentren – Nabel, drittes Auge und Herz –, spüre wieder den Atem in deinem Körper. Bewohne deinen Körper ganz klar mit deinem Atem. Und wann immer du so weit bist, strecke ein wenig deinen Körper, berühre ihn, bewege ihn und setze dich dann langsam auf. Lass dir Zeit.

Das Zusammenbringen der Gegensätze

Das Leben verläuft nicht linear und kann es auch nicht, denn es nimmt alles und damit alle Gegensätze ein, tendiert einmal zum Positiven, einmal zum Negativen. Vielmehr ist es wellen-, manchmal zickzackförmig, sdenn – so könnte man sagen – das Leben entwickelt sich zwischen den Gegenpolen Männlich und Weiblich, zwischen diesen beiden öffnet sich sein Fluss.

Wenn man in die Meditation gehen möchte – und das gilt für das Leben allgemein –, sind es immer zwei Qualitäten, die man mit einnehmen sollte: Mühelosigkeit und Mühe, Nichtstun und Aktivität, still am Gipfel eines Berges sitzen und gleichzeitig im lauten Leben sein. Wenn du diese beiden Pole zusammenbringen kannst, dann lebst du ausgeglichen – und Meditation hat im Grunde genommen dieses Ziel. Wenn du einerseits ganz klar aktiv in deinem Leben, andererseits ganz klar still bist, dann bist du ewig in der Meditation.

Um das Zusammenbringen zu bewirken, arbeitet man in vielen Traditionen mit Phrasen wie „mühelose Mühe", „torloses Tor" usw. Sie sollen dich erinnern: „Ich bringe die Gegensätze zusammen", „Ich lasse nichts aus". Wenn du die Gegensätze zusammenbringen kannst, dann kannst du in die Leere gehen, und Leere meint das Leersein vom Unterdrücken irgendeiner Qualität: nichts mehr unterdrücken müssen, allem Raum geben.

Aktivität – Passivität: Wenn du in die Stille, in die Ruhe, in die Unbeweglichkeit gehen möchtest, brauchst du eine hohe Vitalität, eine hohe Lebensenergie in dir. Um dies zu erreichen, kann es helfen, vor der Meditation körperlich aktiv zu sein. Aktivität erhöht den Sauerstoff im Körper und das bedeutet, dass du mehr Elektrizität, mehr Magnetismus im Körper hast. Dieser erhöhte Magnetismus wiederum hilft dir, nach innen zu gehen, denn du brauchst eine Kraft, mit der du hineingehen kannst. Wenn du also wirklich still werden möchtest, musst du aktiv sein, lebendig sein.

Übungsfolge in vier Phasen

Die hier beschriebene Übungsfolge umfasst verschiedene Teile und schließt mit einer Meditation. Ziel ist, die Vitalität im Körper anzuregen, die Gegensätze zusammenzubringen, alles einzunehmen, um dich dann ganz auf die Meditation, die Stille einlassen zu können.

Die erste Phase ist dabei der körperlichen Aktivität gewidmet, die zweite Phase sucht mittels Tanz dem Kern näherzukommen, ihn zu berühren. Da wir Menschen häufig nur einen Bruchteil unseres Lebendigkeitspotenzials ausschöpfen, haben wir eine gewisse Starre, die um unseren Kern liegt. Sie zu öffnen ist wesentlich, um tiefer gehen zu können. Die dritte

Phase dient dazu, die innewohnende Beweglichkeit aktiv auszuführen, um dann in der vierten Phase in die Meditation zu gehen.

Suche dir einen Platz im Raum und achte darauf, dass du die Arme weit zu den Seiten öffnen kannst. Du beginnst, indem du die Arme hebst, die Hände oben fallen lässt und in ein bequemes Schütteln gehst. Das Schütteln lasse aus den Knien oder sogar von ganz unten aus den Füßen kommen. Lasse dich, lasse deinen Körper schütteln. Das ist die Ausgangsposition.

Die zweite Bewegung, die du immer wieder ausführst, ist ein „Hinunterfallen", und zwar in dem Sinne, dass du den Oberkörper fallen lässt und die Hände zum Boden bringst. Diese Bewegung bette immer wieder in dein Schütteln ein, wobei du dich manchmal einmal, manchmal auch zwei- oder dreimal hintereinander fallen lässt und wieder hochkommst. Beim Hochkommen lasse heraus, was kommt.

Die dritte Bewegung führt nach rechts und nach links, indem du einfach die Arme um den Körper schwingen lässt.

Als Viertes kannst du zwischendurch immer wieder einige Male springen.

Das sind die Grundbewegungen. Mit ihnen gehe in die Aktivität, wenn möglich mit einer Musik, die dich dabei unterstützt.

1. Teil: Aktivität

Arme heben, Hände oben fallen lassen und den Körper schütteln ... Einmal hinunter und hoch, hinunter, hoch, Arme heben und wieder schütteln ... Einmal hinunter, hoch, Arme seitlich und schwingen ... Arme heben und wieder schütteln ... Zweimal hinunter/hoch und Arme heben und wieder schütteln ... Arme seitlich und schwingen ... Und Arme heben und wieder schütteln ... Zweimal hinunter/hoch und Arme heben und wieder schütteln ... Lasse dich schütteln ...

Nach ungefähr fünf bis sieben Minuten halte an und atme ruhig.

2. Teil: Berühren des Kerns

Wechsle die Musik, spiele ein Lied, das du besonders gerne magst, und lasse einfach den Tanz aus dir herauskommen, wie immer du möchtest.

Nach ungefähr fünf bis sieben Minuten halte an, atme ruhig, bevor du zum nächsten Teil übergehst.

3. Teil: Beweglichkeit ausführen

Erobere den Raum. Erobere den Raum und fühle dich angezogen von der Stille des Gipfels und gleichzeitig von der wirbelnden Welt. Erobere den Raum um dich mit diesen beiden Aspekten.

Du kannst den ganzen Raum einnehmen, wandern, wie und wo du möchtest: oben, unten, rechts, links, vorne, hinten. Lasse dich anziehen von der Stille des Gipfels und vom Lärm der Welt.

Nach ungefähr fünf bis sieben Minuten halte an und atme ruhig.

4. Teil: Meditation

Ich bin verloren und gefunden in der Einheit.

Bringe allmählich deine Aufmerksamkeit auf deinen Atem und gehe in die Meditation – sitzend, mit aufrechter Wirbelsäule und geschlossenen Augen. Die Energie, der Magnetismus, diese Elektrizität wirken innerlich. Folge deiner Lebendigkeit. Meditation ist Poesie, ist Kunst. Sie liegt nicht im Bereich des Kopfes, sondern ist nahe dem Herzen. Meditation ist etwas Mysteriöses. Sie steht der Liebe nahe, so wie auch Musik und Tanz es tun.

Öffne dich für deinen Atem, denn dein Atem ist tief verbunden mit den Wurzeln deines Seins, und begib dich auf diese poetische Reise. Mache deinen Verstand trunken mit deinem Atem.

Fühle dich als Energie, nicht so sehr als Materie. Mühelosigkeit und Mühe, aktiv empfangend, Nichtstun in der Aktivität. Sei wie ein Tier – lebendig, sodass sich daraus Höheres entwickeln kann. Meditation ist kein Wissen, es ist eine Reise. Es ist ein Heimkommen. Es ist, in der Trunkenheit der Liebe das Mysterium des Lebens einzuatmen.

Schließe ab mit einer Verbeugung vor dir selbst.

Das Geheimnis der Aktivität

Die Aktivität hilft dir, dass du dich mehr als Energie, weniger als Materie empfinden kannst. Darin liegt ihr Geheimnis. Indem du den Magnetismus, die Elektrizität aktivierst, fällt es dir leichter.

Die Phasen der Übungsfolge sind als ein Auszug des Lebens zu verstehen, um dann sitzen zu können.

Je mehr die Aktivität in dein Leben eingebettet ist, desto weniger brauchst du zu schütteln und zu rütteln, bevor du dich hinsetzt.

Je klarer du sie lebst, desto mehr kannst du innerlich still sein – und dann kommen Leben und Meditation zusammen, ist alles Meditation.

Die inneren und äußeren Rhythmen des Lebens

Wer bewusst von einer Phase des Lebens in die andere übergeht – und Übergänge werden meist als Krisen bezeichnet, da sie Möglichkeiten und neue Wege beinhalten –, erkennt, dass das Leben aus Zyklen besteht, einer verwoben in den anderen, einer den anderen schon potenziell in sich tragend.
Die Sicht derselben Dinge verändert sich in jeder Etappe, in jedem Zyklus und dadurch zeigt uns das Leben, dass nichts stabil, dass alles im ständigen Wandel ist und dass die einzige Stabilität in uns selbst zu finden ist.
Diese Erkenntnis befreit uns von der Besessenheit an die äußeren Formen.
Ein inneres Wechselspiel zwischen den inneren Prozessen und den äußeren sich stets ändernden Gegebenheiten kann beginnen, in der der Mensch erkennt, dass sein wahres Ich das Maß aller Dinge ist, ewig da, pulsierend in der Pracht des Augenblicks.

Die inneren Rhythmen

Die sieben Lebensphasen

1. tifl/tifla – erste Kindheit

auf Kosten von Anderen leben

2. sabī/sabīyya – ein Kind sein (ab 7)

sinnliches Verlangen, Neigungen nachgehen

3. fatā/fatat – Jüngling /Jugendliche (ab 15)

Rechtsgutachten abgeben können, sexuell reif sein; „Das Wort eines/einer 15-Jährigen gilt."

4. schāb/schābba – junger Mann/junge Frau (ab 18)

die Vorderbeine wie zum Sprung heben; brennen, lodern; ausbrechen

5. rajul/imrā'a – Mann/Frau (ab 21)

führend sein

6. schaych/schaycha – reifer Mann/reife Frau (ab 40)

weltliches, soziales und geistiges Leben verbindend

7. kahl/kahla – alter Mann/alte Frau (ab 70)

auf der Höhe des Lebens stehend

In der orientalischen Tradition wird das Leben in sieben Phasen aufgeteilt. Die erste Phase beginnt mit der Geburt und dauert bis zum 7. Lebensjahr. Sie wird in der besten Bedeutung des Wortes mit „tifl" bezeichnet. „Tifl" bedeutet „auf Kosten von anderen leben" und so soll es sein. In dieser Phase sind wir die wahren Herrscherinnen und Herrscher, die das Recht haben zu fordern und denen alle dienen sollen. Wir sind die Meisterinnen und Meister unserer Umgebung, alle gehen bei uns in die Lehre.

Zwischen dem 7. und dem 15. Lebensjahr prägen sich die Neigungen aus – Neigungen, denen man nachgibt, die Pfade des sinnlichen Verlangens. Es öffnet sich der Raum der großen Träume. Es ist die Zeit, in der wir von der Herrscherin bzw. vom Herrscher zur Premierministerin bzw. zum Premierminister werden. Es ist die Phase, in der wir ein Gegenüber brauchen, in der sozusagen das Tennisspielen beginnt. Je klarer die äußere Partnerin/der äußere Partner ist, desto tiefer kann man in die verschiedenen Neigungen und Verlangen gehen.

Dann beginnt die Phase zwischen dem 15. und dem 18. Lebensjahr und es öffnet sich langsam die nächste Türe: Dein Wort gilt, dein Versprechen gilt, die sexuelle Reife ist da. In dieser Zeit beginnt deine soziale Verantwortung. In dieser Zeit kannst du sozusagen „dein Rechtsguthaben schon abheben". Sexuelle Reife bei uns Frauen bedeutet: Die Gebärmutter ist zum ersten Mal klar schwanger mit den Grundqualitäten Ideen und Kreativität. Sie bleiben dir ein Leben lang und du sollst sie, wenn du Kinder bekommst, auch für diese verwenden, um sie zu führen. Zur Kindererziehung brauchst du Ideen und Kreativität.

Wieder öffnet sich eine Türe zwischen dem 18. und 21. Lebensjahr: Es ist das Aufstellen auf die Hinterbeine, zum Sprung sich erhebend: brennen, lodern, ausbrechen. Die junge Frau ist da. Hier beginnt das Formen der Kriegerinnen und Krieger, hier beginnt die Entscheidung: Setzt du dich für Liebe oder für Krieg ein?

Mit dem Beginn des aufrechten Stehens ab dem 21. Lebensjahr bricht die Zeit des Führens an, die Führungsqualitäten entwickeln sich. Du beginnst zu führen, dich selbst und andere, und sammelst Erfahrung, 19 Jahre, bis du das 40. Lebensjahr antrittst.

Mit dem 40. Lebensjahr beginnt die Reife und mit ihr die Fähigkeit, soziales, weltliches und geistiges Leben zu verbinden.

Das wahre, aufrichtige Stehen in der Balance dieser drei zeigt sich mit dem 45. Lebensjahr, die Balance von innen und außen entfaltet sich. Ab 45 kannst du dir den Stempel, die Bezeichnung „Mensch" geben. Deine Weisheit, deine Schönheit, die Harmonie und Vollkommenheit fließen.

Ab dem 70. Lebensjahr sagt man, dass der Mensch auf der Höhe seines Lebens steht – bereit, wann immer der Moment kommt, die Arme auszustrecken und in den Flug zu gehen.

Übung zu den sieben Lebensphasen mit Partnerin

Wir gehen die Lebensabschnitte durch und zwar auf folgende Weise: Nimm eine Decke und suche dir eine Partnerin: Eine Frau legt sich hin, und zwar seitlich. Die andere Frau deckt die Liegende komplett mit der Decke zu, alles, von Kopf bis Fuß – nichts soll herausblicken.

So liegst du also und deine Partnerin wird beginnen, mit ihren Händen deinen ganzen Körper durchzugehen, wie durch eine Landschaft, in alle Täler und Berge, den ganzen Körper zu berühren. Und während du in dieser Wanderung bist, gehe langsam die Lebensphasen durch, gib dir die Möglichkeit, dich immer wieder zu öffnen, für jede Lebensphase, die du schon erlebt hast und die noch kommen wird. Wir sind im Zeitraum, das heißt, es gibt keine Trennung.

Beginne, wo immer du möchtest, beim Kopf oder bei den Füßen, und wandere langsam. Berühre jeden Teil des Körpers mit deiner Hand. Lege deine Liebe, deine Güte, dein Vertrauen in deine Hände.

Diese Methode wird im Orient bei zwei Wesen angewendet: bei Menschen und bei Pferden. Ein Pferd, so heißt es, kann dir erst ganz vertrauen, wenn du seinen ganzen Körper berührt hast. Bevor man ein Pferd das erste Mal reitet, macht man diese ganzheitliche Berührung, auf beiden Seiten. Denn, so sagt man, ein Pferd ist kein Tier und kein Mensch, es ist ein Wesen dazwischen.

Die Wechseljahre

Das Leben einer Frau ist eingebettet in einen klaren Rhythmus, welcher in verschiedene Abschnitte aufgeteilt ist, körperlich wie geistig. Die ersten 10 bis 15 Jahre sind von Aufbau- und Wachstumsprozessen geprägt. Die daran anschließende Pubertät stellt eine Zeit des Wandels und der hormonellen Umstellung und Reifung dar. In dieser Zeit beginnen die Blutungen und der Prozess des Lebenschenkens kann beginnen.

Die Geschlechtsreife selbst dauert etwa 10 bis 15 Jahre an, vom Beginn der Pubertät gerechnet umfasst sie einen Zeitraum von etwa 30 Jahren.

Es kommt dann eine zweite Zeit des hormonellen Wandels, das Klimakterium – die Wechseljahre. Die Eierstöcke beginnen allmählich, ihre Funktion wieder einzustellen, das heißt, sie bilden keine Eier (Follikel) mehr und stoppen die Produktion der weiblichen Hormone Östrogen und Gestagen. Dies „verunmöglicht" weitere Schwangerschaften in einem Alter, in dem eine Schwangerschaft zunehmend mit Risiken verbunden wäre. Der Körper braucht Zeit, um sich an die Veränderungen zu gewöhnen.

Die Wechseljahre beginnen im Alter zwischen 40 und 50 Jahren und reichen vom Auftreten unregelmäßiger Zyklen am Ende der Vorphase (Prämenopause) bis zur letzten Blutung, der Menopause. Sie ist das prägendste Ereignis während dieser Zeit. Mit der letzten Menstruation beginnt die Postmenopause, also die Zeit nach der Menopause. In seltenen

Fällen und meist ausgelöst durch Stress, zum Beispiel durch einen Todesfall oder eine Trennung, tritt die Menopause verfrüht, das heißt vor dem 40. Lebensjahr, ein.

Insgesamt können sich die Wechseljahre – wie auch schon die Pubertät – über einen Zeitraum von 10 bis 15 Jahren erstrecken. Es folgt jenes Alter, das heute nochmals etwa 30 Jahre umfassen kann.

Bedeutung der Wechseljahre – ein Blick auf andere Kulturen

Klimakterium, die medizinische Bezeichnung für „Wechseljahre", stammt vom griechischen Wort *„klimakter"*, das mit „Stufenleiter" zu übersetzen ist. Darin ist bereits ein Hinweis auf die Bedeutung enthalten, die den Wechseljahren in anderen Kulturkreisen zukommt: Im Klimakterium findet eine Aufwärtsbewegung statt; die Reife der Frau wächst. Bei den Maya aus Yucatán genießen die älteren Frauen hohes gesellschaftliches Ansehen. Ähnliches gilt für verschiedene afrikanische und arabische Kulturen, bei denen mit den Wechseljahren auch der gesellschaftliche Status einer Frau wechselt. Mit der Menopause gewinnt die Frau, sodass die Frauen ihr nicht mit Angst entgegenblicken. Entsprechend treten kaum Beschwerden auf. Das Altern ist insgesamt weniger bedrohlich, da die Großfamilie die alten Menschen trägt.

Diese Beispiele zeigen, dass es einen Zusammenhang gibt zwischen der Bedeutung, die eine Gesellschaft den Wechseljahren beimisst, und der Bedeutung, die das Altern in ihr hat, sowie auch der Rolle, die den Frauen zugeordnet wird. Allgemein werden im westlichen Kulturkreis mit den Wechseljahren beinahe ausschließlich Verluste assoziiert. Diese Haltung wird von den Frauen verinnerlicht und findet Ausdruck in den körperlichen Beschwerden und im seelischen Bereich. Minderwertigkeitsgefühle, „sich nicht mehr weiblich fühlen" sind Konsequenzen dieser Haltung. Während in Europa bis zu zwei Drittel der Frauen an Hitzewallungen leiden, beschreiben Frauen in asiatischen Kulturen die Lebensmitte als die Blütezeit ihres Lebens.

Wenn die Fortpflanzungsfähigkeit endet, beginnt eine wichtige Aufgabe der Weiblichkeit. Der Wechsel öffnet ein neues Tor: Es vollzieht sich der Wandel von der körperlichen Mutterschaft zur geistigen Mutterschaft. Ein neuer Aspekt der Erzeugung, jener der Kreativität, der Seele und des Geistes, rückt ins Zentrum, in gewisser Weise ein Aufatmen des männlichen Aspekts, dem nun mehr Raum zukommt. Frauen, denen es schwerfällt, ihre männliche Seite auszuleben, haben meistens größere Schwierigkeiten in den Wechseljahren.

Die äußeren Rhythmen

Umdrehung – Umkreisung – Schwerkraft – Fliehkraft

Wir Menschen sind in das Universum eingebettet. Die drei offensichtlichsten Himmelskörper, die uns dabei begleiten, sind die Erde, der Mond und die Sonne. Alle drei haben einen tiefen Einfluss auf unseren Körper, aber auch auf unser Gemüt und unsere geistige Haltung.

Die zwei Hauptimpulse, die uns in dieser Welt bewegen, sind die Bewegung der Erde um sich selbst und die Bewegung der Erde um die Sonne.

Aus diesen beiden Grundbewegungen entstehen zwei weitere: die Schwerkraft und die Fliehkraft. Sie alle wirken auf uns und bringen vier Grundhaltungen hervor. Diese Kräfte sind es, die uns immer wieder berühren, uns fordern, uns verwandeln, uns weiterbringen oder – um es mit anderen Worten zu sagen: Es ist die tiefe Güte des Lebens, die uns hier einbettet und uns die Möglichkeit gibt zu wachsen.

Das Drehen der Erde um sich selbst, betont die Qualität der Einmaligkeit des Individuums. Unverwechselbar, gegen andere abgrenzend, kein austauschbarer Massenmensch, das liegt in der Qualität der Umdrehung um unsere eigene Achse, die wir in uns tragen und die wesentlich ist für unsere Entwicklung.

Die Umkreisung, jene Bewegung, in der die Erde um die Sonne wandert, trägt in sich die Qualität der Hingabe. Es ist ein vertrauensvolles Sich-nach-außen-Wenden, ein hingebungsvolles Sich-dem-Du-Öffnen, es ist die Hingabe an das Leben, an die Ganzheit.

Beide Bewegungen, das Drehen um sich selbst, symbolisierend die Individualität, das Ich und seine Evolution, und das Hinwenden zum Anderen, zum Fremden, zum Wir, sind notwendig für unsere Entwicklung. Die Suche nach Balance zwischen der Individualität und der Gemeinschaft in unseren Leben wird uns in unserem Universum vorgegeben.

Aus diesen beiden Hauptimpulsen entstehen die Schwerkraft und die Fliehkraft. Die Schwerkraft fördert in uns das Gefühl, dass wir hier zu Hause sind. Hier ist unsere Welt, hier sollen wir uns wohlfühlen, uns niederlassen, uns einrichten, zielstrebig sein, eine Zukunft aufbauen und Pläne haben. „Handle auf dieser Erde, als ob du ewig lebst“ ist der erste Teil eines arabischen Sprichwortes.

Die Fliehkraft ist die Qualität, die uns zeigt, dass sich alles immer verändert, dass nichts so bleibt, wie es ist. Das Leben steht nie still, alles ist in Bewegung. Hier wird ewiger Wandel verlangt, Offenheit, Flexibilität, Loslassen, Kreativität, Entwicklungen und Veränderungen bejahend, immer lebendig weiter, das Unbekannte, das Fremde wagend.

Wenn die Schwerkraft überhandnimmt, wird sie zur Starrheit. Wenn die Fliehkraft überhandnimmt, so zeigt sich dies als Angst, festgehalten zu werden, schnell das Gefühl zu haben, eingesperrt zu sein.

Auch hier gilt es immer wieder, Tag für Tag, die Balance zu finden.

Die folgende Übung ermöglicht, die beschriebenen Kräfte durch ihr Nachahmen zu kosten und dir deiner Einbettung in den Kosmos und seiner Gesetze bewusst zu werden.

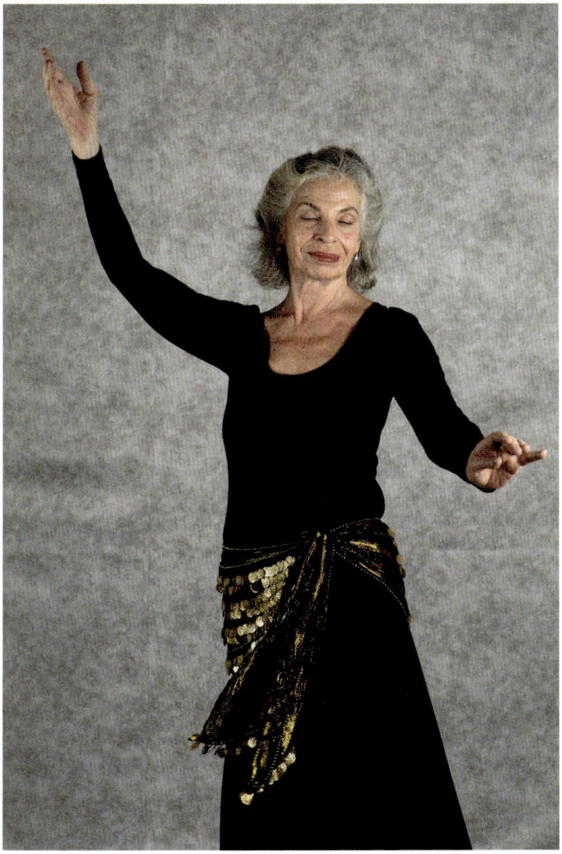

Übung zu den Grundimpulsen

Stellt euch als **Gruppe** gemeinsam in die Mitte und bildet so die Sonne. Im Folgenden wird eine nach der anderen aus dieser Mitte hinausgehen, sich um die Gruppe drehen und gleichzeitig um sich selber:

Formt eine schöne Sonne und dann möge eine von euch heraustreten aus der Mitte und beginnen, sich um sich selbst zu drehen und um diese Sonne, ganz langsam. Werde dir noch einmal bewusst des Ichs, des Wirs, der Schwerkraft, der Fliehkraft. Halte die Hände wie du möchtest. Werde dir deiner Individualität bewusst, deines Bezugs zur Gruppe, zum Wir, bette dich ein hier in dieser Welt, in diesem Dasein, und öffne für dich die Fähigkeit der Verwandlung. Löse dich von der großen Gebärmutter und drehe mit deiner kleinen Gebärmutter.

Die sieben Welten der Seele

Als die Seele sich im Körper darlegte, versah der Körper sie mit den Eigenschaften aller Welten, denen er angehört. So wird der Mensch zu einem Universum, in dem sich alles, was zwischen Himmel und Erde besteht, wiedererkennt. Das Licht der Seele vereint gemeinsam mit dem Körper das Oben und Unten und gibt in der Ausdehnung, in der Liebe zum Schöpfer und zu den Geschöpfen dieser Einung Ausdruck. Deswegen wurde dem Menschen die Fürsorge über das Universum gegeben. Der Mensch erfährt den Himmel, wenn er sich seiner Seele bewusst ist, und die Erde, wenn er sich seines Körpers bewusst ist. Im Bewusstsein um diese Ganzheit wird der Mensch vollkommen. Die Seele verliert nie die Verbindung zu den höheren Sphären, ihre Verbindung zum Himmlischen, und sie singt immerfort durch ihre Ewigkeit, in ihrem Exil, umhüllt vom Gewand des steten Wandels, das Lied des Friedens und Glücks: *Salam!*

Es ist unser Körper, das Gewand für diese Welt, der die Seele mit den Eigenschaften und Funktionen ihrer Welt versieht: mit dem Reich der Mineralien, dem Reich der Pflanzen, dem Reich der Tiere. So bekommt die Seele Dimensionen, in die sie einfließt. Die Sufis teilen sie in sieben Aspekte, sieben Ausdehnungen, sieben Dimensionen.

Wenn diese in Balance sind und miteinander arbeiten, sich ergänzen, dann schöpft der Mensch aus der Fülle seines Seins. Wenn wir eine Balance auf der körperlichen, psychischen und seelischen Ebene finden, können wir uns von den Hierarchien befreien, mit denen Systeme und Kategorien zu rechtfertigen gesucht werden, die Frauen, Kinder oder Minderheiten unterdrücken. Es ist eine geistige Bewegung vom Gegensätzlichen zum Ergänzenden.

Der physische Aspekt unseres Lebens ruht in der Mineralseele, der vegetativen und der Tierseele. Der psychische Aspekt lebt in der persönlichen Seele, deren Sitz im Gehirn ist und die der Ort für unser Ich-Ego und unsere Intelligenz ist. Unsere spirituelle Natur aber liegt jenseits des Physischen und Psychischen, sie lebt im nicht materiellen feinstofflichen Herzen. Die menschliche Seele birgt unsere Kreativität und unser Mitgefühl, in der geheimen Seele lebt die göttliche Erinnerung und im Geheimen des Geheimen ruht und pulsiert der unendliche göttliche Funken.

Jede der sieben Facetten, die die vollkommene Seele beschreiben, besitzt ihre eigene Dynamik, ihre eigene Kraft und hat jeweils eigene Bedürfnisse. Dies bedeutet, dass je nach Situation und Gegebenheit jeweils andere Teile der Seele agieren und in Kraft treten. Der Mensch vereint also alle Aspekte der sichtbaren und unsichtbaren Welt in sich.

Die Seele ist das, was ewig ist in uns, sie ist das, was weitergeht, und das, wo unser Bewusstsein hineinfließt. Mit dem Tod lässt der Mensch zwei Dinge zurück: den Körper und den Verstand – seine Taten und seine Worte aber hinterlassen Spuren, die weiterwirken.

In der vormanifestierten Welt waren wir die Ersten, in der manifestierten Welt die Letzten. So spannen wir Menschen den Bogen von Anfang und Ende und bilden damit den Brennpunkt, den Kern und die Krönung dieser Schöpfung hier. Wir sind die Krönung, aber nicht, weil wir so besonders gut ausgestattet sind, sondern weil wir zu etwas fähig sind, was weder der Adler, der besser fliegen kann, noch der Bär, der vielfach stärker ist als wir, noch sonst irgendein Wesen dieser Welt kann. Wir sind die Krönung, weil wir Menschen eine Qualität in uns tragen, die kein anderes Wesen trägt: Wir können Dinge zur Einheit bringen, sie vereinen. Das ist die Qualität, die uns Menschen auszeichnet. Daraus entsteht das natürliche Gefühl in uns für Gerechtigkeit, Fürsorge, Freiheit und Friede.

Die Qualität der Einheit in uns zu tragen bedeutet, dass nichts auf dieser Welt uns fremd ist. Dementsprechend wird die Seele in der Sufi-Tradition in sieben Teile oder sieben Aspekte aufgeteilt, die dich daran erinnern sollen, dass dir als Mensch nichts fremd ist in dieser Schöpfung. Ob die Aspekte der Elemente oder der verschiedenen Reiche, sie sind symbolisiert in uns und bilden sich ab in unserer Seele. Du trägst in dir das Wissen um das Königreich der Mineralien, das Königreich der Pflanzen und das Königreich der Tiere. So wie du in dir einen Aspekt in deiner Seele hast, gleich jenem, den die Pflanzen in sich haben, so bist du auf dieselbe Weise auch mit den Mineralien und den Tieren verbunden, sie alle sind dir nicht fremd. Den vierten und letzten auf der materiellen Ebene sich manifestierenden Aspekt bildet die persönliche Seele. Sie und die ersten drei Teile der Seele sind direkt mit dem Körper verbunden. Das Mineralreich zeigt sich im Skelett, seinen Sitz hat es in der Wirbelsäule. Das Reich der Pflanzen zeigt sich im Verdauungssystem, lokalisiert ist es in der Leber. Das Tierreich zeigt sich im Blutkreislauf, seinen Ort hat es im Herzen. Der persönliche Teil zeigt sich im Nervensystem, sein Sitz ist im Gehirn.

Die folgenden drei Aspekte manifestieren sich nicht wie die ersten vier auf der körperlichen Ebene, sind also mit keinem Teil des Körpers verbunden, sondern sie manifestieren sich auf der immateriellen, spirituellen Ebene. Sie alle sind auf der Ebene des immateriellen oder spirituellen Herzens zu lokalisieren, sozusagen in Schichten hintereinander ruhend. Das spirituelle Herz befindet sich auf der Ebene des körperlichen Herzens in der Mitte der Brust.

Hier liegt als fünfter Aspekt der Seele zunächst der menschliche Teil. Dahinter, in der nächsttieferen Schicht, findet sich der sechste Aspekt, der geheime Teil der Seele. Der siebte Aspekt, bezeichnet als „die wissende geheime Seele“, liegt als hinterster im Herzen, noch eine Schicht tiefer.

Wenn wir von der Mineralseele, von der pflanzlichen oder animalischen, von der persönlichen, menschlichen, geheimen oder geheimen der geheimen Seele sprechen, so sind damit verschiedene Aspekte *einer*

Seele gemeint. Dieses System der Unterscheidung soll dir eine Orientierung geben, einen Plan, und es soll dir zeigen, dass wir Menschen spirituelle Wesen sind, die in einem materiellen Körper leben – und dass diese Feinstofflichkeit sich ausdrückt in verschiedenen Teilen unseres Körpers.

1. MINERALSEELE – Skelett, Wirbelsäule
2. PFLANZENSEELE – Verdauungssystem, Leber
3. TIERSEELE – Blutkreislauf, Herz
4. PERSÖNLICHE SEELE – Nervensystem, Gehirn
5. MENSCHLICHE SEELE – „QALB“ = „Herz“
6. GEHEIME SEELE – „FU'AD“
7. DIE WISSENDE GEHEIME SEELE – DIE LICHTSEELE „LUBB“ = „Kern“

Die Mineralseele

Wir beginnen mit der Mineralseele, „MADANĪ“. Sie zeigt sich in unserem Körper in den Knochen sowie in den Zähnen, ihr Ort im Speziellen ist die Wirbelsäule, das damit verbundene System ist das Skelett und hier liegt auch ihr Einflussbereich. Über dein Skelett kannst du in Schwingung kommen mit allen Mineralien. Die Mineralseele symbolisiert die Stille, das Ruhende – aber auch den Frieden in uns.

Die Mineralseele ist der Basisaspekt. Sie ist die Seele, die das Stabilste in uns symbolisiert, das Skelett sozusagen. Das Skelett gibt uns aber nicht nur Stabilität, aus ihm erwächst zugleich eine überaus hohe Flexibilität.

Ohne Mineralseele gibt es kein Ausleben der Spiritualität, ohne Skelett gibt es keine Meditation, die Mineralseele ist die Basis hierfür. Sie ist der Halt für alle weiteren Ebenen. Man sagt, die Mineralseele ist am nächsten der siebten Station, dem Göttlichen also, weil sie nie rebelliert. In ihrer Stille widerspiegeln sich Stärke und Härte.

Wir achten wenig auf die Mineralseele, außer es tut uns etwas weh oder es ist etwas gebrochen. Wenn dir jemand sagt: „Setz dich bequem hin“, wirst du wahrscheinlich beginnen, deine Haltung zu korrigieren. Das zeigt, wie wenig Aufmerksamkeit wir dem Skelett schenken. So wie das Skelett auf körperlicher Ebene die Basis bildet, um bequem zu sitzen, so bildet die Mineralseele die Basisstruktur unserer Existenz. In der Sprache drückt sich das Bewusstsein darüber aus: Wenn uns etwas stark berührt oder eine Veränderung sich zu schnell vollzieht, erschüttert es uns „bis in die Knochen“.

Durch die Mineralseele sind wir auf der kleinsten Stufe der Spaltung mit dem Universum verbunden. Das Skelett, so heißt es, sei aus dem Staub der Sterne entstanden, es ist unsere Verbindung zu den Sternen.

Ein Ungleichgewicht in der Mineralseele zeigt sich entweder in Form einer extremen Flexibilität oder in Form einer extremen Rigidität, also Steifheit und Starrheit. So sagt man: „Sie bzw. er hat kein Rückgrat“, wenn jemand leicht beeinflussbar ist oder keine Klarheit in Sicht und Haltung zeigt. Ist jemand hartnäckig und stur, so spricht man vom „Dickschädel“. Der Ausspruch „Jemand hat ein Brett vor dem

Kopf" meint einen Menschen, der nicht flexibel reagieren kann. All das weist auf eine Inbalance in der Mineralseele hin. Das Ungleichgewicht zeigt sich dabei stets auf der geistigen Ebene. So kann jemand zwar körperlich sehr flexibel sein, aber äußerst starr in seiner Einstellung.

Wir alle tragen einen Teil dieser Rigidität und Überflexibilität. Was nicht in das eigene Glaubenssystem, zu den eigenen Glaubenssätzen und Überzeugungen passt, hören wir nicht oder behalten es nicht, vergessen es schnell. Das ist ein Schutzmechanismus, um die Rigidität beizubehalten.

Hitze und Druck sind die Voraussetzung für Veränderungen auf der Mineralebene. Die unveränderliche Struktur der Mineralseele ist einerseits ihre Stärke, andererseits ihre Schwäche.

Es liegt auch nicht an der Mineralseele, die Flexibilität zu erhöhen, denn das geschieht in anderen Bereichen der Seele. Ihre Stärke ist die Starrheit, das ist ihre Aufgabe. Wichtig ist, die Balance auf der Ebene der Mineralseele zu halten. Die Balance zu halten zwischen Flexibilität und Starrheit heißt, weder in das eine noch in das andere hineinzugehen.

Die Pflanzenseele

Es gibt einen Teil von uns, der in uns ist,
der ähnlich ist der Seele,
die Gott in die Pflanzen gelegt hat.
Deswegen sind uns die Pflanzen nicht fremd.

Die Pflanzenseele oder vegetative Seele, „NABĀTĪ", hat ihren Sitz in der Leber und ist mit dem Verdauungssystem verbunden. Sie reguliert das Wachstum und die Nährstoffe bzw. die Assimilierung der Nährstoffe. Als wir im Bauch unserer Mütter waren, haben wir vor allem auf der Ebene der pflanzlichen Seele funktioniert. Wir haben Nahrung aufgenommen und sind gewachsen, also im Wesentlichen so wie die Pflanzen.

Die Pflanzenseele trägt in sich Geschmeidigkeit und ist schöpferisch in ihren Fähigkeiten. Sie reguliert alle Basisoperationen unseres Körpers, die außerhalb unseres Bewusstseins liegen. Wir nehmen das Wachsen der Nägel, das Verdauen eines Apfels als selbstverständlich hin, ohne uns bewusst zu sein, dass diese Funktionen mittels der unendlichen Weisheit der pflanzlichen Seele ausgeführt werden.

Alle physischen Gegebenheiten, die außerhalb unserer Kontrolle und unseres bewussten Verstandes liegen, stehen in Zusammenhang mit der vegetativen Seele.

In der Formulierung „ich vegetiere dahin" – meinend, dass das Leben zwischen Essen und Schlafen verbracht wird – findet die Pflanzenseele Ausdruck, das heißt, Trägheit zeigt sich auf dieser Ebene. Gleichzeitig ist auf dieser Ebene die größte Form der Heilung auszuführen, denn wenn man heilt, heilt man vor allem auf der Ebene der vegetativen Seele.

Wir nähren uns durch die Nahrungsmittel, die wir zu uns nehmen, wir nähren uns aber auch über die Sinne, das heißt, auch unsere Wahrnehmungen nähren uns. Auch fernsehen, ein Buch lesen und Begegnungen sind Nahrung und ein bewusster Umgang damit ist wichtig, denn es ist wesentlich, wie man sich auf dieser Ebene nährt.

Die Tierseele

Die Tierseele, „HAYAWĀNĪ", auch animalische Seele genannt, ist lokalisiert im materiellen Herzen und ist verbunden mit dem Kreislaufsystem, umfassend die Blutgefäße und die Blutzirkulation. Auf dieser Ebene werden folgende Qualitäten entwickelt: die Angst, die Wut, die Trauer und die Leidenschaften. Hier sind die Emotionen anzusiedeln. In diesem Reich offenbaren sich die Leidenschaften, aber auch der Wille nützlich zu sein.

Emotionen werden gefasst als etwas, das sich in Abhängigkeit der Umstände verändert, es sind Reaktionen. In Reaktion auf etwas entwickle ich Wut, werde zornig. Im Unterschied dazu sind Gefühle etwas, das man pflegen muss. Zum Beispiel sind Liebe oder Freude Gefühle, sie sind etwas, dem du Raum geben musst. Emotionen werden häufig negativ bewertet, da sie nur in Reaktion erscheinen. Sie kommen nicht aus dem stabilen Kern, dem eigentlichen Wesen, sondern sie kommen aus einer anderen Schicht, die als Ego bezeichnet werden kann.

Alle Lebewesen tendieren dazu, sich dort hinzubewegen, wo sie Belohnung erwartet – das sind die Leidenschaften –, und sich wegzubewegen von dem, wo Schmerz oder Strafe sind. Wenn man weggeht, ist es Angst, wenn man wegstößt, ist es Wut.

Angst, Wut, Trauer und Leidenschaften entstehen erst dort, wo es den Fortpflanzungsinstinkt gibt. Es gibt diese Emotionen nicht auf der Ebene der Pflanzenseele. Gefühle des Hegens, des Liebens, des Erziehens, des Aufziehens – sie alle kommen aus diesem Aspekt der Seele.

Wir alle haben Leidenschaften, wir haben Wünsche, wir haben Ängste. Wichtig ist, dass sie uns nicht dominieren. Die Tierseele sollte sich in Harmonie mit den anderen Teilen der Seele befinden und nicht die Kontrolle über die anderen übernehmen. Wenn die Leidenschaften zu dominant sind, kann das zu Gier führen, zu Grobheit, zu einer ständigen Erwartungshaltung. Wenn die Leidenschaften zu schwach sind und der Antrieb zu kraftlos ist, führt das zu Schlaffheit und Abhängigkeit.

Wenn der Zorn oder die Wut außer Kontrolle geraten und überhandnehmen, kann es in Arroganz oder auch Instabilität, Jähzorn, Intoleranz, Launenhaftigkeit, Halsstarrigkeit oder Eitelkeit kippen. Wenn der Zorn oder die Wut unterdrückt bzw. nicht in natürlicher Weise entwickelt sind und in keinster Weise ausgelebt werden, zeigt sich dies in Gleichgültigkeit, Unfähigkeit im Tun, im Nicht-mehr-fähig-Sein, sich mit seinem Potenzial zu verbinden, in Überempfindlichkeit und in einer Neigung zu Depressionen.

Die Tierseele hat eine immense Kraft und Kapazität, die sich in Extremsituationen zeigen kann. Das Potenzial, außergewöhnliche Dinge zu tun – zum Beispiel ein besonders schweres Regal zu heben, damit eine Person befreit werden kann, stammt aus diesem

Aspekt der Seele. Für Überleben und Reproduktion zuständig, kann die animalische Seele für alles, was mit Überleben zu tun hat, ein immenses Potenzial entwickeln. In einem solchen Moment, in dem einem sonst Unmögliches möglich wird, werden die anderen Teile der Seele ausgeschaltet. Die animalische Seele tritt – dem Selbst- und Arterhaltungstrieb entsprechend – intuitiv ein.

Aus diesem Aspekt der Seele kommen unsere Motivation und Kraft, die Tatkraft, die wir im Leben haben und auch der Wille nutzbringend und nützlich zu sein.

Mit der animalischen Seele zu arbeiten, Verwandlung bzw. eine Balance auf dieser Ebene zu bringen, ist nur durch Meditation oder Kontemplation möglich. Es gibt keine andere Möglichkeit, hier ausgleichend zu wirken. Meditation bedeutet auch, dass man seine Lebenssicht verändert, im Sinne von „Meditation ist wie die Zügel, die das Pferd führen".

Die persönliche Seele

Die persönliche Seele, „NAFSĀNĪ", ist der letzte in direkter Verbindung mit dem materiellen Körper stehende Aspekt. Der ihr zugehörige Ort ist das Gehirn, das mit ihr verbundene System das Nervensystem. Der Komplexität unseres Nervensystems verdanken wir unser starkes Gedächtnis, unser komplexes Denken, unsere Fähigkeit des Planens. Die persönliche Seele lässt uns unsere Umwelt verstehen, und zwar in viel komplexerer Weise als die mineralische, die pflanzliche oder die tierische Seele.

In der persönlichen Seele liegt das Ego, im Arabischen als „NAFS" bezeichnet, das sowohl positiv als auch negativ sein kann. Es kann uns einerseits Selbstrespekt, Integrität, Stabilität und ein Gefühl für uns selbst geben. Im negativen Sinne kann es zu Arroganz, zu einem Gefühl der Trennung vom anderen und vom Göttlichen führen. Andererseits kann es unsere Sicht und unsere Beziehungen zur Welt verzerren. Wir werden dann Diener, ja, Sklaven unserer Gedanken und ewigen neuen Wünsche und verschleiern unser eigenes Glück.

Die negativen Kräfte des „NAFS" haben Einfluss auf das menschliche Herz, auf die Seele, kontrolliert werden sie aber durch den Verstand. Das heißt, wenn du dich weiterentwickeln möchtest, brauchst du Werkzeug, um auf der Ebene der persönlichen Seele und der menschlichen Seele zu arbeiten, damit du das, was du wahrlich bist, leben kannst, damit du geführt und nicht dein eigenes Opfer bist. Um zu lernen, wer du bist, arbeitest du mit diesen beiden Aspekten. Der Verstand wird beruhigt durch das bewusste Begleiten des Atems. Der Atem hilft dir, im Moment zu sein, dort, wo der Verstand im Grunde kaum etwas zu tun hat. Denn der Verstand ist es gewohnt, sich zwischen der Vergangenheit und den Zukunftsvorstellungen zu bewegen. Ihn zur Stille zu bringen, in den Moment, in den Augenblick, und immer im JETZT zu sein, hilft dir, die tieferen Schichten deines Seins zu erfahren. Ein weiterer Aspekt ist das Annehmen dessen, was gerade ist – kein Wunschdenken, sondern ein Sein im Leben, lebendig annehmen.

Das Polieren, um den Spiegel klar zu machen, damit sich das ganze Leben in dir spiegelt und du offen bist nach oben hin, dieses Polieren findet auf der Verstandes- und der Herzensebene statt und das beste Tuch, das du dabei verwenden kannst, ist die Liebe.

Was wir erkennen, zeigt uns, was uns wichtig ist im Leben. Wenn ein Dieb einen heiligen Mann sieht, so sieht er nur seine Taschen. Er soll die Illusion aufgeben, dass er nur ein Dieb ist.

Das Leben ist ein Platz der Güte. Es gibt keinen Menschen, der nicht durch die göttliche Güte immer wieder Zeichen bekommt, um zu erkennen – und zwar mehrmals im Leben. Es gibt keinen Menschen, der vergessen wird. Es gibt jedoch Menschen, die die Zeichen nicht sehen wollen: Sie zur Seite zu schieben, das ist die Freiheit, die wir haben.

Die menschliche Seele

Menschsein beginnt mit dem Mitgefühl, mit der Barmherzigkeit, mit der Liebe. Es ist ein Sprengen der eigenen Illusionen der Getrenntheit und das Erkennen der Einheit allen Seins.

Deswegen wird sie im spirituellen Herzen lokalisiert.

Das spirituelle oder immaterielle Herz, im Arabischen „QALB" genannt, liegt auf der Ebene des körperlichen Herzens, jedoch in der Mitte der Brust, dort, wo das Herzchakra ist. Hier ruhen – sozusagen in Schichten, hintereinander – die menschliche, die wissende und die wissende geheime Seele, die drei immateriellen Aspekte der Seele. Je tiefer du hier gehst, desto näher kommst du der immateriellen Seele bzw. diesem göttlichen Funken, der in dir lebt.

Der fünfte Aspekt, die menschliche Seele, „INSĀNĪ", ist der Ort des Mitgefühls, der Ort der Kreativität und der Ort des Glaubens. Was bedeutet Glaube?

Glaube beinhaltet vor allem die Qualität der Offenheit, und zwar im Sinne des Wortes. Die menschliche Seele ist der Ort der Offenheit und der Empfänglichkeit. Nur wenn ich offen und empfänglich bin, kann ich jene Dinge aufnehmen, die nicht immer eins zu eins mit den Sinnen zu verstehen sind.

Offenheit und Empfänglichkeit stehen im Gegensatz zu Zweifel und Verschlossenheit, wobei Zweifel keine an sich negative Qualität ist. Alle Qualitäten, die wir gewöhnlich als negativ bezeichnen, wie eben Zweifel oder auch Angst, sind in ihrer Grundnatur nicht negativ. Sie werden nur negativ, wenn wir auf ihnen bestehen. Dann nämlich kann die Möglichkeit, die sie geben, die Tür, die sie darstellen, statt zur Tür zum Gefängnis werden. Wenn der Zweifel mit der persönlichen Seele in Kooperation geht und das Gesicht bekommt: „Nur so, wie ich es mir vorstelle, sollen die Dinge sein, wenn sie anders sind, dann nehme ich sie nicht an", dann bedeutet das Verschlossensein. Zweifel aber ist eine Qualität, die dir auch einen Antrieb geben kann, die dir auch die Möglichkeit gibt, die Dinge abzuwägen.

Der Mensch hat als einziges Wesen in der ganzen Schöpfung die Freiheit der Wahl, alle anderen Geschöpfe fließen im Strom. Das heißt, der natürliche Zustand des Menschen ist nicht, im Strom zu fließen und sich treiben zu lassen, sondern der natürliche Zustand des Menschen ist, symbolisch gesehen, zu schwimmen. Deswegen wird spirituelles Wachstum häufig mit dem Schwimmen verglichen: „Höre auf zu denken und lerne zu schwimmen." Der Ort der spirituellen Erfahrungen, des spirituellen Wachstums beginnt auf dieser Ebene.

Ab dieser Stufe beginnt man, alles zu umschreiben. Je tiefer du vordringst zum Geheimen des Geheimen, desto mehr beginnst du, dein Erleben, deine Eindrücke in Bildern, Metaphern und in der Sprache der Poesie auszudrücken. Alle großen Meister drücken ihre Erfahrungen durch Poesie aus.

Die persönliche Seele sind die Wellen, während das spirituelle Herz der Ozean ist. In Kooperation zwischen Ozean und Wellen kommt das wahre Verstehen, also das wahre Erkennen.

Wie nährt man das spirituelle Herz?

Kurz gesagt: durch die Schönheit, durch die Kunst, durch die Liebe, durch die Meditationen und durch das Dienen. Während der Verstand weiß, was am effizientesten ist, weiß das Herz, was richtig ist. Im Herzen liegt die „intuitive Intelligenz" und diese wird genährt durch den Glauben – Glaube im Sinne von Offenheit, im Sinne davon, fähig zu sein, Dinge aufzunehmen, aufnahmefähig zu sein. Wenn es darum geht, Neues zu entdecken, so ist es nicht der Verstand, sondern das Herz, das zu Erkenntnissen führt. Der Verstand alleine kann nichts Neues bringen, denn die Kreativität liegt nicht im Verstand, sondern im Herzen, im spirituellen Herzen. Der Verstand aber soll in Kooperation mit dem Herzen gehen.

Eine der wichtigsten Möglichkeiten, um das spirituelle Herz zu nähren, ist Kontemplation. Kontemplation bedeutet „Hineintauchen, Sichhingeben, Einswerden". Stell dir vor, du sitzt vor dem Meer und gehst sozusagen in die Schwingung dieses Meeres, in ein Zwiegespräch, sodass du plötzlich in der Sprache des Meeres das Meer erkennst. Eine Stunde Kontemplation, so heißt es, ist wie siebzig Jahre beten.

Auch Beobachtung ist wesentlich, um das spirituelle Herz zu nähren, und Verbundenheit mit der Natur, mit den Tieren, den Pflanzen und mit anderen Menschen.

Das Letzte, was wesentlich ist, um das spirituelle Herz zu nähren, ist Meditation. Meditation bedeutet Stille. Meditation ist im Grunde genommen wachsames Warten. Die Qualitäten des Wartens und der Wachsamkeit sind wesentlich, um in die tieferen Schichten deines Selbst zu kommen. Tun und Nichttun zu verbinden ist wesentlich für Wachstum.

Die geheime Seele

Die geheime Seele, „SIRR“, ist jener Teil deiner Seele, der immer weiß, woher sie kommt und wohin sie geht. Das Wissen also, woher wir kommen und wohin wir gehen, lebt in uns. Das heißt, es ist nicht notwendig hinauszugehen, um es zu finden, sondern umgekehrt hineinzugehen. Der sechste Aspekt wird auch der geheime Ort, im Arabischen „FU'AD“, genannt. FU'AD ist die zweite Ebene des „tiefen Herzens“.

Die geheime Seele wusste damals, bevor sie auf die Welt kam, was sie hier zu tun hat, und sie weiß es noch immer. Das heißt, wenn du wissen willst, wo du stehst und wo du hingehst oder woher du gekommen bist, so ist dafür notwendig, in dich hineinzugehen. Je näher du deiner Wahrheit kommst, desto mehr kommt die äußere Wahrheit in Resonanz mit dir. Je näher du deiner eigenen Wahrheit kommst, desto mehr erkennst du die Wahrheit in den anderen Dingen. Die Wahrheit ist immer da, die Essenz der Dinge bzw. das, was sie wahrlich sind, ist immer da, um aber das zu erkennen, musst du zu deiner Wahrheit kommen.

Was sich auf der Ebene der geheimen Seele bzw. in dieser Station am stärksten zeigt, hat wiederum mit den Sinnen zu tun. Die Sinne sind dann sozusagen direkt mit dieser geheimen Seele verbunden und sind dann nicht mehr in Zeit und Raum beschränkt. Das meint es, wenn es heißt, dass Meister fliegen können, dass sie zum Beispiel an verschiedenen Orten gleichzeitig sein können, dass sie Informationen holen können wie „Klone in der Ferne“.

Nur das Göttliche kennt das Göttliche und sehnt sich nach dem Göttlichen. Nur das Ewige kennt das Ewige und sehnt sich danach, so sagt man. Je näher wir der wissenden geheimen Seele kommen, desto mehr ist es so wie: „Ich tue, was ich zu tun habe, ich lerne für eine Prüfung und bin aber dann, wenn die Prüfung kommt, offen für ‚Ich schaffe es' oder ‚Ich schaffe es nicht', es ist nicht mehr in meiner Hand.“ Es geht darum, ganz zu sein *und* ganz in der Hingabe zu sein. Es geht um „ganz zu sein“ und das Gegenteil von „ganz zu sein“.

Die wissende geheime Seele – die Lichtseele

Die wissende geheime Seele, „SIRR AS-SIRR“, ist jener Teil der Seele, der den unveränderbaren Teil unseres Seins bezeichnet. Sie liegt dort, wo der göttliche Hauch in uns ruht, im sogenannten „LUBB“. In seiner wörtlichen Übersetzung ist LUBB der „Kern“ – andeutend, dass der Mensch der Kern der Schöpfung ist. Das göttliche Licht, das wir Menschen in uns tragen, liegt hier und hier findet auch die Vereinigung mit dem Göttlichen statt.

Das Geheime des Geheimen ist unser Kern, es ist reines Licht. Hier ist die Kapazität des spirituellen Wachstums unbegrenzt. Es ist der Teil, der uns sozusagen als die wahre Seele der Schöpfung auszeichnet. Das heißt, aufgrund dieses Teils geht die Sonne auf und alles in der Schöpfung, alles, was du siehst, alles, was dich umgibt, ist gemacht für diesen Teil. Hier entsteht, hier ruht, hier lebt die göttliche Weisheit. Hierher gehört der Satz: „Weder Himmel noch Erde können das Göttliche beinhalten oder würden es zu tragen vermögen, allein das gläubige Herz des Menschen kann das." Und hier ist sozusagen der Ort, an dem das Göttliche gefunden werden kann. Alle anderen Aspekte kennen die Dualität, nur dieser Aspekt kennt ausschließlich die Einheit, ist jenseits der Dualität.

Wenn man sagt, du sollst jeden Menschen freundlich und achtsam behandeln, so ist es auf ebendiesen Aspekt hin bezogen. Es geht darum zu lernen, zwischen der Achtung und dem Respekt diesem Kern gegenüber und der vielleicht dennoch notwendigen Zurechtweisung eines Menschen zu unterscheiden. Wenn also ein Dieb zu einer alten Dame kommt und versucht, ihr die Tasche zu stehlen, dann soll sie ihm, als Bild, sehr wohl „mit dem Schirm auf den Kopf hauen", die Augen aber sollen dabei trotzdem Mitgefühl haben und den Kern in ihren Blick miteinschließen. Der Dieb soll also sehr wohl eins mit dem Schirm auf den Kopf bekommen, der andere Aspekt aber soll trotzdem das Herz erwärmen.

Meditation zum Unterbewusstsein und zu den ersten drei Aspekten der Seele

Lege dich auf deinen Rücken, ziehe die Beine zu dir und stelle sie auf. Lege dann langsam deine Hände auf den Nabel, erlaube deinem Atem, immer tiefer und tiefer zu gehen und deinen Bauch zu erobern, indem er sich ausdehnt beim Einatmen und dir näherkommt beim Ausatmen.

Wenn du in diesen Fluss des tiefen Atems gekommen bist, dann beginne, mit deinen Händen den Bauch zum Vibrieren zu bringen – ganz zart, ein leichtes Vibrieren mit den Händen, sodass sich diese Bewegung auf deinen Bauch überträgt, bis er sich entspannt und du dich im Bauch eingelebt hast. Bewohne mit deinem Atem deinen Körper …

… und wenn du so weit bist, dann lege deine Fingerkuppen auf den Nabel und beginne, mit den Fingerkuppen im Uhrzeigersinn zu wandern, also langsam vom Nabel dich zu entfernen, spiralenförmig, bis an den äußersten Rand, und dann langsam wieder zum Nabel zurück.

Lasse diese Berührung intensiv sein, sodass du die Fingerkuppen gut spürst und du wie jemand, der blind ist, mit deinen Fingern liest, in deinem Bauch. Spüre selbst, welcher Rhythmus, welche Bewegungen für dich passen, wo du anhältst, wo du schneller wirst oder schneller werden kannst. Lies mit deinen Fingerkuppen in deinem Bauch.

Die erste Umwanderung ist um den Nabel, dann vergrößert sich der Kreis – immer weiter und weiter, bis zum äußersten Rand und dann langsam wieder zurück. Es ist ein Lesen im unteren Teil des Unterbewusstseins.

Indem du die Bewegung mit deinem Atem begleitest, verbindest du diesen gleichzeitig mit dem oberen Teil des Unterbewusstseins und dann öffnet sich das Reich der Mitte, das Reich des Bewusstseins.

Wenn du verspannte Stellen entdeckst, so bleibe dort länger mit deinen Fingern und massiere sie kreisförmig. Manchmal ist es wichtig, etwas tiefer zu gehen, und manchmal ist es passend, an der Oberfläche zu bleiben. Entscheide selbst, wie du wandern möchtest, wie deine Schritte sind. Und wenn du beenden möchtest, dann lege ganz bewusst beide Hände wieder auf den Nabel.

Bring deine Aufmerksamkeit, wenn du fertig bist, wieder zu deinem Atem und führe dein Einatmen tief in dein Herz, das in der Mitte deiner Brust weilt, und beim Ausatmen tauche tief in den Bereich des Nabels ein. Behalte die Augen dabei geschlossen und blicke mit beiden Augen nach oben. Den Blick so nach oben gewendet führt dich das Einatmen in die Brust, in dein Herz, und das Ausatmen tief in den Raum des Nabels.

In dieser Atmung werde dir bewusst der Basisexistenz, der Basis deiner Existenz, werde dir bewusst deines Skelettes. Man sagt, das Skelett des Menschen ist aus dem Staub der Sterne entstanden. Es trägt in sich große Flexibilität und auch Starrheit, Stabilität. Es bildet die Basis, um Neues aufnehmen zu können, und es gibt dir die Kraft, klare Grenzen zu formen. Atme in dein Skelett, nimm es mit in dein Bewusstsein. Ohne Skelett gibt es kein spirituelles Wachsen, es gibt dir das Gefühl für deine Existenz. Obwohl dieser Teil von uns am stärksten mit der materiellen Welt verbunden ist, ist die Stabilität dieses Teils der Antrieb, der uns in die höheren Sphären führt.

Wieder atme ganz bewusst in das Herz und, diesmal, in die Region des Magens. Wende dich der Pflanzenseele zu, die ihren Ort im Verdauungssystem hat und deren Sitz die Leber ist. Wachstum und die Verarbeitung von Nährstoffen finden hier statt, genauso wie bei den Pflanzen. Die Pflanzenseele ist der Ort der Umwandlung, so wie Pflanzen die Energie des Lichtes umwandeln. Nähren ist die Qualität der Pflanzenseele. Frage dich: Wie nähre ich mein Herz? Wie nähre ich meinen Geist? Wie nähre ich meine Seele? Die Basis aller Dinge ist immer die Küche.

Die Intelligenz der Pflanzenseele basiert auf Millionen von Jahren der Evolution. Die Pflanzenseele weiß, wie sie Krebs verursachen kann und wie sie ihn wieder heilen kann, wie sie Herzkrankheiten verursachen kann und wieder heilen kann, all das jenseits des Intellekts.

Die Tierseele liegt im Blutkreislauf, ihr Ort ist das physische Herz. Drei Qualitäten leben in der Tierseele: Angst, Wut und Leidenschaft. Sie bewegt sich dorthin, wo Lob, wo etwas Belohnendes da ist, sie bewegt sich weg, wo Schmerz und Strafe sind, und sie stößt weg, was schmerzhaft ist. Hinbewegen ist

Leidenschaft, Wegbewegen ist Angst und Wegstoßen ist Wut. Der Selbsterhaltungstrieb ist hier, Sexualität, Liebe, Gefühle des Hegens, des Pflegens, des Erziehens und Aufziehens sind hier. Wir alle haben Leidenschaften und Ängste und sie sind gut, nur sollten sie nicht dominieren. Die Tierseele soll in Balance sein mit den anderen, sie sollte nicht die dominierende sein. In Extremsituationen kann man mit ihrer Kraft schaffen, was sonst körperlich nicht möglich wäre. Es liegt in ihr ein Potenzial, außergewöhnliche Dinge auszuführen.

Werde dir mit deinem Ein- und Ausatmen noch einmal deines Skelettes, deines Verdauungssystems, deines Blutkreislaufes bewusst, das eine in der Wirbelsäule, das andere in der Leber und das dritte im Herzen. Nimm dir noch ein paar Momente des ruhigen Ein- und Ausatmens, bevor du langsam wieder deinen Körper streckst und dich bewegst.

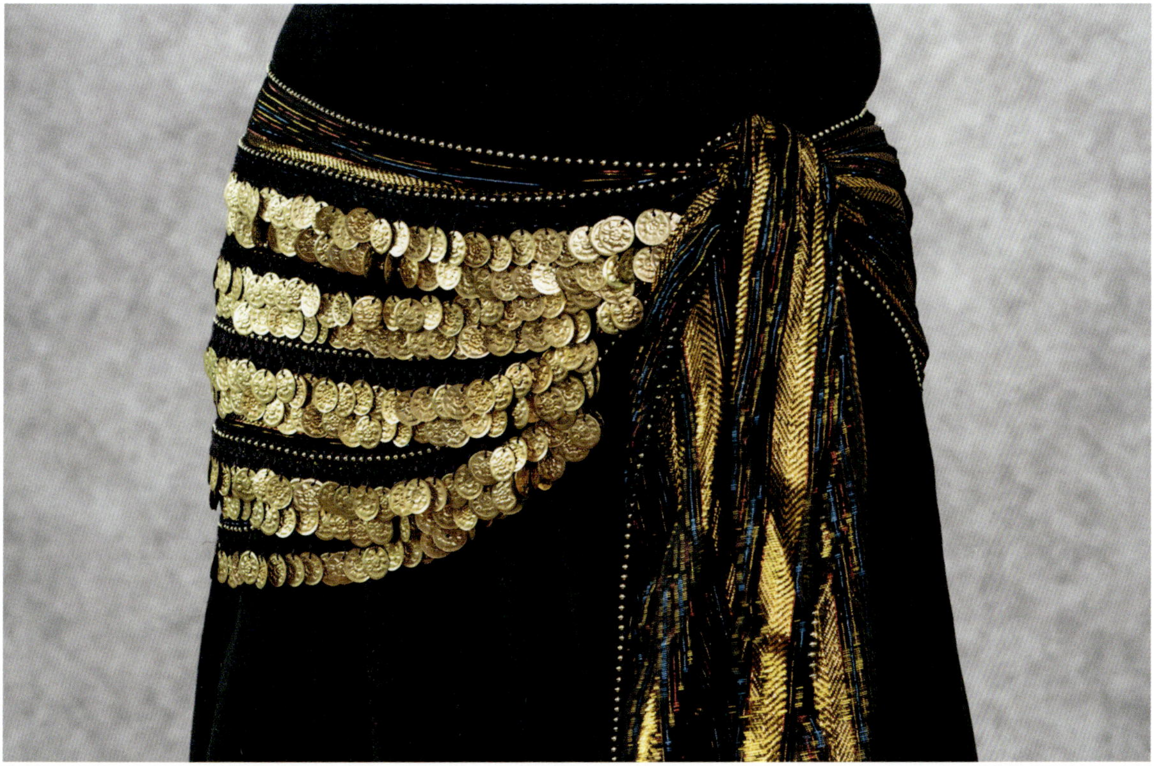

Der Duft des Tanzes

Ich habe Duft-Laune ...

Wenn eine Biene nach Hause kommt, so trägt sie nicht nur den Honig mit,
sondern sie führt auch einen Tanz aus. Findet sie aber nur minderwertige Nahrung,
dann nimmt sie zwar die Nahrung auf, doch ohne nach ihrer Heimkehr zu tanzen.
Die Voraussetzungen für ihren Tanz sind höher als die bloße Nahrung.
Es ist der süße Duft, der von einer gesunden prachtvollen Blüte strömt, der sie zum Tanzen animiert.
Möge dich der Duft in die Lüfte heben, denn sowohl Luft als auch der Duft kennen keine Grenzen.
Im Tanz eingesetzt verstärkt sich der Duft und das wundervolle Wechselspiel zwischen dem Körper,
den Sinnen und der Seele nimmt seinen Lauf.
Im tanzenden Duft treffen sich Kultur und Natur, Kunst und Lust
und die Welt der Träume beginnt all unsere Räume einzunehmen.

Viele Lehren und Schulen beschreiben sogenannte Energiezentren des Körpers und unterscheiden „verschiedene Körper“ des Menschen. Neben dem physischen Körper werden der ätherische, der astrale und der spirituelle Körper genannt, die uns wie „Mäntel“ oder Hüllen in Schichten umgeben. Aus diesen ergibt sich ein Energiefeld, das von einem halben bis zu mehreren Metern reichen kann. Alle diese Körper sind eine vibrierende Einheit und fließen ineinander über. Sie bilden die sogenannte Aura, die sich – für manche sichtbar – als ein vielfarbig leuchtendes Energiefeld zeigt.

Die in den ätherischen Körper eingebundenen Energiezentren liegen entlang der Wirbelsäule. Sie sind zuständig für spezielle Bereiche unseres physischen Körpers sowie dessen Drüsen und spielen eine wichtige Rolle bei der spirituellen Sensibilisierung und Entwicklung. Sind die Energiezentren im Gleichgewicht, so sind wir gesund und vital. Die Energiezentren können aber, unter anderem durch körperliche oder emotionale Verletzungen verursacht, auch eine Über- oder Unterfunktion aufweisen.

Wie alles Existierende bestehen auch Öle und Düfte aus Schwingungen. Diese Schwingungen treffen auf die Schwingungen unserer Körper und stimulieren sie. Sie unterstützen und beflügeln Meditationen und spirituelle Übungen.

Auf der körperlichen Ebene betrachtet ist der Geruchssinn einer der ältesten Sinne in der Entwicklungsgeschichte des Menschen. Düfte wirken über

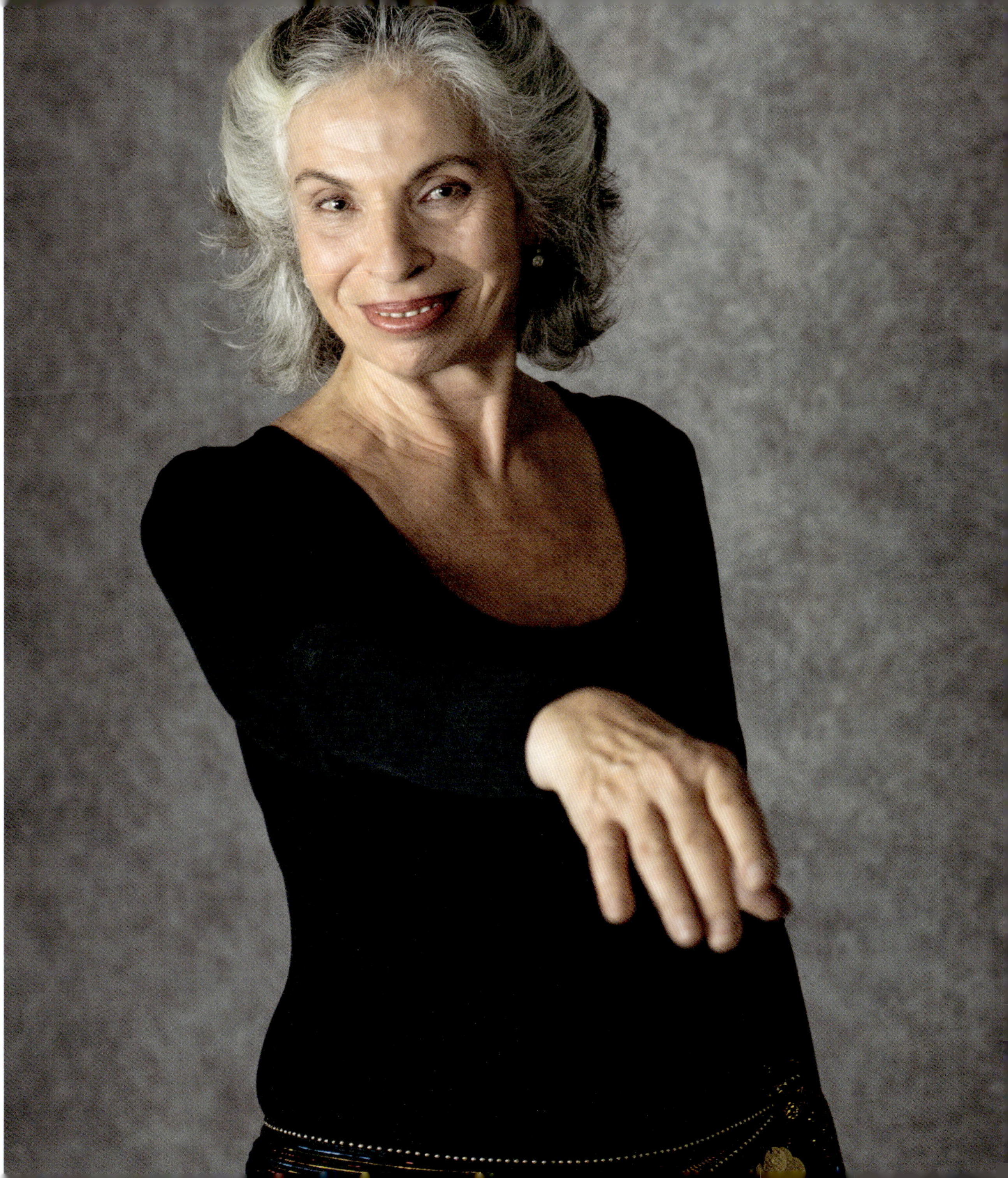

ein kompliziertes Leitsystem direkt auf den Teil des Gehirns, der für unser Unterbewusstsein, unsere Emotionen und unsere Instinkte zuständig ist. Unser analysierender Verstand hat keine Möglichkeit, zensierend darauf einzuwirken. Das Dufterleben ist folglich ein wichtiger Zugang zu unbewussten Bereichen, die uns sonst verschlossen sind.

Während der 600 Jahre, seit die Aromatherapie praktiziert wird, haben sich Heilerinnen und Heiler sowie spirituelle Sucherinnen und Sucher mit den Wirkungen der Düfte und deren speziellen Wirkungen auf die Spiritualität des Menschen auseinandergesetzt. Sie benutzten Düfte, um sich auf eine höhere Ebene des Seins zu begeben, auf der sich die Seele der jeweiligen Pflanze und die Seele des Menschen treffen. Ohne Zweifel sprechen Pflanzendüfte die Seele des Menschen an und können dabei mehr bewirken als nur einen Stimmungswandel. Das Energiepotenzial der Pflanzen kann über ihre Düfte auf den Menschen übertragen werden. Sie wirken im Stillen und gezielt. Sowohl die Selbstheilungskraft des Körpers als auch das Gleichgewicht zwischen Körper und Seele werden aktiviert. Eine deutliche Steigerung des allgemeinen Wohlbefindens wird spürbar.

Die Hauptquellen des Körpergeruchs sind vorwiegend in den Achselhöhlen und im Genitalbereich zu lokalisieren.

Amber

Amber hat einen sinnlich-süßen, verführerischen Duft, der in seinen Eigenschaften an Moschus erinnert. Amber wird als der König der Düfte bezeichnet. Er symbolisiert die Nähe zu Gott und wird für das Herz bzw. gegen Herzbeschwerden eingesetzt. Er verhilft dem bzw. der Trägerin oder dem Träger dieses Duftes, sich mit dem spirituellen Körper zu verbinden.

Amber harmonisiert den elektromagnetischen Körper, beflügelt das Herz und reinigt die Aura. Amber wird bei innerer Unruhe, zur Meditation und als Fixateur für Parfums und Körperöle verwendet. Aufgrund seiner langen Verdunstungszeit lässt sich sein Duft noch lange nach dem Auftragen wahrnehmen.

Es gibt tierischen und pflanzlichen Amber. Tierischer Amber stammt aus dem Darm des Pottwals. Hier bildet er eine Art Umhüllung von in den Darm gelangten Fremdkörpern und mit diesen wird er in das Meer ausgeschieden. Dort schwimmt er oft in großen Stücken, eine graue Masse bildend, die hauptsächlich als Fixateur bei der Herstellung von Parfums verwendet wird. Auch in erlegten Pottwalen wird nach Amber gesucht, wobei er nur selten gefunden wird.

Als Amber wird aber auch das Harz der sogenannten Bernsteinkiefer (Picea succinifera) bezeichnet. Sein Duft ist sinnlich, balsamisch-weich, edel, honigartig und warm. Mischt man Amber mit Sandelholz, Zimt, Piment und Moschus, so ergibt sich ein warmerotischer Duft, der für alle Störungen des Herzens eingesetzt, bei Unruhe, Traurigkeit und Depression verwendet werden kann und eine Atmosphäre des Trostes bringt. Die beste Qualität findet man im Nahen Osten, in Russland und auf der Dominikanischen Republik.

Mögliche Heilwirkungen

Amber wird für den Kopf, genauer für die Mitte des Kopfes (Fontanelle) verwendet. Hier ist der Sitz des Überbewusstseins, des spirituellen Willens, der Verbindung zwischen Mensch und Göttlichem. Amber hat Einfluss auf das Gehirn, das Nervensystem, den Schädel, die Hirnrinde und die Zirbeldrüse.

Amber hat eine anregende Wirkung auf das Kommunikationszentrum im Gehirn. Er lindert leicht-nervliche Reizbarkeit und Stottern, wirkt gegen Ängste und wird allgemein bei Rückenschmerzen eingesetzt. Amber stärkt die Entscheidungskraft und vermittelt Ausgeglichenheit.

Massage

Die Massage mit dem Amberduft beginnt bei den Ohrläppchen als ein gleichmäßiges, sanftes Kreisen und Drücken der Ohrläppchen. Als Nächstes wandert die Aufmerksamkeit zur Fontanelle, dann wird die Kerbe im Hinterkopf eingenommen. Die Bewegungen, ausgehend von der Kerbe und über den Nacken hinunter, sind mit festem Druck auszuführen. Anschließend wird der Kopf mit beiden Händen liebevoll und zart gehalten. Langsam den Kopf zur Seite drehen und – während die oder der Massierte den Kopf hinauf- und hinunterbewegt und dabei den Mund öffnet und schließt – die Hände entlang des seitlichen Halses führen.

Bei dieser Massage wird der Kopf als wichtigstes Sexualorgan angeregt, wobei vor allem auf die Verbindung zwischen Gehirn/Kopf und Körper geachtet wird.

Vom Kopf geht die Bewegung weiter über die Wirbelsäule, wobei die oder der Massierte entweder auf dem Rücken liegend, auf der oder dem Massierenden liegend oder auf dem Bauch liegend massiert wird. Die Massage führt bis zum Steißbein.

Körperliche Zugehörigkeit: Dick-/Dünndarm.

Bewegung

Achter

Weitschweifende freie Bewegungen – feste irdische Bewegungen

Moschus

Aus den zerkleinerten Samenkörnern einer Hibiscuspflanze (Abelmoschus moschatus) wird ein Sud gewonnen, der einen blumigen, moschusartigen Duft aufweist und gut auf der Haut haftet. Er ist der pflanzliche Ersatz für den echten Moschus, der als Sekret aus einer Drüse am Bauch des männlichen Moschushirsches gewonnen wird. Die spezielle Hibiskusart findet man vor allem in Indien, Indonesien, Ägypten, Madagaskar und China.

Der Duft des Moschus ist sinnlich-herb, sexuell stimulierend und verführerisch. Moschus erweckt das Verlangen, innere und äußere Grenzen zu überschreiten, die gegebenen Kräfte in der Liebe, in der Einheit aufzulösen. Er fördert die Sehnsucht nach Vereinigung und regt Träume an.

Durch Moschus wird man sich seiner selbst bewusst und lernt, die Dinge des Lebens mit Gelassenheit zu betrachten. Man ruht in sich und kann sich auch an Kleinigkeiten erfreuen. Es ist ein zweckfreier, freudvoller, verzauberter Zustand, paradiesisch in seiner Lebenslust.

Moschus regt das Nervensystem an, erweckt das Begehren und stärkt die sexuelle Energie. Er regt die Fortpflanzungslust und die Vitalität an, löst Hemmungen, wirkt erwärmend, stimulierend, gegen Gefühlskälte und Lustlosigkeit. Er lässt alte seelische Wunden heilen und mit ihnen den Körper.

Moschus wird auch bei Kopfschmerzen, bei Herzbeschwerden und Störungen der Sexualität eingesetzt.

Die Sufis verwenden den Moschus vor allem bei geringer Vitalität „Himma", um die Sehnsucht und das Durchhalten zu bekräftigen und zu stärken.

Mögliche Heilwirkungen

Moschus wird bei Erschöpfungszuständen eingesetzt, so bei Kopfschmerzen und Ohnmachtsanfällen, da es den Puls und den Atem beschleunigt. Allgemein beruhigt es das Nervensystem und wird sowohl in der arabischen wie in der chinesischen Medizin allgemein für nervöse und psychische Beschwerden verwendet. Moschus wird auch im Koran als der Duft, der an das Paradies erinnert, erwähnt und man sagt, Moschus öffne die Sinne für das Glück.

Massage

Die oder der Massierte liegt auf dem Rücken, der rechte Arm ruht auf dem Bauch, der linke Arm neben dem Kopf.

Massiert werden das linke Bein und der rechte Arm, der Arm wird von der Hand über den Arm zum Herzen hin massiert, das linke Bein vom Fuß zum Herzen hin.

Das rechte Bein und der linke Arm werden in Richtung der Geschlechtsteile massiert.

Bewegung

Bauchwelle

Stimuliert Becken, Kreuzbein und Lendenwirbel

Jasmin

Jasmin steht für Liebe und Erotik, sein Duft ist sehr sinnlich und wirkt aphrodisierend. In Indien wird Jasmin den Göttern Shiva und Ganesha geopfert. Jasmin gehört zu den Ölbaumgewächsen. Die Blüte dieser als Strauch wachsenden Pflanze erzeugt ein Gefühl von Zuversicht und Optimismus. Niedergeschlagenheit, nervöse Erschöpfung und stressbedingte Beschwerden können durch Räuchern behoben werden. Jasmin unterstützt beim Verarbeiten negativer und unangenehmer Dinge.

Jasmin liebt tropisches Klima und wächst überwiegend in Indien, China, West- und Südostasien, wird aber auch in Ägypten, Algerien, Marokko, Spanien und Frankreich kultiviert. Es handelt sich um eine immergrüne Strauch- oder Rebpflanze, die eine Höhe von bis zu zehn Metern erreicht. Sie trägt hellgrüne, feine Blätter und sternförmige, stark duftende Blüten, meist weiß. Es gibt etwa 350 verschiedene Jasminarten.

Als Räucherwerk ist Jasmin nicht sehr duftintensiv, da seine Blüten beim Räuchern ihren zarten Eigenduft fast völlig verlieren. Deshalb ist es sinnvoll, sie mit Sandelholz, Rose, Salbei, Zimt, Nelke, Koriander u. a. zu mischen. Trotzdem sind die Blüten des Jasmins aber unerlässlich für alle erotischen Mischungen, da die Wirkung unterschwellig stattfindet. Jasmin-Räucherungen bringen Glück und Segen in die Liebe und dienen auch als Schutz für die Liebenden. Jasmin hat einen anregenden Einfluss auf die Sexualität und wird als eines der besten Aphrodisiaka bezeichnet.

Mögliche Heilwirkungen

Die Blüten werden im Zusammenhang mit Leberentzündungen, Leberzirrhosen, Ruhr, Bindehautentzündungen, Tumoren, Kopfschmerzen, Erkältungen, Husten, Heiserkeit, Impotenz/Frigidität, Prostatitis, Nervosität verwendet.

Jasmin zeigt eine starke Wirkung auf die weiblichen Geschlechtsteile und findet bei Gebärmuttererkrankungen Anwendung, im Hinblick auf die Menstruation ist der Einfluss von Jasmin fördernd und schmerzlindernd. Im Bereich der Geburtshilfe wird Jasmin wegen seiner lösenden und entspannenden Wirkung verwendet. Jasmin wird auch eingesetzt, wenn zu wenig Muttermilch vorhanden ist.

Jasmin wird außerdem bei – unter anderem psychosomatisch bedingten – Problemen der Haut sowie Entzündungen der Haut eingesetzt.

Jasmin stärkt die Ausstrahlungskraft seiner Trägerin bzw. seines Trägers. Er wirkt auf der emotionalen Ebene, bringt Optimismus und Vertrauen hervor, löst Blockaden und erleichtert den Umgang mit Ängsten. Jasmin wirkt auf das Bauch-, Herz-, Hals- und Kronenchakra. Kopf und Gefühlswelt werden ausbalanciert. Jasmin heilt emotionale Verletzungen und weckt Inspirationen. Er hat Einfluss auf die Bereiche Kreativität, Visionen, Fantasie, Reden und Ausdruckskraft. Er öffnet den Weg zur intuitiven Weisheit und für die eigene Schönheit.

Massage

Bereiche: Kehlkopf, Brust, Kopf.

Bewegung

Kreisen

Sandelholz

Dieser balsamische, süßlich-holzige Duft dringt erwärmend in unseren Organismus ein. Er reinigt den Geist von depressiven Schwingungen und belebt die Seele mit mehr Optimismus und Lebensfreude. Er hilft bei Erkrankungen der unteren Atemwege, wirkt schlaffördernd und beruhigt die Nerven. Der Haut verhilft Sandelholz zu mehr Spannkraft und Vitalität.

Der Duft des Sandelholzes wird von den Sufis für spirituelle Übungen verwendet, um die rohen Gefühle des *„Nafs"* (arabisch für „Ego") zu beruhigen. Sandelholz hilft bei der inneren Einkehr und bei der Meditation. Die Vielfalt der Erde wird auch oft mit dem Duft des Sandelholzes verglichen.

Mögliche Heilwirkungen

Anwendung bei: Schnupfen, Bronchitis, Husten, Kehlkopfentzündung, Verdauungsstörungen, Übelkeit, Erbrechen, Sodbrennen, Blähungen, Durchfall, Blasenentzündung, Leukorrhoe (Ausfluss), Entzündungen der männlichen Geschlechtsteile, Gonorrhöe, eitrige Prozesse, Impotenz/Frigidität.

Hautpflege aller Typen, besonders trockene Haut, Hautjucken, Akne, Hautentzündung.

Emotionen/Geist: Nervosität, Angst, Schlaflosigkeit, Depressionen, Lethargie, Antriebsschwäche, Passivität; Aphrodisiaka (Impotenz/Frigidität).

Massage

Man beginnt beim Haupt und umspielt es mit den Händen. Dann beginnt eine leichte Massage entlang der linken Seite bis zu den Füßen, anschließend die rechte Seite bis zu den Füßen. Danach beide Füße halten und geistig den Körper von unten nach oben berühren. Dann wiederum zum Kopf setzen, abschließend den Kopf in beide Hände nehmen und ihn sanft und zärtlich bewegen, kaum sichtbar.

Bewegung

Doppelkreise

Rose

Die Rose wird die Mutter aller Düfte oder die Königin der Düfte genannt. Sie reinigt alle Körper (physisch, ätherisch, astral, spirituell) und hilft dem Bewusstsein, höhere Ebenen zu erreichen. Die Rose ist zweifellos der Herzduft, kein Duft berührt das Herz so sehr wie jener der Rose. Er öffnet das Herz, fördert Liebe, Mitgefühl und Offenheit sowie die Fähigkeit zu verzeihen.

Aufgrund ihrer stimmungshebenden Wirkung gilt die Rose als klassisches Antidepressivum. Sie vertreibt Gefühle der Sinnlosigkeit, fördert die Liebe zu sich selbst und anderen und ruft einen entspannten Zustand hervor. In einem Tropfen Rosenöl ist die seelische Botschaft unzähliger frisch gepflückter Rosenblüten enthalten.

Ibn Sina (Avicenna), ein berühmter Arzt aus dem 11. Jahrhundert, der uns die ersten Schriften über psychische Wirkungen der Düfte hinterlassen hat, widmete der heilenden Kraft der Rose ein ganzes Buch.

Der Duft der Rose hilft uns, Gleichgewicht herzustellen, wo es verloren ging. Er fördert zwischenmenschliche und freundschaftliche Beziehungen und wirkt ausgleichend im Hinblick auf Situationen, die mit Zorn, Aggression und Ärger belastet sind. So hilft das Aufstellen einer Duftlampe mit Rosenöl am Arbeitsplatz, um Harmonie zu bringen, vor allem, wenn viele unterschiedliche Menschen zusammenkommen.

Im Orient gibt man im Falle eines Schocks oder eines tiefen emotionalen Schreckens, bei Angst oder emotionalen Schwankungen Tropfen von Rosenöl auf ein Taschentuch und inhaliert.

Mögliche Heilwirkungen

Wirkungsbereich: gesamte Muskulatur, Atemwege, Magen-Darm-Trakt, Herz-Kreislauf-System.

Anwendung bei: Augen-/Bindehautentzündung, Kopfschmerzen, Übelkeit, Erbrechen, Verstopfung, Leberstörungen, Herzschmerzen, Menstruationsbeschwerden (unregelmäßig, zu lange, hoher Blutverlust), prämenstruellem Syndrom, Problemen in den Wechseljahren, Gebärmutterleiden, Sterilität, Sexualstörungen, Krankheiten der Geschlechtsorgane, Schwangerschaftsleiden.

Wirkung: entkrampfend und entspannend sowie entzündungshemmend.

Die Rose hat grundsätzlich schützende Funktionen im Hinblick auf die primären und sekundären Geschlechtsorgane und lindert „Frauenleiden" und Regelstörungen.

Haut: Hautpflege aller Hauttypen. Die wundheilenden und hautregenerierenden Eigenschaften der Rose fördern das Wachstum neuen Gewebes und harmonisieren die Haut.

Anregende Wirkung hat die Rose auf Herz, Teile der Lunge, Brust, Brustwirbel, Immunsystem, Thymusdrüse, vegetatives Nervensystem.

In der Tradition des Sufismus wird für die allgemeine Heilung und Reinigung des physischen Körpers ergänzend Myrrhe verwendet.

Die Rose gilt seit alters her als Symbol der Harmonie, der inneren und äußeren Schönheit. Sie beruhigt, weckt Selbstvertrauen und muntert den Geist auf. Sie gibt empfindlichen Seelen Wärme und Geborgenheit, ein Gefühl von Beschützt- und Eingehülltsein.

Sie wird in Krisensituationen, bei Schocks, emotionalen Tiefs, Depressionen, Kummer, Leid, einfach bei negativen Stimmungslagen aller Art eingesetzt. Bei der Trauerarbeit und Sterbebegleitung wird die Rose verwendet, da sie die Ängste nimmt und für die Weisheit des letzten Ganges öffnet. Rose, so sagt man, ist der Duft der Engel.

Sie besänftigt die Nerven, erhellt bei Liebeskummer und Enttäuschungen und hilft bei Schlaflosigkeit. Ihr Duft öffnet, beruhigt und befreit das Herz. Er kräftigt es und erfüllt es mit Liebe und mehr Zuneigung. Er stärkt Beziehungen und bewahrt vor Untreue und falscher Eifersucht.

Die Rose, die auch als Aphrodisiakum gilt, entfaltet ihre Wirkung auf allen Ebenen, von der psychischen bis zur feinstofflichen. Sie bringt die Energiezentren des Körpers auf die höchste spirituelle Ebene und in Einklang mit dem Göttlichen.

Massage

Mit beiden Händen den Bauch massieren: im Uhrzeigersinn vom Nabel hinaus und gegen den Uhrzeigersinn von außen nach innen; anschließend hinaufgehend bis zur Herzebene: die Wellen des Beckens an der Brandung des Herzens hochkommen lassen, wie Wellen am Strand.

Bewegung

Ausgehend vom Herzen die Hände hinauf- und hinunterführen. Dann die Hände seitlich öffnen, vor dem Herzen zusammenbringen und wieder seitlich öffnen. Abschließend die Hände auf dem Gesicht liegend ruhen lassen.

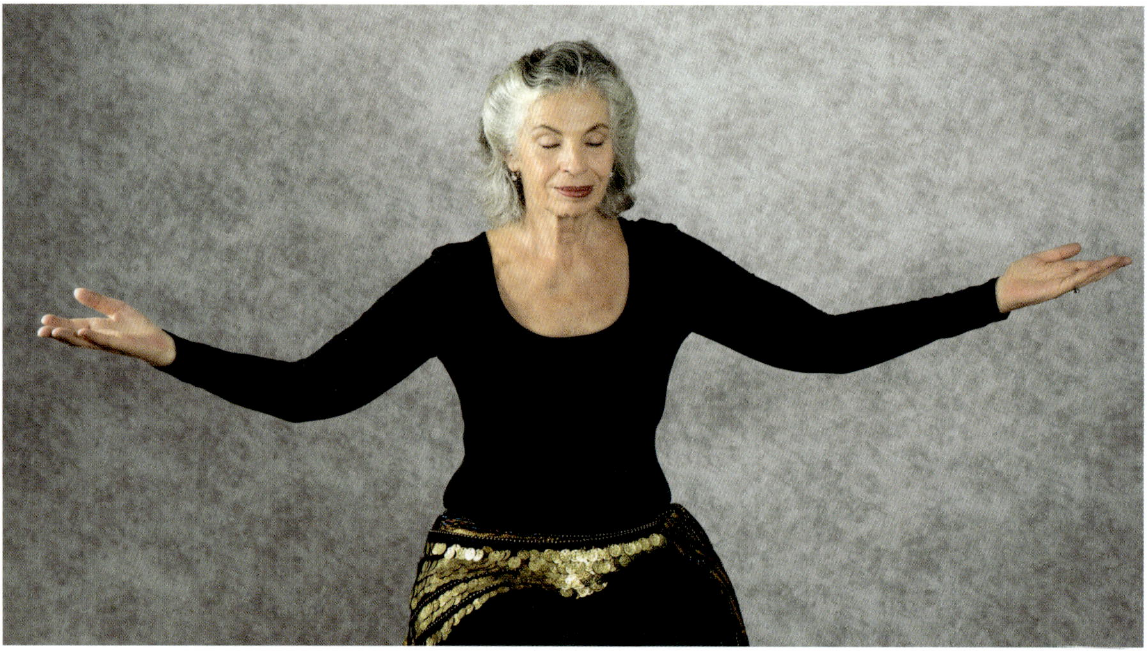

Möge der Duft dieses Tanzes sich ausbreiten und
die Geschöpfe dieser Welt betören,
sich auf den Weg der Liebe und
zu sich selbst zu begeben,
in Liebe und Verbundenheit
Fawzia

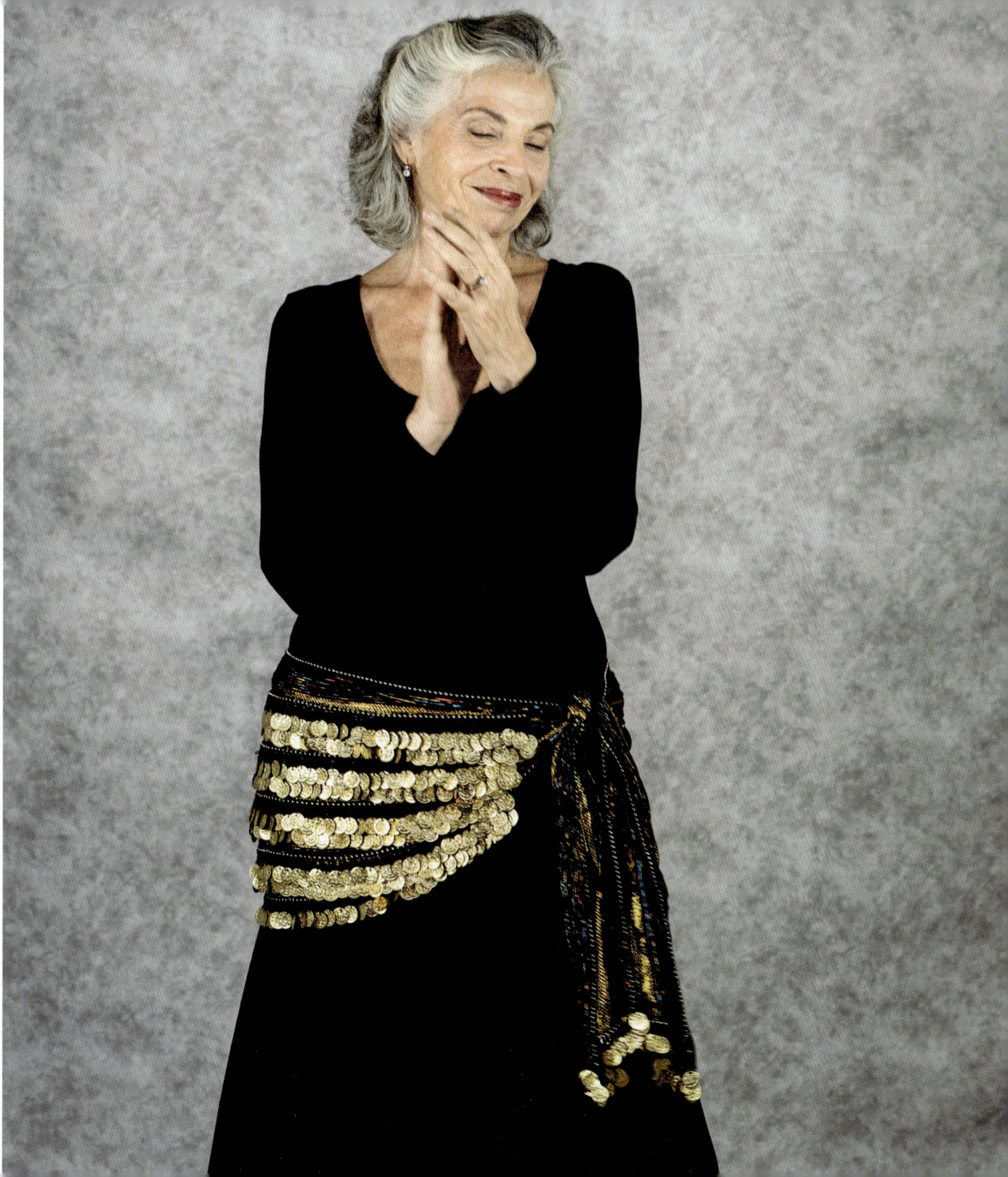

Die Autorin

Rosina-Fawzia Al-Rawi

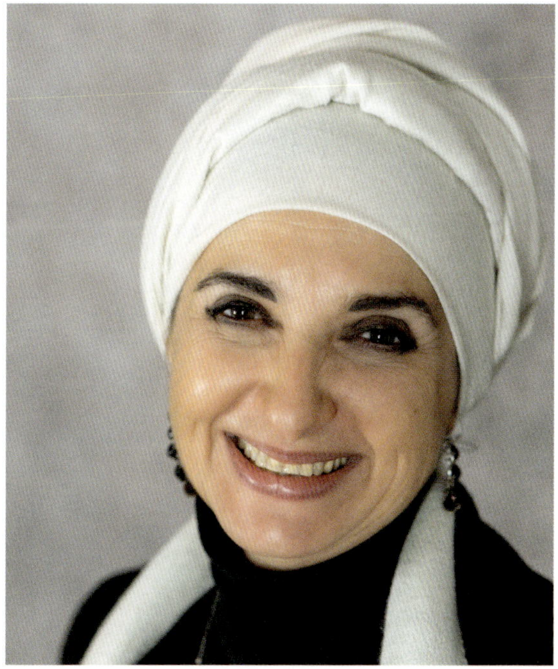

Doktorin der Orientalistik, lehrt seit über 20 Jahren im Bereich des Sufismus und leitet heute weltweit Seminare zum Thema „Weibliche Spiritualität". Geboren in Bagdad, verbrachte sie ihre Kindheit im Irak und im Libanon. Von ihrer Großmutter wurde sie hier in die Traditionen der orientalischen Kultur eingeführt, wobei Bauchtanz als wichtiges Ausdruckselement der weiblichen Welt eine wesentliche Rolle spielte.

Seit 2001 lebt Fawzia Al-Rawi mit ihrem Mann und ihren drei Kindern in Wien.

www.haus-des-friedens.at
www.fawzia-al-rawi.com

Bücher der Autorin

Der Ruf der Großmutter: Oder die Lehre des wilden Bauches, Promedia, Wien; 4. Auflage (2003)

Tante Fatima kauft einen Teppich, Sphinx Verlag (2002)

Zwischen Tisch und Diwan: Ein orientalisches Kochbuch. Über 140 Rezepte der orientalischen Kochkunst, Promedia, Wien; 2., neu durchges. Auflage (2007)

Gelber Himmel, rote Erde. Frauenleben in Palästina, Promedia Verlagsges. Mbh, Wien (1994)

Der Hauch der Ewigkeit. Die 99 heilenden Namen der EINEN Liebe, Sheema Medien Verlag, Antwort (2014)

SeelenBlüten, Sheema Medien Verlag, Antwort (2017)

Register

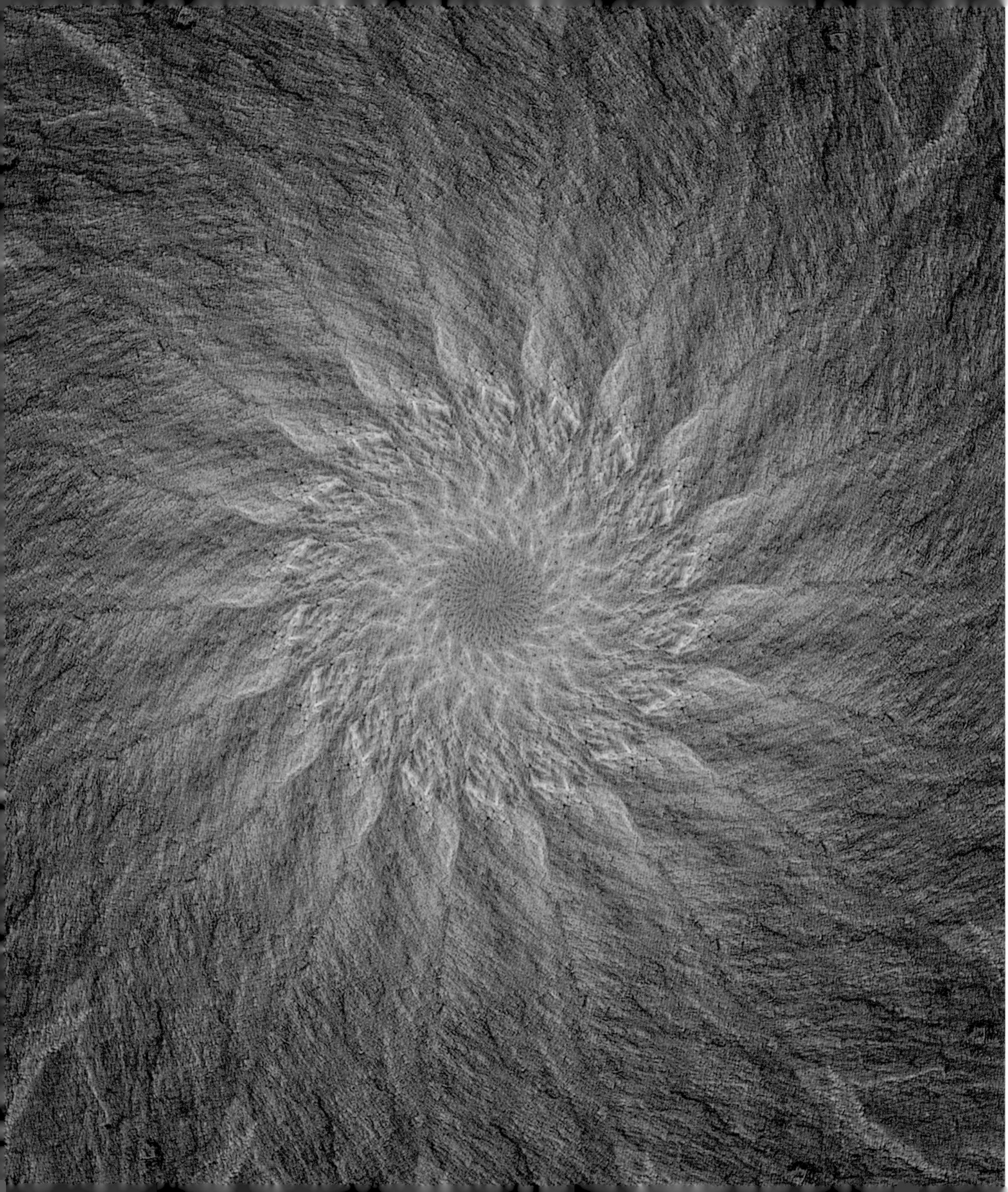

Literatur, Anmerkungen

Al-Rawi, Rosina-Fawzia: Der Ruf der Großmutter oder die Lehre des wilden Bauches, Wien, Promedia Verlag [2]2007.

Al-Rawi, Rosina-Fawzia: Der Hauch der Ewigkeit. Die 99 heilenden Namen der EINEN Liebe, Antwort, Sheema Medien Verlag [3]2014

Capra, Fritjof: Die neue Physik und die wissenschaftliche Realität unserer Zeit, in: Capra, Fritjof u. a.: Der wissende Kosmos. Die Entdeckung eines neuen Weltbildes, Freiburg, Herder [1]2001, S. 7-39.

Graumann, Walther u. a.: Taschenbuch der Anatomie, Band 1 und 2, München, Elsevier 1994.

Moinuddin, Shaykh Hakim Abu Abdullah Ghulam: The Book of Sufi Healing, New York, Inner Traditions International Ltd. 1984.

Olsen, Andrea, in Zusammenarbeit mit McHose, Caryn: Körpergeschichten. Das Abenteuer der Körpererfahrung, aus dem Amerikanischen übersetzt von Karin Paul, Kirchzarten bei Freiburg, VAK Verlags GmbH 1994 (Original: Bodystories, A guide to experiential anatomy, Barrytown/NY 1991).

Stummvoll, Ursula: Chan Mi-QiGong. Das Wirbelsäulen-Qigong aus der buddhistischen Zen- und tibetischen Mi-Schule. Die Basis-Übungen, Regensburg, Satori Verlag 2002.

Wir danken ganz herzlich

Dr.[in] Solveig Surur Fiedler – Fotomodell
Isabella Weger – Fotografin
Georg Fiedler – Fotograf
Haus des Friedens – Raum
Veronika Rahime Winkler – Raum
Monique Mona Arav – Unterstützung
Den Teilnehmerinnen des Lehrgang „Orientalischer Tanz und Gesundheit“ (2010) und allen anderen unterstützenden Wesen – sichtbar und unsichtbar.

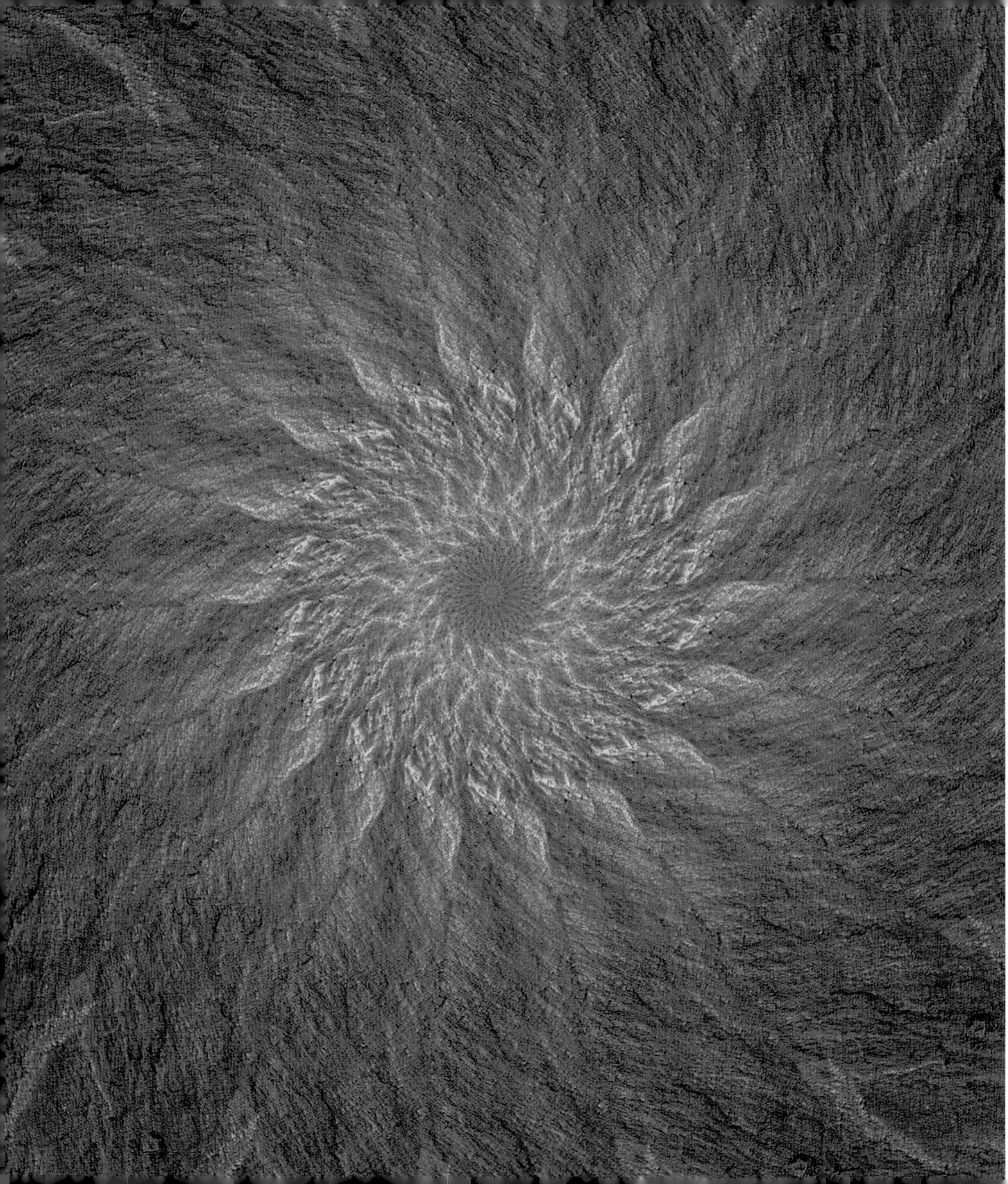

Bildnachweise und Impressum

© 2017 Isabella Weger:
Coverfoto, Fotos auf den Seiten 2, 4, 11, 23, 28, 33, 44, 52 (li), 53, 59, 61, 64, 70, 72, 74, 77, 78,81, 85, 87, 95, 102, 110, 112, 115, 117, 122, 126, 131, 137, 140, 149, 161, 163, 170, 171, 173. www.isabellaweger.com
Diese Fotos wurden aufgenommen im Haus des Friedens: www.haus-des-friedens.at

© 2017 Georg Fiedler:
Fotos auf den Seiten 19, 20, 24, 25, 29, 35, 37, 39, 40, 41, 42, 43, 45, 46, 50, 51, 52 (re), 57, 58. www.georgfiedler.at
Diese Fotos wurden aufgenommen in den Räumen von Veronika Rahime Winkler: www.veronikawinkler.at

© 2018 Sheema Medien Verlag:
Grafiken und Abbildungen auf den Seiten 16, 26, 27, 62, 178, 180.

Bibliografische Information der Deutschen Bibliothek
Die Deutsche Bibliothek verzeichnet diese Publikation in der Deutschen Nationalbibliothek; detaillierte Daten sind im Internet über http://dnb.ddb.de abrufbar.

© Sheema Medien Verlag, Hirnsberger Str. 52, D – 83093 Bad Endorf, OT Antwort
Tel.: +49 – (0)8053 – 7992952, Fax: +49 – (0)8053 – 7992953, www.sheema-verlag.de
© 2018 Dr. Rosina-Fawzia Al-Rawi

ISBN 978-3-931560-66-9

1. Auflage 2018

Gesamtherstellung: Sheema Medien Verlag, Cornelia Linder
Bildmaterial und -nachweise: siehe oben
Cover und Layout: Sheema Medien Verlag, Schmucker Digital
Lektorat: Monika Stolina-Wolf
Redaktion: Dr.[in] Christiane-Karima Egger, www.ck-egger.at
Druck: FINIDR, s.r.o., eský T šín

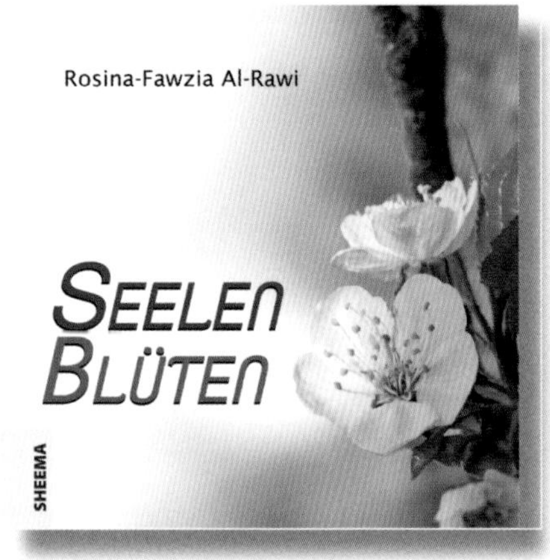

Hardcover, Geschenkbuch, 128 Seiten

ISBN 978-3-931560-60-7

SEELENBLÜTEN

52 Weisheitssprüche und 52 Blütenfotos

Wenn wir uns die Zeit schenken, etwas ganz zu durchdringen und in seiner Essenz zu ergründen, kann uns das zu unserer eigenen Seelenlandschaft und letztendlich zur ureigenen Seelenblüte führen.

„Im Pflanzenreich sind Blüten Ausdruck des Göttlichen."

(Dr. Rosina-Fawzia Al-Rawi)

Ein wundervolles Geschenkbuch mit 52 Sinn- und Weisheitssprüchen und ebensovielen außergewöhnlichen Blumenfotos, die uns jeweils sieben Tage die Woche begleiten. Gestaltet ist das Büchlein in schwarz-weiß – so entstehen Kontraste, und tiefe Einsichten verbleiben.

Mögen diese Sätze dich begleiten, dich anregen,
dich stärken, dir Freude, Tiefe, Frieden,
Kontemplation und Gelassenheit schenken.

Möge der Anblick der Blumen dich immer wieder
an die Schönheit und die Pracht
unseres Planeten erinnern.

Möge dieses Büchlein deinen Geist ausweiten,
dein Bewusstsein schärfen,
dir Erkenntnis schenken,
dir Freiheit bringen und deine Schönheit anregen.

Der Hauch der Ewigkeit

Die 99 heilenden Namen der EINEN Liebe

Ein wunderschön gestaltetes Buch und ein einführender und einfacher Beitrag zum Verständnis der 99 Göttlichen Namen – wie sie im Sufismus verwendet werden.

„Lass Liebe die Grundlage deines Lebens sein,
gehe anders mit deiner Umgebung um,
behalte eine liebevolle Einstellung gegenüber dem Leben
und den Geschöpfen dieses Universums bei
und alles wird zu dir zurückfließen.
Denn was immer wir für andere tun, tun wir für uns –
und alles, was wir für uns tun, tun wir für andere.
Das ist das Gesetz der Einheit.
Habe Vertrauen und Zuversicht.“
(Dr. Rosina-Fawzia Al-Rawi)

Das Buch möchte dazu beitragen, einen Raum in den Herzen der Menschen zu öffnen und darin die Samen der Sehnsucht und Liebe für die Schönheit und Majestät dieser Namen zu pflanzen, um so letztendlich die Schönheit und Würde dieser Welt zu kosten, die majestätische Schönheit des Schöpfers zu sehen und den Mitmenschen nahe zu bringen.

Durch die Verwendung der Göttlichen Namen wird der Spiegel des Herzens, der vom Rost weltlicher Gedanken und Beschäftigungen überlagert ist, poliert, damit sich unsere Essenz, das Göttliche Licht unverzerrt und ungedämpft zeigen kann.

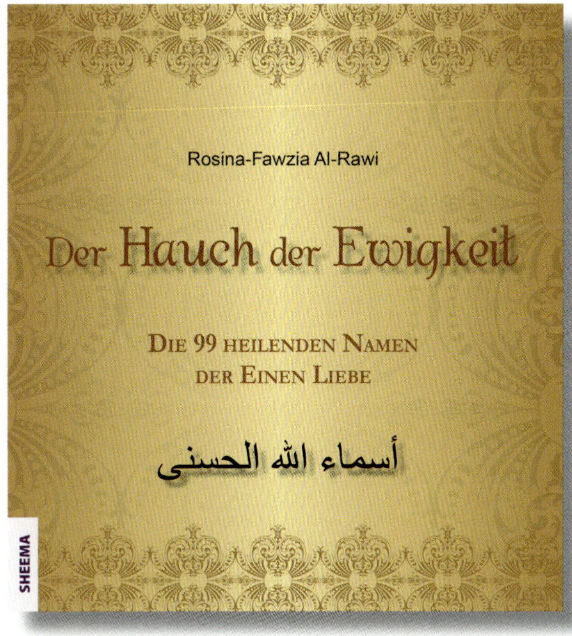

Hardcover, Leseband, 448 Seiten
ISBN 978-3-931560-37-9

Kontakt

Sheema Medien Verlag
Bücher. Aus Liebe.
Hirnsberger Str. 52
D - 83093 Antwort

Tel.: +49 (0)8053 - 7992952
Fax: +49 (0)8053 - 7992953
E-Mail: info@sheema.de

www.sheema-verlag.de

SHEEMA

MÖGEN ALLE WESEN GLÜCKLICH SEIN

SALAM